"十二五"职业教育国家规划教材
经全国职业教育教材审定委员会审定

Qiche Wenhua

汽车文化

（第4版）

全国交通运输职业教育教学指导委员会　组织编写
屠卫星　主　编
魏庆曜　主　审

人民交通出版社股份有限公司
China Communications Press Co.,Ltd.

内 容 提 要

本书是“十二五”职业教育国家规划教材之一。全书共分为6个单元，以汽车文化为线索，分别介绍了汽车世界、汽车与环境保护、汽车娱乐、汽车的外形和色彩、汽车的地位、智能汽车。

本书供高等职业院校汽车类专业教学使用，也可作为相关行业岗位培训或自学用书。

图书在版编目(CIP)数据

汽车文化/屠卫星主编. —4版. —北京：人民交通出版社股份有限公司，2019.9

ISBN 978-7-114-15724-0

Ⅰ.①汽… Ⅱ.①屠… Ⅲ.①汽车—文化—高等职业教育—教材 Ⅳ.①U46-05

中国版本图书馆CIP数据核字(2019)第154393号

“十二五”职业教育国家规划教材

书　　名：**汽车文化**(第4版)
著 作 者：屠卫星
责任编辑：时　旭
责任校对：张　贺　龙　雪
责任印制：张　凯
出版发行：人民交通出版社股份有限公司
地　　址：(100011)北京市朝阳区安定门外外馆斜街3号
网　　址：http://www.ccpress.com.cn
销售电话：(010)59757973
总 经 销：人民交通出版社股份有限公司发行部
经　　销：各地新华书店
印　　刷：北京市密东印刷有限公司
开　　本：787×1092　1/16
印　　张：13.25
字　　数：295千
版　　次：2005年12月　第1版
2010年11月　第2版
2014年8月　第3版
2019年9月　第4版
印　　次：2019年9月　第4版　第1次印刷　总第16次印刷
书　　号：ISBN 978-7-114-15724-0
定　　价：48.00元

第4版前言

本套“十二五”职业教育国家规划教材自出版以来，受到全国广大高职院校的关注，获得师生的一致好评。为了紧跟汽车行业发展趋势，更好地适应汽车类专业实际教学需求，2018年7月，人民交通出版社股份有限公司组织十几所院校的汽车专业教师代表，在北京召开了“十二五”职业教育国家规划教材修订会议。经过认真研究讨论，吸收了教材使用院校教师的意见和建议，确定了各教材的修订方案。

本书是在第3版的基础上，在会议确定的修订方案指导下完成的，教材的内容修订主要体现在以下几个方面：

1. 删除汽车结构与原理部分。书中单元做了重大调整，将原来七个单元调整为六个单元，删除了“单元二　汽车的动力源”和“单元三　汽车的行驶”。

2. 更新相关数据与图表。依据最新发布的汽车产业、汽车市场、汽车展览、汽车赛事等数据修改更新过时内容。

3. 添加最新信息。依据编者近几年对汽车文化的关注，就自主品牌、智能汽车、无人驾驶、车联网V2X、驾驶辅助技术、汽车环保、电动汽车、汽车电影等元素进行了添加和更新。

4. 引入企业新资料。利用现有的培训资料，更换修改书中一些图片和相关数据表格。

本教材的修订工作，具体分工如下：南京交通职业技术学院的黄秋平修订单元一；屠卫星修订单元二（原单元四）、单元三（原单元五）；郭彬修订单元五（原单元七）。全书由屠卫星担任主编，黄秋平与郭彬任副主编。四川交通职业技术学院魏庆曜担任主审。

此次修订中，南京苏舜华德汽车销售服务有限公司经理朱世留、南京苏奥汽车销售服务有限公司销售顾问张陆林、南京交通职业技术学院合作办学厂方提供了相关资料，并对本书提出了宝贵建议，在此特别感谢！

限于编者水平，书中难免有疏漏和错误之处，恳请广大读者提出宝贵建议，以便进一步修改和完善。

编　者

2019年6月

目 录

单元一　汽车世界

学习目标

☞ **知识目标**

1. 正确描述汽车的概念与分类；
2. 正确描述汽车的总体构造；
3. 正确描述汽车的编号；
4. 简述汽车的发展简史、汽车技术的新发展；
5. 正确描述世界汽车工业格局与我国汽车工业的现状。

☞ **能力目标**

1. 会利用网络查找汽车相关信息；
2. 会根据汽车产品型号对汽车进行分类。

1　初步认识汽车

1.1　汽车的定义

一百多年来，汽车驶入我们生活的每一个方面，成了“改变世界的机器”。汽车将遥远的距离缩短，把人的活动范围奇迹般地扩大；汽车是流动的艺术品，装点着现代城市的每个日夜；汽车是骏马良驹，汽车是移动的家室，汽车更是移动的社会——汽车令世界这样的多姿多彩，充满活力。

车轮是如此迅疾，使我们无法像古代哲人一样悠然在田园中漫步思考，但是这样的问题仍然时时在困扰我们，汽车到底是什么？

说到汽车，人们会立即想到道路上随处可见的四轮交通工具，然而，要准确地讲出汽车的定义却不那么容易，世界各国对汽车的定义也不尽相同。

汽车(automobile)英文原意为自动车，在日本也称为自动车(日本汉字中的汽车则是指我们所说的火车)，其他文种也多数是自动车，唯有我国例外，由于早期汽车是蒸汽机驱动

图1-1 汽车

的，因此我国就称它为汽车（图1-1）。

《现代汉语词典》中是这样解释汽车的：一种交通工具，用内燃机做发动机，主要在公路上或马路上行驶，通常有四个或四个以上的轮子。

国家标准《汽车和挂车类型的术语和定义》（GB/T 3730.1—2001）对汽车的定义为：由动力驱动，具有四个或四个以上车轮的非轨道承载的车辆；主要用于载运人员和/或货物，牵引载运人员和/或货物及其他特殊用途的车辆。

在美国，汽车是指由本身的动力驱动（不包括人力、畜力），装有驾驶操纵装置的在固定轨道以外的道路或自然地域上运输客、货或牵引其他车辆的车辆。

在日本，汽车（自动车）是指自身装有发动机和操纵装置的不依靠轨道或架线能在陆上行驶的车辆。因此，摩托车、带发动机的助力自行车、三轮摩托在日本均属汽车的范畴。

1.2 汽车的分类

汽车的分类方法有许多种，我们选择几种常见的分类方法进行介绍。

1.2.1 根据汽车的动力装置进行分类

（1）内燃机汽车：用内燃机作为动力装置的汽车。通常，内燃机汽车的主要形式有：

①汽油机汽车——用汽油机作为动力装置的汽车。

②柴油机汽车——用柴油机作为动力装置的汽车。

③气体燃料发动机汽车——发动机用天然气、煤气等气体作为燃料的汽车。

④旋转活塞发动机汽车——用旋转活塞发动机作为动力装置的汽车。

（2）电动汽车——指以车载电源为动力，用电机驱动车轮行驶，符合道路交通、安全法规各项要求的车辆；包括纯电动汽车、混合动力电动汽车、燃料电池电动汽车。

（3）燃气涡轮机汽车——用燃气涡轮机作为动力装置的汽车。

1.2.2 根据汽车传动系统的布置形式进行分类

汽车传动系统的布置形式取决于发动机的形式和性能、汽车的总体结构形式、汽车行驶系统等因素。根据不同的使用要求，汽车传动系统有下列几种布置形式，见表1-1。

汽车传动系统的布置形式　　表1-1

布置形式			特点
	发动机前置，后轮驱动	Front Engine Rear Drive（FR方式）	传统布置方式，货车、部分中高级乘用车、客车大都采用这种布置
	发动机前置，前轮驱动	Front Engine Front Drive（FF方式）	结构紧凑，整车质量小，底盘低，高速行驶时操纵稳定性好，越来越多的乘用车采用这种结构形式

续上表

布置形式			特点
	发动机后置，后轮驱动	Rear Engine Rear Drive(RR方式)	大、中型客车常采用的布置形式。发动机的振动、噪声、油气味对乘员影响小，空间利用率高
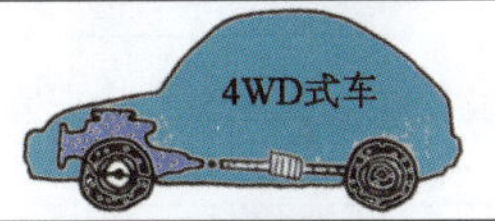	发动机前置，四轮驱动	Four-wheel Drive (4WD方式)	越野车、高性能跑车上应用的最多。4个车轮均有动力，地面附着力大，通过性和动力性好
	发动机放置在前、后轴之间，后轮驱动	Middle Engine Rear Drive(MR方式)	F1赛车、跑车的布置形式。轴荷分配均匀，具有很中性的操控特性。但是发动机占用了座舱的空间，降低了空间利用率和实用性

1.2.3 根据汽车的用途进行分类

汽车按用途分为乘用车和商用车两大类，乘用车是指在其设计和技术特性上主要用于载运乘客及其随身行李和/或临时物品的汽车，包括驾驶员座位在内最多不超过9个座位。它也可以牵引一辆挂车。商用车是指在其设计和技术特性上用于运送人员和货物的汽车，并且可以牵引挂车。根据国家标准GB/T 3730.1—2001和GB/T 15089—2001，汽车分类见表1-2。

汽车用途分类 表1-2

类别	类型	分类
汽车	乘用车 （不超过9座）	普通乘用车
		活顶乘用车
		高级乘用车
		小型乘用车
		敞篷车
		仓背乘用车
		旅行车
		多用途乘用车
		短头乘用车
		越野乘用车
		专用乘用车
		旅居车
		防弹车
		救护车
		殡仪车
	商用车	客车
		小型客车
		城市客车
		长途客车
		旅游客车
		铰接客车

续上表

类　别	类　型	分　类
汽车	商用车	无轨电车
		越野客车
		专用客车
		半挂牵引车
		货车
		普通货车
		多用途货车
		全挂牵引车
		越野货车
		专用作业车
		专用货车

1.2.4　根据机动车辆及挂车分类

在汽车性能和维修检测中，往往根据国家标准《机动车辆及挂车分类》(GB/T 15089—2001)对汽车进行分类，分为L类、M类、N类、O类和G类五种类型，见表1-3。

国家标准《机动车辆及挂车分类》　　表1-3

<table>
<tr><th>字母代号</th><th>种　类</th><th>细　类</th><th colspan="3">内　容</th></tr>
<tr><td>L类车辆</td><td>两轮或三轮机动车辆</td><td>L_1、L_2、L_3、L_4、L_5</td><td colspan="3">根据排量、驱动方式、车速和车轮数分类</td></tr>
<tr><td rowspan="11">M类车辆</td><td rowspan="11">四个车轮的载客机动车辆</td><td>M_1</td><td colspan="3">座位数(包括驾驶员)<9座</td></tr>
<tr><td rowspan="5">M_2</td><td>A</td><td rowspan="2">最大设计总质量<5000kg
可载乘员数(不包括驾驶员)<22人</td><td>允许站立</td></tr>
<tr><td>B</td><td>不允许站立</td></tr>
<tr><td>Ⅰ</td><td rowspan="3">最大设计总质量<5000kg
可载乘员数(不包括驾驶员)>22人</td><td>①</td></tr>
<tr><td>Ⅱ</td><td>②</td></tr>
<tr><td>Ⅲ</td><td>不允许站立</td></tr>
<tr><td rowspan="5">M_3</td><td>A</td><td rowspan="2">最大设计总质量>5000kg
可载乘员数(不包括驾驶员)<22人</td><td>允许站立</td></tr>
<tr><td>B</td><td>不允许站立</td></tr>
<tr><td>Ⅰ</td><td rowspan="3">最大设计总质量>5000kg
可载乘员数(不包括驾驶员)>22人</td><td>①</td></tr>
<tr><td>Ⅱ</td><td>②</td></tr>
<tr><td>Ⅲ</td><td>不允许站立</td></tr>
<tr><td rowspan="3">N类车辆</td><td rowspan="3">四个车轮的载货机动车辆</td><td>N_1</td><td colspan="3">最大设计总质量<3500kg</td></tr>
<tr><td>N_2</td><td colspan="3">3500kg<最大设计总质量<12000kg</td></tr>
<tr><td>N_3</td><td colspan="3">12000kg <最大设计总质量</td></tr>
<tr><td>O类车辆</td><td>挂车(包括半挂车)</td><td>O_1、O_2、O_3、O_4</td><td colspan="3">根据设计最大总质量分类</td></tr>
<tr><td>G类车辆</td><td>越野车</td><td>—</td><td colspan="3">满足要求的M类、N类</td></tr>
<tr><td colspan="6">说明:①允许乘员站立,并且乘员可以自由走动;
②只允许乘员站立在过道或提供不超过相当于两个人座位的站立面积。</td></tr>
</table>

1.2.5　乘用车(轿车)的分类

我国乘用车(轿车)分级是以发动机总排量为依据的。活塞从上止点移动到下止点所通过的空间容积称为汽缸排量。如果发动机有若干个汽缸,所有汽缸工作容积之和称为发动机总排量。乘用车(轿车)发动机的总排量可以作为区分其级别的标志。发动机总排量单位是升(L)。一般排量越大的轿车,功率越大,加速性能越好,车的内装饰也越高级,其档次划分也就越高。乘用车(轿车)的分类见表1-4。

乘用车(轿车)的分类　　表1-4

分类级别	发动机排量范围	分类级别	发动机排量范围
微型轿车	发动机排量≤1L	中高级轿车	2.5L<发动机排量≤4L
普通级轿车	1L<发动机排量≤1.6L	高级轿车	发动机排量>4L
中级轿车	1.6L<发动机排量≤2.5L		

1.2.6　德国汽车分级标准

按照德国汽车分级标准,A级车包括A、A0、A00级车,一般指小型轿车;B级车是中档轿车;C级车是高档轿车;而D级车指的是豪华轿车,其等级划分主要依据轴距、排量、质量等参数,字母顺序越靠后,该级别车的轴距越长、排量和质量越大,轿车的豪华程度也不断提高。德国汽车分级标准见表1-5。

德国汽车分级标准　　表1-5

车辆级别	代　码	轴　距	发动机排量	车型举例
小型轿车	A00	2~2.2m	<1L	比亚迪F0、奇瑞QQ、Smart Forfour
	A0	2.2~2.3m	1~1.3L	长安—奔奔、奇瑞QQ6、宝骏310
	A级	2.3~2.45m	1.3~1.6L	别克英朗、一汽奔腾B30、上汽大众—凌渡
中档轿车	B级	2.45~2.6m	1.6~2.4L	帕萨特、本田雅阁、丰田凯美瑞
高档轿车	C级	2.6~2.8m	2.3~3.0L	奥迪A6、宝马5系、红旗H7
豪华轿车	D级	>2.8m	>3.0L	宝马7系、红旗L7、奥迪A8、大众辉腾

1.2.7　汽车业界公认分类

实际上目前在汽车业界,比较公认的分类如下:

(1)微型车:比亚迪F0、宝骏E100、长安—奔奔、东风风神E30、长安铃木奥拓、荣威e50、众泰云100、众泰E200、知豆D1等。

(2)小型车:奥迪A1、本田飞度、宝骏310、长安悦翔V3、铃木雨燕、广汽本田理念S1、长安福特嘉年华1.0T、长安铃利亚纳A6、MINI CLUBMAN、上汽名爵3、广汽丰田-YARiS L致炫等。

(3)准中级车(或紧凑级车):上汽通用五菱宝骏310W、一汽奔腾B30、长安逸动、东风风神A60、广汽传祺GA3、奇瑞艾瑞泽5、东风启辰D50、大众朗逸、日产轩逸、一汽丰田花冠、一汽大众速腾、长安福特福克斯、东风本田杰德等。

(4)中级车:奥迪A4、别克君越、BMW3、比亚迪G6、福特蒙迪欧、现代索纳塔、东风标致508、广汽本田雅阁、一汽丰田锐志、上汽荣威750、丰田凯美瑞、大众帕萨特、沃尔沃S40、一汽大众迈腾、北京现代名图、一汽奔腾 B70、北汽绅宝、长安睿骋等。

（5）中大型车（行政级车）：一汽红旗 H7、奥迪 A6、BMW5、通用别克林荫大道、凯迪拉克 SLS 赛威、凯迪拉克 CTS、奔驰 E、丰田皇冠、雷克萨斯 ES、雷克萨斯 GS、标致 607、长安沃尔沃 S80L、克莱斯勒新 300S 等。

（6）豪华级车：奥迪 A8、奥迪 A7、BMW7、宾利雅致、捷豹 XJ、雷克萨斯 LS、大众进口辉腾、劳斯莱斯幻影、玛莎拉蒂总裁、阿斯顿马丁 Rapide 等。

（7）跑车：比亚迪 S8、吉利美人豹、蔚来 EP9、宝马 Z4、雪佛兰科迈罗、阿斯顿·马丁 ONE-77、奥迪 R8、奥迪 TT、宾利大陆、玛莎拉蒂、捷豹 XK、法拉利 F430、兰博基尼、马自达 RX8、奔驰 CLK、奔驰 CLS、保时捷 911、丰田 86 等。

（8）越野车和 SUV 车：比亚迪 S7、比亚迪宋、长城哈弗 H5/H6、北京现代 ix35、长安福特翼搏、长安福特翼虎、大众途观、大众途锐、一汽丰田荣放（RAV4）、一汽丰田奕泽（IZOA）、广汽丰田 C-HR、丰田普拉多、丰田兰德酷路泽、雪佛兰科帕奇、传祺 GS5、吉普指挥官、吉普牧马人、吉普指南者、本田 CR-V、奇瑞瑞虎、三菱欧蓝德、讴歌 MDX、奥迪 Q7/Q5、宝马 X3/X5/X6、卡迪拉克 SRX/凯雷德、英菲尼迪 EX/FX、奔驰 GL/M、保时捷卡宴、沃尔沃 XC90 等。

（9）多功能厢式 MPV 车：上汽通用别克 GL8、上汽通用别克 GL6、比亚迪 e6、上汽通用五菱宝骏 360、本田奥德赛、大众途安、大众夏朗、长安凌轩、雪铁龙毕加索、东风风行 CM7、东风景逸、江铃福特途睿欧、江淮瑞风 M3、东风裕隆大 7 、上汽大通 G10、克莱斯勒大捷龙、丰田普瑞维亚、欧宝赛飞利、雷诺风景、三菱菱绅等。

由于世界上没有汽车分类的国际标准，各个区域与国家各自使用不同标准，最为常见的还是以车型为基础进行分类，如美国能源部、英国、德国和欧盟委员会标准等。全球常用汽车分类标准比较见表 1-6。

常用汽车分类标准比较 表 1-6

美国能源部标准	英国标准	德国标准	欧盟委员会标准	举例
微型车	微型车	A00	—	Smart Fortwo
—	城市车	A0	A 类	奇瑞 QQ
次紧凑型车	小型车	A	B 类	长安铃木雨燕
—	小型家用车	B	C 类	长安福特福克斯
中型车	大型家用车	B	D 类	一汽大众迈腾
入门级豪华车	紧凑型豪华车	C	D 类	BMW 3 系
全尺寸车	行政级车	C	E 类	通用别克林荫大道
中型豪华车	行政级车	D	E 类	大众奥迪 A6L
全尺寸豪华车	豪华车	—	F 类	奔驰 S 级车
跑车	跑车	—	S 类	保时捷 911
GT 跑车	GT 跑车	—	S 类	捷豹 XK
超级跑车	超级跑车	—	S 类	法拉利 ENZO
敞篷跑车	敞篷跑车	—	S 类	沃尔沃 C70

续上表

美国能源部标准	英国标准	德国标准	欧盟委员会标准	举例
跑车	跑车	—	S类	BMW Z4
—	RV 休旅车	—	M类	通用五菱
—	微型 MPV	—	M类	雪铁龙 C4 毕加索
紧凑型	紧凑型 MPV	—	M类	马自达 5
—	大型 MPV	—	M类	丰田普瑞维亚
微型 SUV	微型四驱车	—	J类	铃木吉姆尼
紧凑型 SUV	紧凑型四驱车	—	J类	本田 CR-V
—	双门跑车型 SUV	—	J类	BMW X6
中型 SUV	大型四驱车	—	J类	大切诺基
全尺寸 SUV	大型四驱车	—	J类	路虎揽胜
皮卡	皮卡	—	—	福特 F150

1.2.8 常见车型型号分类

(1)奥迪汽车型号。A 是大部分奥迪轿车型号的开头字母,奥迪轿车和 MPV 的型号是用公司英文(Audi)的第一个字母(A)打头,数字越大表示档次越高:A1 系列是紧凑型掀背车(A1 有三种,分别是五门掀背、三门掀背和敞篷车);A2 系列是小型旅行车;A3 系列是小型旅行车;A4 系列是运动轿车;A4 Avant 系列是中型旅行车;A4 Cabriolet 系列是敞篷车;A5 系列是奥迪于 2008 年推出的双门跑车;A6 和 A6L 系列是公务轿车;A6 Avant 是大型旅行车;A8 和 A8L 系列是大型公务轿车。

S 开头的运动车:S3、S4、S4 Avant、S4 Cabriolet、S6、S6 Avant、S8 运动车。

RS 开头的高性能运动车:RS4、RS4 Avant、RS4 Cabriolet、RS6、RS6 Avant、RS6 Plus 均是高性能运动车。

Q 开头的越野车:Q3、Q5、Q7 越野车。

TT 开头的跑车:TT Coupe、TT Roadster 是跑车。

R 开头的 GT 跑车:R8 为 Le Mans Quattro Concept 的量产版本,也是奥迪的第一辆超级跑车;R 开头的赛车:R10 为赛车。

(2)奔驰汽车型号。奔驰汽车前面的字母表示类型和级别:A 级是小型单厢车,C 级为小型轿车,E 级为中级轿车,S 级为高级轿车,M 级为 SUV,G 级为越野车,V 级为多功能厢式车,SLK 为小型跑车,CLK 为中型跑车,SL 为高级跑车,CL 为高级轿跑车,SLR 为超级跑车。

型号中间的数字,如 280、300 及 500 代表发动机排量,分别表示发动机排量为 2.8L、3L 及 5L。

型号尾部的字母 L 表示为加长车型,Diesel 表示为柴油。如 S600L 则表示高级、排量 6L、加长型轿车。

(3)宝马汽车型号。宝马(BMW)汽车公司主要有轿车、跑车、越野车三大类。

轿车有 1、3、5、6 和 7 五个系列。1 系是家用小型车轿车,3 系是中小型高级轿车,5 系是中大型高级轿车,6 系是高级双门轿跑车,7 系是大型顶级豪华车。型号的第一个数字即为系列号，第 2 和第 3 个数字表示排量，最后的字母 i 表示燃油喷射，A 表示自动挡，C 表示双座位，S 表示超级豪华。如 318iA 表示 3 系列轿车，排量为 1800CC，燃油喷射，自动挡。

跑车型号用 Z 字母打头，主打车型有 Z3、Z4、Z8 等，后面的数字越大表示越高级。

越野车或 SUV 用 X 字母打头，代表车型是 X5。

高级轿跑车也用 M 字母为首位，代表车型有 M5（四门跑车）、M6（双门顶级轿跑车）。

1.3 汽车的总体构造及性能要求

汽车是由数百个总成、上万个零部件装配而成的。不同的车型结构千差万别，以内燃机为动力的汽车是由发动机、底盘、车身及其附件和电气设备 4 部分组成（图 1-2），专用汽车还有其他专用设备。而电动汽车是由电力驱动及控制系统、驱动力传动等机械系统、完成既定任务的工作装置等组成。

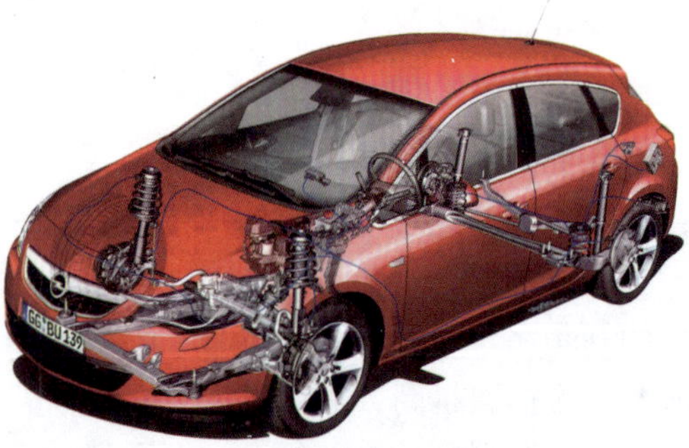

图 1-2　汽车总体构造

（1）发动机。发动机是汽车的动力源，其作用是：使燃料燃烧，将热能转变成机械能，驱动汽车行驶，并驱动其他机电设备。汽车所用动力装置的类型，对于汽车的总体及部件的构造有决定性的影响。目前，国内外汽车绝大多数采用往复活塞式内燃机作为动力装置。

（2）底盘。底盘是汽车的骨架，用来支撑车身和安装所有部件，同时将发动机的动力传递到驱动轮，还要保证汽车按照驾驶人的意志正常行驶。汽车底盘由传动系统、行驶系统、转向系统和制动系统 4 部分组成。

①传动系统。传动系统用来将发动机动力传递给驱动车轮。传动系统包括离合器、变速器、万向传动装置和驱动桥等部件。

②行驶系统。行驶系统用于将汽车各总成、部件连接成一个整体，起到支承全车并保证车辆正常行驶的作用。行驶系统包括车架、车桥（转向从动桥、驱动车轮）和悬架（前悬架、后悬架）等部分。

③转向系统。转向系统能够保证汽车按照驾驶人所选定的方向行驶，由带转向盘的转向器和转向传动机构组成。

④制动系统。制动系统用以降低汽车速度或停车，或在汽车下坡时使车速稳定，或使汽车在原地可靠地停驻。

（3）车身及其附件。车身的作用主要用来覆盖、包装和保护汽车零部件，提供装载货物的空间，以及为驾驶人和乘员提供舒适的乘坐环境。车身附件是安装于车身之上的附属设备，如座椅、空调、风窗刮水器、玻璃升降器、点烟器、音响和通信设备等。

（4）电气设备。电气设备包括电源、灯光系统、点火系统、起动系统、仪表、传感器与报警装置、空调、自动检测装置等。

汽车结构的发展过程是不断出现矛盾和解决矛盾的过程。汽车的结构形式并不是一成不变的。随着科学技术的发展，汽车的总体和部件的构造必将不断完善。

1.4 汽车产品型号

汽车产品型号是各国政府为管理机动车辆而实施的一项强制性规定。有了产品型号就可以使用计算机对车辆进行检索管理，在处理交通事故、开展交通事故保险赔偿、破获盗窃车辆案件等方面发挥重要作用。各国政府都制定了这方面的专门技术法规，强制要求汽车厂使用。

产品型号是指汽车上安装的一块标牌上的一组罗马字母和阿拉伯数字组，每一位的符号代表着某一方面的信息。各国对汽车型号的制定方法既有相同之处又各有差异。

1.4.1 国产汽车编号规则

我国汽车的产品型号由企业名称代号、车辆类别代号、主参数代号、产品序号组成（必要时可附加企业自定代号）。汽车代号排列顺序如图 1-3 所示。

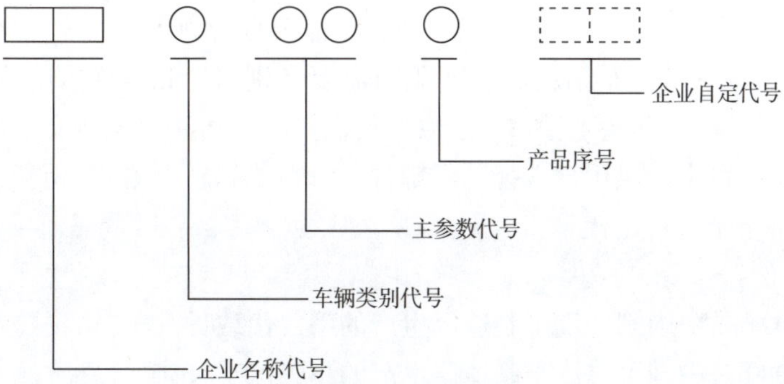

图 1-3 汽车代号顺序图

□-用汉语拼音字母表示；○-用阿拉伯数字表示；⬚-用汉语拼音或阿拉伯数字表示均可

注：为了避免与数字混淆，不应采用汉语拼音字母中的“I”和“O”。

各种代（序）号的意义及规定如下：

（1）企业名称代号。企业名称代号是识别车辆制造企业的代号，位于产品型号的第一部分，用代表企业名称的两个或三个汉语拼音字母表示。如 CA：长春一汽；EQ：第二汽车；FV：一汽—大众；SGM：上海通用；SVW：上海大众；DC：东风雪铁龙；HG：广州本田；CAF：长安福特；XMQ：厦门汽车（金龙）等。

（2）车辆类别代号。车辆类别代号是表明车辆附属分类的代号，各类汽车的类别代号位于产品型号的第二部分，按表 1-7 的规定用一位阿拉伯数字表示。

车 辆 类 别 代 号 表 1-7

车辆类别代号	车 辆 种 类	车辆类别代号	车 辆 种 类	车辆类别代号	车 辆 种 类
1	载货汽车	4	牵引汽车	7	轿车
2	越野汽车	5	专用汽车	8	—
3	自卸汽车	6	客车	9	半挂车及专用半挂车

（3）主参数代号。主参数代号是表明车辆主要特性的代号，各类汽车的主参数代号位于产品型号的第三部分，按下列规定用两位阿拉伯数字表示。

①载货汽车、越野汽车、自卸汽车、牵引汽车、专用汽车与半挂车的主参数代号为车辆的

总质量(t)。当总质量在100t以上时，允许用三位数字表示。

②客车的主参数代号为车辆长度(单位：m)。当车辆长度小于10m时，应精确到小数点后一位，并以长度(单位：m)值的10倍数值表示。

③轿车的主参数代号为发动机排量(L)。应精确到小数点后一位，并以其值的10倍数值表示。

④专用汽车及专用半挂车的主参数代号在采用定型汽车底盘或定型半挂车底盘改装时，若其主参数与定型底盘原车的主参数之差不大于原车的10%，则应沿用原车的主参数代号。

⑤主参数的数字修约按《数字修约规则》的规定。

⑥主参数不是规定的位数时，在参数前以“0”补位。

(4)产品序号。产品序号表示一个企业的类别代号和主参数代号相同的车辆的投产顺序，产品序号位于产品型号的第四部分，用阿拉伯数字表示，数字由0，1，2…依次使用。

(5)企业自定代号。企业自定代号是企业根据需要自行规定的补充代号，一般位于产品型号的最后部分。同一种汽车结构略有变化而需要区别时(如汽油、柴油发动机，长、短轴距，单、双排座驾驶室，平、凸头驾驶室，左、右置转向盘等)，可用汉语拼音字母或阿拉伯数字表示，位数也由企业自定。供用户选择的零部件(如暖风装置、收音机、地毯、绞盘等)不属结构特征变化，应不予企业自定代号。

编制型号举例：

[例1]CA1091是中国第一汽车制造厂生产的第二代载货汽车，总质量为9310kg。

[例2]EQ2080是中国第二汽车制造厂生产的越野汽车，越野时总质量为7720kg。

[例3]SH3600是中国上海重型汽车厂生产的第一代自卸汽车，总质量为59538kg。

[例4]HY4300是中国汉阳特种汽车制造厂生产的第一代公路上行驶总质量为30000kg的牵引汽车。

[例5]TJ6481是中国天津客车厂生产的第二代车长为4750mm的客车。

[例6]SC7081C是中国长安铃木汽车制造厂生产的第二代奥拓快乐王子，发动机排量为0.796L及0.8L。

了解了我国汽车产品型号的编制方法，我们还应知道产品型号在车上的位置，我国汽车的型号标识一般就印在汽车的尾部，也有在汽车侧面的。不过现在汽车型号印在汽车铭牌上，如图1-4所示。而汽车尾部印有生产厂家的标识。

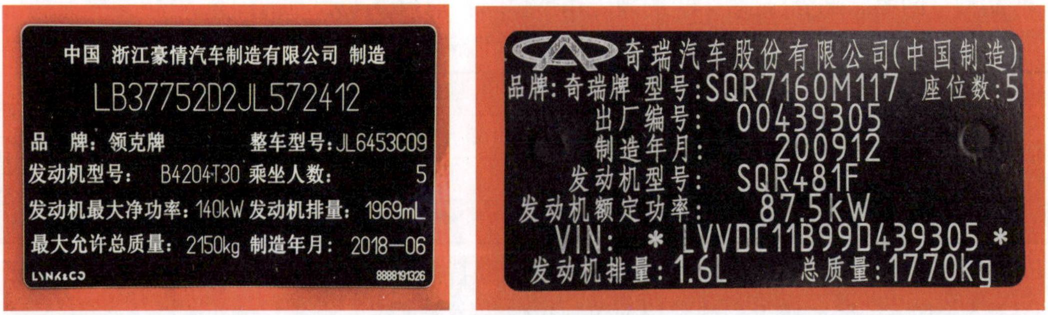

图1-4 汽车铭牌上的型号

1.4.2 车辆识别代号(VIN)

(1)车辆识别代号(VIN)的意义和作用。现在世界各国汽车公司生产的汽车大部分都使用了VIN(Vehicle Identification Number)。VIN由一组字母和阿拉伯数字组成,共17位,又称17位识别代号编码,共分为三部分:世界制造厂识别代号WMI(World Manufacturer Identifier)、车辆说明部分VDS(Vehicle Descriptor Section)和车辆指示部分VIS(Vehicle Indicator Section),如图1-5所示。

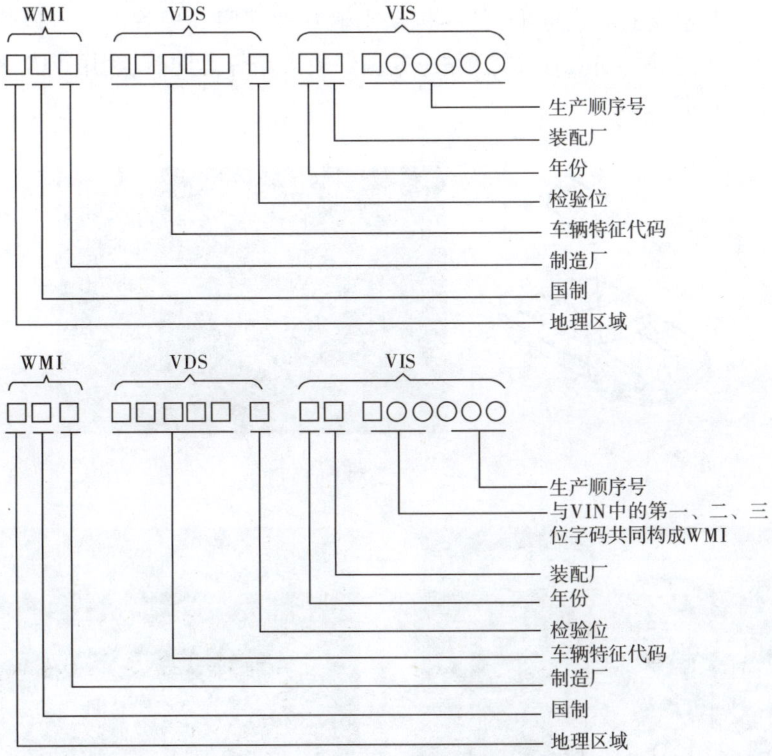

图1-5 车辆识别代号(VIN)顺序图

□-代表字母或数字;○-代表数字

VIN的每位代码代表着汽车的某一方面信息参数,它是识别一辆汽车不可缺少的工具。按照识别代号编码顺序,从VIN中可以识别出该车的生产国家、制造公司或生产厂家、车辆类型、品牌名称、车型系列、车身形式、发动机型号、车型年款(属哪年生产的年款型车)、安全防护装置型号、检验数字、装配工厂名称和出厂顺序号码等。

VIN经过排列组合的结果可以使车型生产在30年之内不会发生重号现象,就像我们的身份证号码一样,不会产生重号,故又被称为汽车身份证。因为现在生产的汽车车型使用年限在逐渐缩短,一般8~12年就会被淘汰而不再生产,所以VIN已足够满足实际应用。

各国政府及各汽车公司对本国或本公司生产的汽车的VIN都有具体规定。各国的技术法规一般只规定VIN的基本要求,如字母和数字的尺寸、书写形式、排列位置和安装位置都有相应规定等,并且应保证30年内不会出现重号,除对个别符号的含义有硬性规定外,其他不作硬性规定，而由生产厂家自行规定其代表的含义。各国有关车辆识别代号的技术法规各有差异，也有共同之处，如美国法规定 VIN 的第[9]位必须是工厂检查数字，而 EEC（欧洲共同体）指令将 VIN 分成三组（WMI、VDS 和 VIS），只对每一组的含义范围作了规定。VIN 一般以标牌的形式装贴在汽车的不同部位，美国规定标牌应安装在仪表板左侧（图 1-6），在车外透过风窗玻璃可以清楚地看到而便于检查；而 EEC 规定识别代号编码应标写在厂家铭牌上并安装在汽车右侧的底盘车架上或发动机舱盖下（图 1-7）。VIN 的位置还有副驾驶座椅前方（图 1-8）、发动机舱内的悬架塔上（图 1-9）、发动机的前梁支架上（图 1-10）。汽车研究及管理部门也有相应的规定标准，各国机动车辆管理部门办理牌照时可以将其输入计算机存储，以备需要时调用，如处理交通事故、办理保险索赔等。同时，利用 VIN 数据规定还可以鉴别出拼装车和走私车。

图 1-6　风窗玻璃下的 VIN

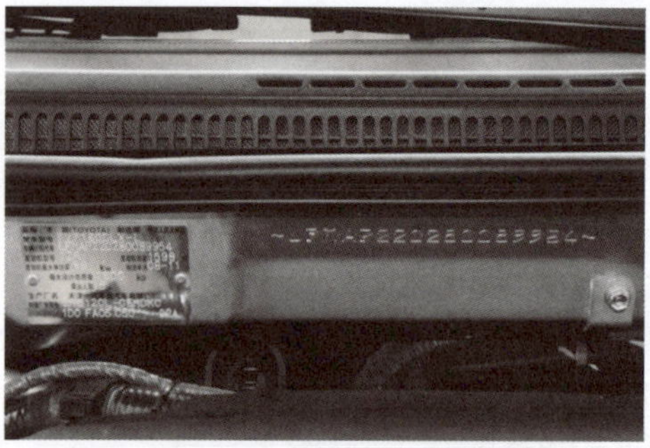

图 1-7　发动机舱盖下的 VIN

图 1-8　副驾驶座椅前方的 VIN

图 1-9　发动机舱内悬架塔上的 VIN

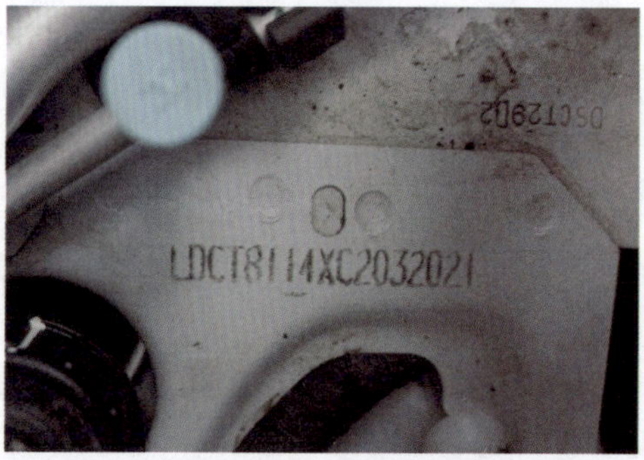

图 1-10　发动机前梁支架上的 VIN

由于汽车修理逐步实行计算机管理和故障分析诊断，在各种测试仪表和维修设备中都存储有 VIN 的数据，以作为修理的依据。VIN 在汽车配件经营管理上也起着重要作用，在查找零件目录中汽车零件号之前，首先要确认 VIN 的车型年款，否则会导致误购、错装等情况发生。

随着车型年款的不同和汽车销往国家的不同，VIN 规定会有所不同。有的按公司各车分部进行规定（如美国 GM）；有的直接按系列车型或车名进行规定（如日本雷克萨斯汽车）。

（2）车辆识别代号（VIN）举例说明。

①美国通用汽车公司（GM）别克世纪牌（Buick Century）汽车 2003 年 VIN：

2	G	4	W	B	5	2	K	0	3	Z	4	0	0	0	0	1
[1]	[2]	[3]	[4]	[5]	[6]	[7]	[8]	[9]	[10]	[11]	[12]	[13]	[14]	[15]	[16]	[17]

第[1]位：汽车生产国家代码。2——加拿大。

第[2]位：生产厂家代码。G——通用汽车公司。

第[3]位：制造厂家代码。4——别克汽车分部。

第[4]—[5]位：汽车品牌/系列代码。W/B——Regal（君威），W/F——Regal LS（君威 LS），W/S——Century Custom（世纪牌特制型），W/Y——Century Limited（世纪牌顶级型）。

第[6]位：车身形式代码。5——四门轿车（G69，通用 69 型车身）。

第[7]位：安全防护系统代码。2——主动式（手动）安全带，并带有驾驶员和乘客的安全气囊（前部）。

第[8]位：发动机型号代码。K——RPO，L36，3.8L，V6 型 SFI（顺序燃油喷射）；L——RPO，L67，3.8L，V6 型 SFI。

第[9]位：TF 检验数字代码。0～9 或 X。

第[10]位：汽车生产年型年款代码。3——2003 年。

第[11]位：总装生产工厂代码。

第[12]—[17]位：生产顺序号数字。

②中国第一汽车集团公司轿车 VIN 码内容含义及编制规则：

L	F	P	H	5	A	B	A	2	W	8	0	0	4	3	2	1
[1]	[2]	[3]	[4]	[5]	[6]	[7]	[8]	[9]	[10]	[11]	[12]	[13]	[14]	[15]	[16]	[17]

第[1]—[3]位代码分别表示生产国别、制造厂商和车型类型，具体含义如下：

LFW——载货汽车	LFD——备用	LFB——客车
LFS——特种车	LFV——轿车（一汽大众公司生产）	LFN——非完整车辆
LFT——挂车	LFP——轿车	LFM——多用途乘用车

注：a. 载货越野、自卸车、半挂牵引车及客货厢式车均属载货汽车。

b. 吉普车（包括越野、非越野式）属轿车类。

c. 用客车改装的客货两用车属客车类。

d. 汽车型号中车辆类别代号为 5 的车辆属特种车，但客货厢式及轿车车身的车辆除外，客货厢式车辆属载货汽车，轿车车身的车辆属轿车。

e. L 表示中国。F——First，P——Passenger，W——Works，B——Bus，N——Non-complete vehicle，M——M.P.V，S——Special，T——Trailer，V——V.W.（一汽大众轿车）。

第[4]位代码表示车辆品牌。具体含义如下：

J——解放	H——红旗	A——环都	B——罗福
C——长白山	D——德力	E——凤凰	F——先锋
G——星光	K——远达	L——吉林	M——红塔
N——蓝箭	P——蓬翔	R——西南五十铃	S——四环
T——太湖	U——凌河	X——雄风	Y——远征
Z——中海			

第[5]位代码表示发动机排量。具体含义如下：

1——小于等于1L	2——1.1～1.3L	3——1.4～1.6L
4——1.7～2.0L	5——2.1～2.5L	6——2.6～3.0L
7——3.1～3.5L	8——3.6～4.0L	A——4.1～4.5L
13——4.6～5.0L	C——大于5.0L	

第[6]位代码表示发动机类型及驱动形式。具体含义如下：

A——汽油机,前置,前轮驱动	B——汽油机,前置,后轮驱动
C——汽油机,前置,全轮驱动	D——汽油机,后置,前轮驱动
E——汽油机,后置,后轮驱动	F——汽油机,后置,全轮驱动
1——柴油机,前置,前轮驱动	2——柴油机,前置,后轮驱动
3——柴油机,前置,全轮驱动	4——柴油机,后置,前轮驱动
5——柴油机,后置,后轮驱动	6——柴油机,后置,全轮驱动

第[7]位代码表示车身形式。具体含义如下：

A——二门折背式	B——四门折背式	C——六门折背式
D——二门直背式	E——四门直背式	F——六门直背式
G——门仓背式	H——四门仓背式	J——六门仓背式
K——二门短背式	L——四门短背式	M——六门短背式
N——二门敞篷车	P——四门敞篷车	R——六门敞篷车
S——检阅车		

第[8]位代码表示安全保护装置。具体含义如下：

A——手动安全带

B——手动安全带,驾驶员气囊

C——手动安全带驾驶员气囊及乘员气囊

1——自动安全带

2——自动安全带,驾驶员气囊

3——自动安全带驾驶员气囊及乘员气囊

第[9]位代码表示工厂检验数字。用数字0～9或X表示。

第[10]位代码表示生产车款年型(生产年份)。具体含义如下：

W——1998	X——1999	Y——2000
1——2001	2——2002	3——2003

4——2004 5——2005 6——2006
7——2007 8——2008 9——2009
A——2010 B——2011

第[11]位代码表示生产装配工厂。具体含义如下：

1——总装配厂 2——变型车厂
3——专用车厂 4——客车底盘厂
5——汽研中试厂 6——汽研中实改装车厂
7——汽研联合改装车厂 8——第一轿车厂
9——第二轿车厂 0——重型车厂
A——青岛汽车厂 B——顺德汽车厂
C——长春轻型车厂 D——大连客车厂
E——成都汽车厂 F——延边汽车厂
G——一汽三友汽车制造有限公司 H——哈尔滨轻型车厂
J——吉林轻型车厂 K——凌源汽车制造有限公司
L——柳州特种车厂 M——芜湖一汽扬子汽车厂
N——北京汽车制造厂有限公司 P——四平专用车厂
R——山东汽车改装厂 S——一汽四环股份公司机动车厂
T——红塔云南汽车制造有限公司 W——无锡汽车厂
X——无锡柴油机厂 Z——四川专用车厂

第[12]—[17]位代码表示工厂生产顺序号。

2 汽车发展历史

2.1 汽车前史

人类经历了漫长的靠双足跋涉的时代后，发明了轮子。轮子改变了人类在陆地上的运动方式，使人类步入马车时代。一直到19世纪，马车仍然是城市交通中十分重要的交通工具。人们喜欢马车的优雅和诗意，喜欢乘坐马车从容地穿过乡村大道或古旧的城区街巷。

尽管古代的人们对车辆不断改进探索，但人力或者畜力车的速度和载质量总是受到很大限制，无法满足人类的需求和生产力的发展。制造出多拉快跑的自动车辆，一直是古代人类的梦想。

1763年，法国陆军的技术军官古诺所在的兵工厂生产一种炮身由生铁铸成的大炮，需要几匹强壮的马才能拉动。古诺希望将蒸汽力作为拉大炮车辆的牵引力，并且向陆军部提出了制造一台样机的建议。经过6年努力，在1769年，古诺制成了他设想中的蒸汽车（图1-11）。蒸汽车车身是很重的木制框架，前面支撑着一个大锅炉，后面是两个汽缸，锅炉产生的蒸汽送进汽缸，推动着装在里面的活塞上下运动，再通过曲柄把活塞的运动传给装在车框架下面的前轮,从而操纵前轮转动前进。古诺驾驶着他的蒸汽车走起来了,不过它的速度只有约 4km/h,比马车慢得多。而且蒸汽车走了 15min 就停下来,原来锅炉里的蒸汽已经用完了。古诺只好下车给锅炉添水加煤,等到锅炉里重新喷出蒸汽以后,蒸汽车才能继续行走。

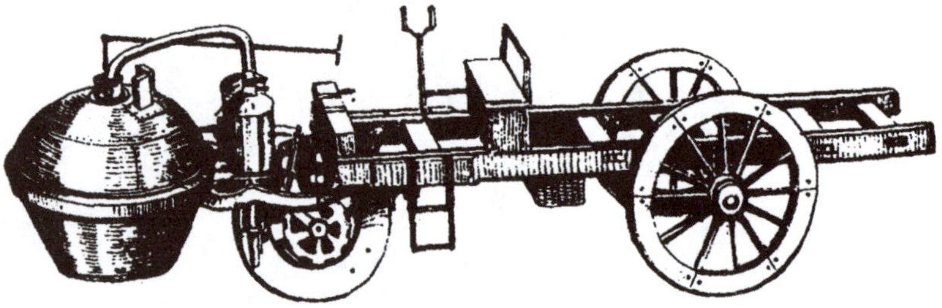

主要技术参数
车长:7.32m
车高:2.2m
蒸汽泡直径:1.34m
牵引能力:4～5t
前轮直径:1.28m
后轮直径:1.5m
速度:3.5～3.9km/h
连续行走时间:12～15min

图 1-11　古诺研制的蒸汽车

1774 年,英国人詹姆斯·瓦特(James Watt)研制出世界上第一台真正意义上的动力机械——蒸汽发动机(图 1-12),而自动车辆的诞生也因此有了实现的可能性。

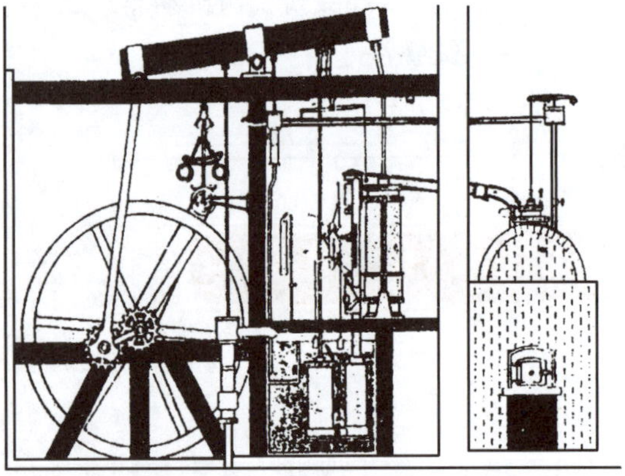

图 1-12　瓦特发明的蒸汽机

从蒸汽发动机发明往后的几十年里,蒸汽机汽车的技术不断完善,直到 1804 年,蒸汽机汽车才进入了实用阶段。1832 年,欧洲的马路街道上穿梭的蒸汽机汽车,成了当时工业文明的象征。由于蒸汽机汽车存在着速度慢、体积大、污染严重等不足,阻碍了蒸汽机汽车成为一种理想方便的运输工具,但是,蒸汽机汽车在汽车发展史上有着重要的意义,它是现代汽车的奠基者,在汽车的“家谱”中,它应是自动车的祖先。

1866 年,在动力史上有划时代意义的活塞式四冲程奥托内燃机被德国工程师尼古拉斯·奥托(Nikolaus August Otto)研制成功,为汽车的诞生奠定了坚实的基础。

2.2 汽车的发明

依照大多数人的观点,世界上最早的实用汽车是由德国的两个工程师同时宣布制成的。戈特利布·戴姆勒(Gottlieb Daimler)(图 1-13)制造的是四轮汽车(图 1-14),卡尔·本茨(Karl Benz)(图 1-15)发明了三轮汽车(图 1-16),他们二人都被世人尊称为“汽车之父”。戴姆勒与本茨的成功也是“站在巨人的肩膀上取得的”,早在第一辆汽车发明之前,与它相关的许多发明就已经出现了,如充气轮胎、弹簧悬架、内燃机点火装置等。所以,汽车是许多发明和技术的综合运用。

图 1-13 戈特利布·戴姆勒

图 1-14 戈特利布·戴姆勒发明的四轮汽车

图 1-15 卡尔·本茨

图 1-16 卡尔·本茨制造的三轮汽车

四轮汽车的发明者戈特利布·戴姆勒是马车商人的儿子。他的父亲因为被蒸汽机汽车抢了生意而大为气愤。在一次马车与蒸汽机汽车比赛的打赌中，他父亲大丢脸面，这给小戴姆勒留下了极深的印象，他发誓要发明一种超过蒸汽机汽车的车辆。戴姆勒是一个机器迷，他做过铁匠和车工，也上过几年技术学校。后来，他长期从事内燃机发明者——奥托领导下的奥托—朗根公司的技术工作，对奥托内燃机（固定式煤气发动机）的研制作出了重要的贡献。戴姆勒对汽油发动机更感兴趣，他认为奥托内燃机虽然质量大、转速低，但只要稍加改动就可装在汽车上使用。然而奥托本人却目光短浅、墨守成规，他看到当时制造煤气发动机销路比较好，所以不同意改进。1881 年，戴姆勒辞去奥托厂的一切职务，转而与威廉·迈巴赫合作开办了当时的第一家所谓的汽车工厂，开始研究一种轻便快速的发动机。1883 年 8 月 15 日，戴姆勒的发明成功了：世界上第一台轻便快速运转的内燃机诞生了。这台发动机能带动的重物为 109kg/kW，达到了相当高的转速。此时，戴姆勒并没有就此满足，他想创造一种所有车辆都能使用的自动推进器。1885 年，他又研制出第二台立式单缸内燃机，他立刻将自己的发明装到一辆骑士自行车上。1886 年，戴姆勒又将马车加以改善，为其增添了传动、转向等必备机构，并安装了一台 1.1kW 的汽油发动机，使其成为世界上第一辆没有马拉的“马车”——汽车，这辆汽车以 14.4km/h 的“令人窒息”的车速从斯图加特驶向了康斯塔特。第一辆实用汽车终于诞生了。

三轮汽车的发明者卡尔·本茨（图 1-15）生于 1844 年，他是个火车司机的儿子。本茨从小跟父亲生活在火车上,因此他对火车蒸汽机机车非常感兴趣,每一次火车那狂风般的怒吼都强烈地震撼着小本茨。本茨后来对汽车内燃机产生了浓厚的兴趣,梦想着“公路上行驶着一种无轨的、不需马拉的车子”。1878 年,34 岁的本茨曾试制过二冲程煤气发动机,但是没有成功。本茨有着德国人那种典型的百折不挠的精神,屡遭失败而毫不动摇。1879 年,本茨终于首次试验成功了一台二冲程发动机。从 1884 年初到次年 10 月,本茨研制出单缸汽油发动机并将此机装到一辆三轮车上,制成了一辆三轮汽车(图 1-16),它是德国梅赛德斯—奔驰汽车公司的第一代“祖宗”(1994 年北京国际汽车工业展览会上,奔驰公司曾展出此车)。这辆三轮汽车打破了传统马车的木架结构,首次用钢管焊成车架,用了三个辐条式的车轮做轮子。车架上装有一台小型单缸汽油机,有效工作容积为 1687ml,转速为 200r/min,功率为 1.1kW(1.5 马力),用高压线圈点火,化油器是带浮子阀的,用水冷却。汽油机发动以后,动力经齿轮和链条传到后轴,后轴由两个半轴组成,中间装有差速器,以利车辆转弯;前轮架在一个叉子上,类似自行车的前轮装置,上面有转向手柄,用来操纵车辆转弯。这辆汽车上还装有变速杆和制动把。车的最高时速可达 18km。另外,为了使人坐在上面感到舒服,在车架和车轴之间,首次装上了钢板弹簧悬架。由上述特征可以看出,这辆汽车已具备了现代汽车的一些基本特点。

本茨于 1886 年 1 月 29 日向德国帝国专利局申请他发明汽车的专利,同年 11 月 2 日专利局正式批准发布。因此,1886 年 1 月 29 日被认为是世界汽车诞生日。本茨的专利证书也成了世界上第一张汽车专利证书。这张专利证书的证号为 7435,类别属于 46 类,即空气及气态动力机械类,可以说这张证书开创了世界汽车发展的历史。

戴姆勒和本茨是世界上大多数人公认的以内燃机为动力的现代汽车的发明者。他们的发明创造,成为汽车发展史上最重要的里程碑。其中,本茨在 1887 年的展览会上展出了他的三轮汽车,并在会上进行了订货交易,开创了内燃机汽车商品化的先河。

戴姆勒和本茨所发明的汽车都采用汽油机。汽油是由石油精炼而成,极易蒸发和燃烧,对发动机的起动、加速和工作稳定性十分有利。石油的另一产品——柴油同样具有优良性能,且价格低廉(柴油问世时,其价格仅为汽油的一半),引起了汽车研究者们极大的兴趣,他们都在试验让发动机使用柴油。

1890 年 1 月,一位叫狄塞尔的德国人摘取了“柴油机发明者”的桂冠,他成功地试制出世界上第一台柴油机。

狄塞尔于 1858 年 3 月生于巴黎,由于父母是德国移民而遭到法国当局的驱逐,家中的生活相当窘迫,但是年少的狄塞尔不畏穷困,他在学校学习非常勤奋,成绩一直名列前茅。毕业时,他以全校最高分获得一笔奖学金从而进入德国的慕尼黑工业大学学习,这为他以后的研究工作创造了很好的条件。1879 年,21 岁的狄塞尔大学毕业,成为一名制冷工程师。早在大学时代,狄塞尔就喜欢物理和热力学,当他知道那时蒸汽机的最高效率只有 13% 时,深感十分惊讶。他决心攻克蒸汽机的致命弱点,探索一种高效率的发动机。

狄塞尔不仅富于想象,而且坚毅苦干。他首先研究发动机的历史,查阅了大量的资料。为了实现自己的愿望和抱负,他辞去了制冷工程师兼销售经理的职务,自己成立了一个发动机实验室。

经过大量的试验，狄塞尔发现利用柴油作发动机的燃料是可行的，虽然此时已经有人发明了汽油发动机。狄塞尔制造了一台柴油发动机的样机，当此机在工厂台架上试验运转时，随着燃料的喷入，汽缸盖顶部的零件突然像一颗颗炮弹一样飞射出来。现场顿时乱成一片，火花四溅，排气管浓烟弥漫，吓得在场的人四处逃避。

面对失败，狄塞尔毫不气馁，他不断地总结经验教训，终于使这台柴油机成为比蒸汽机消耗燃料少、热效率高、可靠性强的发动机。

1898 年，在慕尼黑展览会上，这台柴油机引起了美国人阿尔道夫・布什的浓厚兴趣，他将其成功地装在汽车上使用，油耗比汽油机低了 30% 左右。

柴油机是动力工程方面的又一项伟大的发明，它比汽油机油耗低，是汽车的又一颗机能良好的"心脏"。后人为了纪念狄塞尔的功绩，将柴油机称为"狄塞尔"(英语的 DIESEL 即为柴油机的意思)。现在在许多汽车前面可以看到 DIESEL 的字样，这就表示它是一辆柴油发动机汽车。

2.3 汽车的发展完善

内燃机汽车刚发明时，并没有立即在各种路面车辆中显示出很强的竞争力。蒸汽机有较长的发展历史，比起发展初期的内燃机要完善得多。20 世纪初，美国销量最大的还是蒸汽车。当时的蒸汽车结构紧凑，车架用管型钢制成，整车总质量只有 350kg，行驶车速可达 40km/h，运转比内燃机汽车平稳得多。当时，多次汽车大赛的冠军都是蒸汽车，以致很多人认为蒸汽车会和内燃机汽车有一样的发展前途。然而蒸汽车最大的缺点就是起动困难，起动一次需要大约 45min。

20 世纪初，电动汽车也比内燃机汽车发展得充分。当时的电动汽车有两种，一种是电池车，另一种是有轨电车。1900 年，在美国各大城市总共有 300 多辆电池车在行驶，但是电池车也有缺点，一是电池成本太高，当时一年的充电费相当于购买一部新车的价格；二是电池充电一次只能行驶 80km，故而只适于在距离短、更换电池方便的市区使用。有轨电车在 1882 年首先出现在德国，1901 年，第一条公共有轨电车线路在德国的萨克森建立。1923 年，在英国的沃尔弗汉普顿造出了第一辆无轨电车。不管有轨与否，这种电车都要通过车顶上面的"辫子"与电线相接，只能走固定线路并且不能超车，所以最适于城市公共交通。

经过几十年的发展完善，内燃机汽车才在路面车辆中占据了主导地位。车用汽油机也逐渐完善起来。汽油汽化与点火问题得到了解决。内燃机的冷却最初是用一根长而弯的管子让水循环流动来实现的。1901 年，迈巴赫又发明了蜂窝状的冷却水箱，为高效率的冷却打下了基础。本茨研制的汽车从发动机到驱动车轮是用皮带传动，后来又出现了链条。在挠性连接部件出现以后，即传动力的两部件之间允许有位置和距离的变动，才普遍采用了传动轴接锥齿轮的传动方式。

早期的内燃机汽车是靠手摇转动曲轴来起动发动机的。这种方式既费力又不方便，且需要有两个人配合。最初消除手摇起动的设想是将压缩空气按点火顺序依次送进各汽缸以使曲轴转动。压缩空气是靠发动机以前工作时带动一个气泵而储存的，除了用于起动发动机外，还可给轮胎充气及带动千斤顶工作。但是，这种起动方法并不成功。1917 年，美国凯迪拉克公司研制了第一个电起动器，它是用一个小电动机带动与曲轴相连的飞轮转动来起动发动机的。这项发明的关键在于认识到电动机能在瞬时超负荷运转，所以一个小电动机就可以带动曲轴转动至发动机点火起动，这是由凯特林(C. F. Kettering)研究发现的。到了1930年，虽然摇动手柄仍然是汽车的一个附件，但是摇动曲轴起动发动机，除极偶然的情况外，已经不常见了。

汽车靠传动轴传递动力后，在传动轴与发动机之间安装了变速器，使发动机在一定的转速内工作，而汽车可以有不同的行驶速度以适应不同的道路条件。变速器是靠齿轮传动的，主动齿轮与发动机连接，从动齿轮与驱动轴连接，行驶中换挡由于两个齿轮转速不同而啮合困难，强行啮合就有打齿的危险。起初，人们在变速器的前后各装一个离合器，换挡时，用这两个离合器将变速器中的齿轮轴与发动机和驱动轴都脱开。但是由于惯性，两齿轮转速达到同步还需要一段时间，再加上两个离合器配合操纵很复杂，使行驶换挡非常困难。1929年，也是凯迪拉克公司首先研制出同步器，它是通过同步器中锥面相互摩擦使两个齿轮转速相同时才允许啮合。这样只要有一个离合器就行了，换挡时既轻便又不打齿，换挡时间也大大缩短。

汽车制动器开始是照搬马车上的结构，即用驻车制动带动一个单支点的摩擦片来抱住后轮。但是汽车所需的制动力要比马车大得多，而且汽车倒退时这种制动器常常失灵。当时，一些汽车在底部安装一根拖针，当汽车在坡路上下滑时，拖针会扎入地下使车停住。后来，在车上又增加了行车制动(俗称“脚刹”)，用来控制传动轴的转动。1914年开始出现轮内鼓式制动器。1919年，法国海斯柏诺—索扎公司制成用脚踏板统一控制的四轮鼓式制动器，并由变速器驱动一个机械伺服机构来增加制动力，使制动效果大为改善。1921年，美国的杜森伯格公司又推出了液压助力器，由一个主液压缸来放大制动力；以后又出现了气动助力的制动器。制动装置逐渐形成了行车制动器控制车轮、驻车制动器控制传动轴的结构形式。

影响汽车舒适性的主要因素是车轮和道路。初期的汽车采用的是自行车所用的辐条式的铁制车轮，外套实心橡胶轮。这种实心轮当车速超过16km/h时，会引起车辆上下跳动使驾驶员和乘客颠簸得无法忍受。1895年，法国的米其林兄弟(Andre and Edouard Michelin)制造出了用于汽车的充气轮胎。这种轮胎虽然改善了汽车的舒适性，但漏气问题却成了驾驶员最头痛的事。因为当时汽车轮子还是不可拆卸的，所以补胎和换胎都要费很多时间。辅助轮缘的出现解决了这个问题。当轮胎漏气后，可以靠这个轮缘行驶到最近的修车场去更换轮胎；后来出现了可拆卸的车轮，轮胎也分为内胎外胎两层，外胎中用金属丝予以加强，从而使轮胎寿命大大延长，更换轮子也成了一件比较容易的事了。到了20世纪20年代后期，一般妇女都能完成换车轮的工作。

当汽车已经发展起来后，公路却还是由碎石和土填成的，汽车行驶时不仅颠簸，而且扬起大量尘土，后来发现沥青既可以消除尘土又可使路面平坦。1910年，英国成立了“公路署”专门负责修筑沥青公路。1914年又开始出现水泥公路。1942年，为了战时的需要，德国修筑了符合现代标准的高速公路。第二次世界大战之后，欧美各国都相继修筑大量的高速公路，其中美国的高速公路修得最长，共达7万多千米。高速公路的特点是：每个行驶方向都有两条以上的行车道，相反方向的行车道之间有草地或灌木的隔离带，行车道之间没有平面交叉,也没有陡坡、急弯和其他不利于汽车行驶的障碍。在高速公路上行驶的汽车车速一般都在 80km/h 以上,欧洲一些国家车速可超过 120km/h,这就使得汽车的运行效率大为提高。

汽车技术的日益成熟使生产销售成为可能。为了汽车能大量销售,在 1927 年以前,汽车技术集中解决经济性(包括购置、使用和维修费用在内)、可靠性和耐久性这类基本要求。为了提高燃油经济性,这一时期汽油机的压缩比有了提高,一些载货汽车上采用了更省油的柴油发动机。1905 年,在美国的圣·路易斯发生了最初的汽车被盗事件,于是出现了带钥匙的点火开关。刮水器、制动灯、反光镜等也在这一时期被开发和使用。1922 年,在仪表板上出现了燃油表。1929 年出现了车用收音机。现代汽车的基本要素均已具备。

在解决汽车的基本使用问题以后,人们开始追求外形、色彩的多样化以及乘坐的舒适性、操纵的便利性等。车身变得越来越长、越来越低,车体的整体性和刚度增强,其振动和噪声水平不断下降。车型变化越来越快,各种变型车和选用款式相继出现。最初的汽车是“无马马车”,汽车车身亦即马车车身,没有考虑对驾驶员的过多保护。随着车速的提高,首先是迎面风使驾驶员难以忍受,为此考虑到改变汽车的外形。1903 年,美国福特公司制造的 A 型车在座席前设一块挡风板,使迎面风经过挡板导流,吹向上方。但若汽车行驶速度达到 50~60km/h,则驾驶员经受着相当于七级风的风力,根本无法睁开眼驾驶,于是开始产生了带篷的汽车。这种马车造型的汽车,从整体上看是四方形的,形似箱子,故称箱型汽车。箱型汽车在造型中没有引进空气动力学原理,可以说是技术尚未成熟时代的产物。

随着对空气动力学原理研究的不断深入,以及人们对车型美观多样化的追求,从 19 世纪 30 年代起,汽车外形向流线型发展。但开始的流线型车过分强调了车身外形的“高速感”,而忽视了降低空气阻力的真正目的,存在着乘员空间过分狭小、车身过长过矮、对横向风的稳定性差等问题。1949 年起,无论是美国还是欧亚大陆均风靡船型车身,这种车身是福特汽车公司首先推出的,既考虑了机械工程学、流体力学诸因素,又强调了以人为主体,注重乘员舒适性和驾驶员操纵性。

为了操纵方便,1937 年的福特车上提供了转向柱换挡机构。1946 年,动力操纵的车窗升降机问世。1951 年,别克等车上提供了动力转向。1955 年,在克莱斯勒公司的汽车上,按键式自动变速选择器代替了原有的变速器操纵杆。

我们来看看从 19 世纪末到 20 世纪 50 年代期间,汽车及汽车界都发生了哪些重要的事件:

1888 年　英国人邓禄·普发明充气轮胎。

1889 年　戴姆勒在他的汽车上采用装有滑动小齿轮的 4 速轮传动装置;戴姆勒的 V 型发动机在德国获得专利;法国人标致配制成功齿轮变速器和差速装置。

1890 年　戴姆勒成立公司,美国奥兹成立汽油发动机生产厂。

1891 年　美国芝加哥配制出第一辆电动汽车;法国人潘赫和莱瓦索采用发动机前置、后轮驱动的结构形式,并设计了专用底盘。这一结构奠定了汽车传动的基本形式,在相当长的时间内被全世界广泛仿效。

1892 年　美国人杜里埃发明喉管型喷雾化油器。

1893 年　德国人狄塞尔在其论文《转动式热机原理和结构》中，首次论述了柴油发动机原理；法国巴黎开始实行车辆登记、使用车牌并发放驾驶证；杜里埃研制出美国历史上第一辆汽油发动机汽车。

1894 年　狄塞尔展出他的第一台商品型柴油发动机；法国人米其林兄弟发明充气式橡胶轮胎；奔驰公司生产了 135 辆维多利亚牌汽车，并采用了米其林发明的可拆卸式充气轮胎。

1895 年　世界上第一本汽车杂志《无马时代》在美国出版发行；法国人莱瓦索尔配制出用手操纵的齿轮变速传动装置；美国首次举行汽车比赛，获得冠军者驾车用 9h 跑完80.45km（50 英里）的路程。

1896 年　福特研制成功 2 缸 4 轮汽车；美国出版物中首次使用“汽车”（Automobile）单词；美国人将油灯用于汽车照明；英国人首次使用石棉制动片；德国首次使用汽车计程表；伦敦首次举办国际汽车博览会，展出了小轿车、客货两用车和电动汽车；标致公司成立；德国人杜茨成为经营出租汽车的鼻祖；日本进口首辆汽车。

1897 年　美国人奥兹在密歇根州的兰辛市创办了“奥兹汽车厂”；美国举办首次汽车刊物展览（5 月 3 日）；英国兰切斯特汽车使用了高压润滑系统，发明人由此而获得专利；美国首次开展汽车保险业务；英国成立了世界上最早的汽车协会——皇家汽车俱乐部，即现在的 R. A. C 前身；狄塞尔制成压缩点火式 1.1kW 柴油发动机，热效率高达26%，令全世界为之震惊；英国人乔治·史密斯成为第一个酒后开车被判有罪的人。

1898 年　美国人富兰克林配制出顶置气门 4 缸风冷式发动机；第一辆公共汽车问世；转子发动机问世；法国人雷诺将万向节首先用于汽车传动，并发明伞式齿轮主减速器传动装置，取代了链条传动；雷诺公司成立；英国人制成柴油发动机汽车。

1899 年　第一辆菲亚特汽车问世；带有整体水箱的蜂窝式散热器、分挡变速器和脚踏式加速器首先由戴姆勒应用；纽约成立全美第一家汽车修理厂；德国人西韦尔成为第一位死于车祸的汽车司机。

1900 年　美国奥兹牌汽车投产；德国制造出第一辆装甲车；全金属车身问世；德国人保时捷配制出带曲面挡风板的汽车；奔驰公司以钢材代替木材制作车架；倾斜式圆形转向盘首次在德国使用；纽约颁发第一份汽车驾驶员执照，称“工程师证书”。

1901 年　位于底特律的奥兹汽车厂发生火灾，恢复生产后采用由各分散车间转包零件加工和装配的生产组织方式，后来这些车间相继独立，使底特律发展成了汽车城；纽约开始发放汽车牌照（带号码的铝制圆盘）；德国博世公司（Bosch）发明高压磁电机点火装置；奥兹莫比尔汽车首先使用转速表；低压磁电机点火系统被戴姆勒公司采用；中国进口第一辆汽车。

1902 年　美国凯迪拉克汽车公司成立；盘式制动器专利被英国人获得；鼓式制动器专利由法国人雷诺获得；后桥独立式悬架被法国人装于赛车；摩擦式减振器在英国使用；用两个前轮的转动代替轴的转动的艾利奥特转向原理开始应用；美国汽车协会在芝加哥成立。

1903 年　福特汽车公司成立；法国研制出第一台 V 形发动机；伦敦出现出租汽车；美国固特异轮胎公司（Goodyear）获无内胎轮胎专利；英国生产全钢车身的轿车；“交通安全之父”

伊诺出版《驾车的规则》一书;美国波士顿警察最先购买汽车执行警务。

1904 年 气压制动系统开始被采用;凯迪拉克汽车装用防盗点火系统;美国研制出防刺漏式轮胎;英国希思发明液压制动系统。

1905 年 法国研制出封闭式驱动桥;法国研制出轮胎压力计;美国汽车工程师协会(SAE)成立。

1906 年 带弹簧的保险杠问世;前轮制动器在德国问世;别克公司将蓄电池作为轿车的标准配备;法国勒芒举办首次汽车大奖赛;扭力杆式减振器问世。

1907 年 劳斯莱斯公司开始生产"银魅"牌轿车;美国汽车制造商协会公布汽车功率计算公式,该公式后来被一些国家作为汽车征税的依据;法国采用乙炔车灯;日本制造出第一辆汽油发动机汽车。

1908 年 凯迪拉克公司因生产可互换零件的汽车而获得英国皇家汽车俱乐部颁发的杜瓦奖;福特 T 型车问世,福特流水线式生产线建成,开始了崭新的汽车生产方式;杜兰特成立通用汽车公司;轮胎刻纹机在美国问世;电喇叭被美国人在汽车上应用。

1909 年 美国印第安纳州建成第一条高速赛车道,这是印地赛车的起源。

1910 年 美国出现第一辆特种车辆——消防车。

1911 年 美国底特律市的公路上首次标出中心线;美国举行 500 英里(804.5km)汽车赛,获胜者的汽车上首次安装了后视镜;德国卡门提出流线型概念;法国人标致设计出 4 轮制动器;电灯被美国人用于汽车照明;汽车公司股票在纽约上市。

1912 年 自动起动器在凯迪拉克汽车上首次安用;双凸轮顶置发动机在瑞士问世;别克 V12 发动机采用了铝制活塞;轮胎材料中加炭可以提高耐磨性的实验获得成功。

1913 年 四门轿车问世;曲面风窗玻璃问世;汽车前照灯被置于挡泥板上;汽车销售首次采用分期付款;第一个加油站建成。

1914 年 全钢车身的道奇牌客车问世;底特律出现第一个管理交通的停止信号灯;云母质绝缘体的火花塞在英国问世;英国生产双层客车。

1915 年 可拆卸式轮辋代替了嵌入式轮辋;箱形车身的 T 型车问世。

1916 年 倾斜式风窗玻璃流行;手动刮水器被装在汽车上;美国人开始使用停车灯。

1917 年 林肯汽车公司成立。

1918 年 美国登记客车数超过 500 万辆;美国人麦克姆·罗西德制成四轮液压制动器并获专利;美国雪佛兰与通用公司合并;英籍德国人阿克曼申请平行连杆式转向机构专利,后来法国人琼特将其改造为梯形连杆式。

1919 年 福特公司客车产量达 75 万辆,超过美国客车产量的 1/3;高效制动器装车使用。

1920 年 日本成立东洋汽车工业公司;美国修筑了全长为 191km 的高速公路;雪铁龙和蓝旗公司开始采用钢板冲压盘式车轮;通用公司在车内安装顶灯;林肯牌汽车问世。

1921 年 林肯汽车将转向信号装置列为标准配备;镀镍技术被应用于散热器和车灯;四基铅在汽车中具有抗爆作用被发现;第一家汽车饭店开张;可调式汽车座椅问世。

1922 年 空气滤清器、油量指示器被应用于汽车;蓝旗汽车采用了 V6 型发动机和四轮独立悬架装置;橡胶悬架在美国问世。

1923 年　戴姆勒公司发明自动喷漆装置;奔驰公司生产出第一辆柴油载货车;福特公司年产汽车 200 万辆;法国勒芒首次举行 24 小时汽车赛。

1924 年　杜邦公司推出新型快干漆;美国每 7 人拥有一辆汽车;富兰克林研制出离合器中的减振装置;莫来石瓷质绝缘体的火花塞在美国问世;德国博世公司开始生产电动刮水器;第一条收费公路在意大利通车;双丝式前照灯问世。

1925 年　奥兹莫比尔 5 座汽车问世;克莱斯勒公司成立。

1926 年　奔驰与戴姆勒公司合并,开始生产梅赛德斯—奔驰牌汽车;美国研制出汽车辛烷值测定表,使汽油的抗爆性有了衡量标准;驱动桥高度降低及双曲线齿轮的采用使汽车重心得以降低;通用公司将汽车前照灯变光开关由转向盘移到了地板上,改用脚操纵;通用公司成立车身外形画室;凯迪拉克公司使用防碎玻璃。

1927 年　真空自动增压器问世;通过采用在钢制部件中充填毛织物和射流消声的方法使汽车得以消声;第 27 届国际汽车博览会展出的汽车表明了轿车发展的趋势:空气滤清器、汽油滤清器、机油滤清器、曲轴箱换气装置和后视镜被纷纷采用;累计生产了 15007033 辆的 T 型车停产;液力制动器问世。

1928 年　福特 A 型汽车取代了风靡全球的 T 型车;通用公司推出带有各种豪华饰物的雪佛兰 6 缸发动机汽车,得到用户好评;同步变速器用于凯迪拉克汽车;宝马牌汽车问世。

1929 年　亨利·福特汽车博物馆对外开放;汽车尾灯开始安装;美国将收音机作为汽车的选用品;"汽车之父"卡尔·本茨去世。

1930 年　超低压轮胎问世,提高了汽车在松软路面行驶的性能;镀锡活塞问世;戴姆勒公司将液力耦合器用于汽车,改变了传统的机械传动方式。

1931 年　采用独立悬架的汽车问世;通用公司成为第一大汽车生产公司;离心式、真空式点火提前角自动调节装置由克莱斯勒公司研制成功。

1932 年　圆环形挡泥板被采用。

1933 年　丰田自动织布机厂成立汽车部,该部后来独立为丰田汽车公司;日产汽车公司的前身塞米股份有限公司成立;非贯通式汽车通风系统研制成功;汽车停放收费计数器问世。

1934 年　克莱斯勒"汽流"牌客车问世,该车率先采用了流线型车身,属于甲壳虫车身的一类;雪铁龙前轮驱动汽车问世;半自动变速器问世。

1935 年　全球汽车保有量达 3500 万辆;手动按钮式齿轮变速器问世;德国西门子公司开始生产氧化铝瓷质绝缘体火花塞;美洲虎高级轿车问世。

1936 年　由钢制扭力杆和双管路紧急制动系统组成的新型安全装置问世;日本三菱公司开始生产汽车;最先装用柴油发动机的奔驰 260D 型小汽车问世。

1937 年　丰田汽车公司成立;五十铃汽车公司成立;普利茅茨牌汽车开始采用安全玻璃;福特推出 V8 发动机汽车。

1938 年　空调装置被美国人用于汽车;人们开始注意汽车升力现象;大众公司成立,甲壳虫汽车问世。

1939年 美国汽车产量达到750万辆;奥兹莫比尔汽车采用了液压—机械联合传动系统。

1940年 克莱斯勒公司研制出安全轮辋,它可以保证轮胎被刺穿后不脱离轮辋;封闭式汽车前照灯问世。

1941年 四速半自动变速器及液压联轴器由克莱斯勒公司研制成功;四轮吉普车在美国问世。

1942年 因二战的需要,美国军车产量超过民用车;水陆两用坦克问世。

1943年 通用公司大量生产航空发动机。

1944年 通用公司生产水陆两用汽车;美国向苏联提供了34.5万辆汽车,以支援其抗击德国法西斯。

1946年 后置发动机客车问世;全钢客货两用车问世;米其林公司研制出子午线轮胎,轿车首次装用无线电话。

1947年 “汽车大王”亨利·福特去世;日本生产战后第一批达特桑牌汽车;法拉利牌汽车问世。

1948年 本田公司成立;曲面风窗玻璃问世;无内胎式轮胎问世;奔驰轿车首次装用电动车窗;保时捷推出356。

1949年 克莱斯勒汽车采用点火钥匙起动;福特公司推出V8船型轿车。

1950年 英国人获蝶式制动器专利;英国陆虎公司推出世界上第一台采用燃气涡轮发动机的汽车;全球年度汽车产量1507万辆,首次超过1000万辆;第一台直喷式柴油机问世;国际汽车联合会成立,规范的汽车比赛自此开始。

1951年 克莱斯勒公司推出具有球形燃烧室的V8发动机。

1952年 美国通用公司推出别克牌小轿车,该车成为鱼形车身的代表;转向助力器装车使用;美国人开始采用座椅安全带。

1953年 玻璃纤维薄板加钢筋构成的车身问世;福特公司第4000万辆汽车下线;美国人戴纳·富勒创造了264km/h的地面行驶纪录,该纪录一直保持了18年;通用公司累计生产了5000多万辆汽车;美洲虎汽车装用盘式制动器;晶体管被应用于汽车点火系统。

1954年 转子式发动机问世;燃油喷射式发动机问世。

1955年 福特雷鸟牌两座汽车问世,这是最能代表美国个人用车的第一车型;福特公司创造了日产汽车10877辆的世界纪录;丰田公司推出皇冠牌汽车;电控门锁问世。

1956年 中国第一汽车制造厂成立,解放牌汽车问世。

1957年 林肯—大陆汽车采用组合车身;带冷却片的制动毂问世。

1958年 日本富士公司研制出速波360型汽车;无级变速器问世;日本公司首次向美国出口汽车。

2.4 注重节能、环保和安全

汽车保有量的不断增加使汽车排放物对人类健康的危害越来越明显。据报道,在美国,车辆排放出的污染物占大气污染物总量的55%。这些污染物包括CO、NO_x、HC、炭烟微粒等。上述情况促使公众越来越注意到环境保护问题,各国竞相制定了环境保护法规,限制汽车排放物。最早立法的是美国加利福尼亚州,1961 年规定新车应装有防止曲轴箱窜气的装置;1966 年以后,又规定新车需符合 CO、HC 的排放浓度限值(七工况法)。1968 年,美国联邦政府采纳了加州法规,1971 年又增加了对 NO_x 的限制。环保要求对汽车技术,特别是车用发动机技术的发展起了很大的推动作用。曲轴箱强制通风系统(PCV)、废气再循环系统(EGR)、排气三元催化系统、分层燃烧系统、稀混合气燃烧系统等新措施和新技术不断推出,缓解了汽车排放对人类健康和环境的威胁。

节能是汽车技术发展的永恒课题,为了降低高速行驶时的风阻,以通用汽车公司 1952 年制造的别克牌汽车为开端,出现了基于流体力学的真正的高速车型——鱼形车身。但随着车速的不断提高,升力问题出现了,高速时产生的气动升力不仅影响汽车的稳定性,而且影响汽车的操纵性与安全性。1963 年,司蒂倍克设计了阿凡提的双座轿车,开始了兼顾低风阻和高速安全性的楔形车时代,这种楔形车后来很快为赛车所广泛采用,但楔形车身存在车后方视野不好的缺陷。1990 年,美国通用公司设计的雪佛兰 AER02002 动感型轿车既发挥了楔形车的长处,又保持了轿车应有的舒适性和良好的视野。近年来,在动感型车身后部采用"截断"的办法,或装上"脱离装置",使气流脱离,以减少空气阻力。这种车型有时称为"截取型"。

1973—1974 年以及 1979—1980 年两次大的能源危机,使得汽车节能得到了进一步的发展。美国生产的大排量轿车逐步为日本和欧洲生产的小排量到中等排量的汽车所取代,继而美国各大汽车制造厂家也开始减小所生产的轿车的排量和车型尺寸。1980 年,美国公布实行的综合平均燃油经济性法规(CAFE)促进了汽车节能技术的快速发展。与此同时,寻求其他能源(代用燃料)在汽车上应用的研究也受到广泛关注,特别是甲醇燃料液化石油气和压缩天然气燃料已有一定的商业应用。

汽车增多、车速提高以及人类对生存环境的进一步关心,促使公众越来越重视汽车的安全性。美国 1945 年因车祸死亡人数为 2.8 万人,而到 20 世纪 60 年代时每年因车祸死亡的人数增加到 5 万人左右。为解决安全性问题,汽车碰撞试验和设计中的人体工程学成为热门课题。美国联邦安全委员会制定了一系列的安全法规,包括汽车碰撞时对乘员的保护、撞击时转向柱向后的位移量限制、车顶抗撞强度和侧门强度要求以及燃油系统安全性要求等。为了满足安全法规要求,汽车设计中发展了可吸收能量的转向柱和前、后保险杠,安全风窗玻璃,软化的仪表板、遮阳板、头枕,强化的前门柱和中立柱,抗撞击的车门等,从而显著提高了汽车的安全性。1956 年,美国福特公司率先在轿车上普遍采用安全带,随后其他厂商纷纷效仿,以后则成为法定必装器具。近年来,安全性又得到新的强调,在车身结构中,提高最接近乘客处的车身骨架结构强度;制动系统中普遍采用防抱死制动系统(ABS),以提高制动效能和制动时的操纵稳定性;撞车时自动吹涨的安全气囊(SRS)逐步成为轿车的必备装置;各种安全报警装置不断为用户所接受。

这一阶段全球汽车业的大事如下:

1959 年　英国推出"迷你"牌小型汽车,该车采用前轮驱动和横置式发动机;丰田公司在美国设厂,就地生产就地销售;奔驰公司首次进行汽车碰撞和翻滚试验;控制污染的曲轴箱通气阀研制成功。

1960 年 凯迪拉克公司推出一次性底盘润滑油；雷鸟牌轿车采用外摆式转向轮；克莱斯勒公司制成实用型汽车交流发电机。

1961 年 奔驰汽车采用了带前后伺服—助推装置的盘式制动器；合成橡胶轮胎问世，其寿命比普通橡胶轮胎提高一倍以上。

1962 年 聚酯树脂轮胎研制成功；丰田公司推广“看板”作业方式，后被世界各国企业界所效仿；法国研制出碘钨汽车前照灯。

1963 年 内部带有备胎的轮胎问世，该轮胎能在外胎爆裂以后，利用停车场胎继续行驶 160km 以上；全球汽车年产量达到 2038 万辆；本田汽车问世；楔形汽车问世。

1964 年 “旁蒂克强力”牌轿车开创了采用涡轮发动机的新时代；福特公司采用计算机辅助设计新车型；自动变速器上的选择按钮按照“倒车—空挡—驱动—低速—高速”的顺序实现了标准化；福特公司开始采用电控喷漆新工艺；半球形燃烧室问世。

1965 年 美国颁布《机动车辆安全法规》《净化空气法案》；美国汽车厂商仍傲视群雄，美、日、德三国汽车年产量分别为 1112 万辆、187 万辆、298 万辆。

1966 年 美国采用可折叠式转向盘；英国人设计出车内空气排出系统，该方式后来被普遍采用。

1967 年 通用公司推出使点火钥匙与报警器相配合的防盗装置；隐蔽式风窗玻璃刮水器开始流行；通用公司累计生产 1 亿辆汽车；韩国成立现代汽车公司。

1968 年 废气排出控制系统成为各种汽车上的标准配置；美国累计生产了 2.5 亿辆汽车；丰田公司年产量达到 100 万辆。

1969 年 奥迪轿车获瓦尔德汽车外形奖。

1970 年 奔驰公司研制出模拟防抱死制动系统；丰田公司建成多用汽车风洞；日本成为世界第二大汽车生产国。

1971 年 德国保时捷公司生产的“月球漫游者”被美国“阿波罗 1 号”宇宙飞船送往月球执行任务，创造了汽车在外星行驶的奇迹；雪佛兰公司推出全铝发动机；日本本田公司研制出复合涡流控制燃烧式发动机（CVCC），该机装有催化式排气净化器，其排气净化水平达到美国 1975 年开始实施的《净化空气法案》标准；世界汽车年产量突破 3000 万辆大关，达到 3343 万辆；奥迪公司被大众公司兼并。

1972 年 甲壳虫汽车累计产量超过 1500 多万辆，打破了福特 T 型车所保持的单一车型累计产量最高的世界纪录；韩国成立大宇公司。

1973 年 美国政府规定：所有在美销售的新型客车都必须安装前后保险杠，并能承受 9km/h 的碰撞；石油危机爆发，燃油价格大幅上涨；克莱斯勒公司制成电子点火器；丰田公司的精益生产方式在全日本推广，继而引起全世界注意。

1974 年 美国规定新型客车都必须装备座椅安全带和点火装置联锁系统；大众公司本部停产甲壳虫。

1975 年 美国开始实施 1970 年修订的《净化空气法案》，对汽车的废气进行极其严格的控制；美国汽车开始采用电控燃油喷射系统；意大利依维柯公司成立。

1976 年 奔驰公司改建成全尺寸现代化汽车风洞，气流速度高达 270km/h；标致公司与雪铁龙公司合并；本田雅阁汽车问世。

1977年　世界汽车年产量突破4000万辆，达到4095万辆。

1978年　日本研制出复合燃料的汽车，即内燃机—电动汽车。

1979年　雪佛兰公司第一亿辆汽车下线；巴西生产出以酒精为燃料的汽车；大众高尔夫汽车被推向市场。

1980年　日本汽车年产量（1104万辆）首次超过美国（801万辆），成为世界头号汽车生产大国；西班牙试制出太阳能汽车。

1981年　前轮驱动型汽车开始在美国流行；日本研制出可原地转向的汽车；福特公司研制出以甲烷为燃料的汽车，每升甲烷可驱使汽车行驶11.5km；第2000万辆甲壳虫汽车下线。

1982年　福特公司的双涡轮V8高速发动机获得普利克斯大奖；汽车的空气动力学性能已成为汽车的重要设计指标；批量生产的轿车风阻系数首次达到0.3（奥迪100车型）。

1983年　福特公司推出符合空气动力学概念的新型雷鸟牌轿车；涡轮增压发动机技术被广泛使用；铜芯火花塞问世。

1984年　林肯公司的大陆和马克Ⅱ型轿车采用了可调整的空气悬架系统，成为美国市场上的一流轿车；克莱斯勒公司与中国北京合资生产切诺基牌吉普车；美国研制出全塑料发动机，质量为84kg；通用、丰田公司合营的“新联合汽车公司”投产；美国纽约规定：10人以下乘用车的驾驶员、前排乘客和儿童必须使用安全带。

1985年　日本向美国出口的汽车达到300万辆，为日后两国之间的汽车贸易摩擦埋下了伏笔；美国出产的豪华型轿车普遍采用了防抱死制动系统；6月，世界第一届太阳能汽车竞赛在瑞士举行，有68辆汽车参赛，获得第一名的奔驰太阳能汽车时速达71km/h；日本日产公司和马自达公司开发出后轮转向汽车；丰田公司试制出一种车身、底盘和轴距都可伸长、缩短的小客车；通用公司生产汽车2.53亿辆；中德合资的“上海大众汽车有限公司”成立。

1986年　通用公司收购莲花公司；丰田公司累计生产5000万辆汽车。

1987年　福特公司投资350万英镑建立汽车驾驶性能检测室；克莱斯勒公司向中国“一汽”供应发动机技术与设备；法拉利公司成立40周年，推出F40。

1988年　中国“一汽”引进奥迪公司在南非厂的“奥迪100”车身旧模具生产线；高尔夫汽车累计产量达到1000万辆；法拉利去世。

1989年　本田可变气门控制系统问世。

1990年　本田导航系统问世；无人驾驶汽车问世；激光、超声波、电视摄像机在汽车上应用。

2.5　汽车的电子化与智能化

汽车电子化被认为是汽车技术发展进程中的一次革命，汽车电子化的程度被看作是衡量现代汽车水平的重要标志，是用来开发新车型，改进汽车性能最重要的技术措施。汽车制造商认为增加汽车电子设备的数量、促进汽车电子化是夺取未来汽车市场重要的有效手段。

尽管在20世纪80年代以前电子技术与计算机技术已开始在汽车上得到应用,但广泛而大量地应用则是其后的事。目前,汽车设计主要依靠CAD完成,通过大量设计计算、方案优化,使各部分构件的设计更合理,材料利用率更高,汽车进一步轻量化,性能指标进一步提高。汽车制造靠计算机控制的柔性生产线,各种机器人保证了产品的制造质量与生产节奏,一条生产线可同时生产几种不同选择的车型。

电子装置的应用改善了排气污染,节省了燃料消耗,提高了驾车、乘车的舒适性。许多操作和控制均可由电子器件自动完成。在高速公路上恒速行驶可不踩加速踏板;行驶中遇有危险时,自动报警器会给驾驶员以提示;在车内可享受与家里一样的高仿真音响;当存在道路堵塞时,车上的电脑可指示驾驶员如何避开堵塞路段;修车这种工作可由车内的故障自动诊断系统和维修站的功能齐全的智能化检测设备完成。总之,计算机技术和电子技术的应用已成为衡量汽车水平高低的重要标志。

按照对汽车行驶性能作用的影响划分,可以把汽车电子产品归纳为两类:一类是汽车电子控制装置,汽车电子控制装置要和车上机械系统进行配合使用,即所谓"机电结合"的汽车电子装置。它们包括发动机、底盘、车身电子控制,例如电子燃油喷射系统、防抱死制动控制、防滑控制、牵引力控制、电子控制悬架、电子控制自动变速器、电子动力转向等。另一类是车载汽车电子装置,车载汽车电子装置是在汽车环境下能够独立使用的电子装置,它和汽车本身的性能并无直接关系。它们包括汽车信息系统(行车电脑)、导航系统、汽车音响及电视娱乐系统、车载通信系统、上网设备等。

目前,电子技术正在向集中综合控制发展。将发动机管理系统和自动变速器控制系统,集成为动力传动系统的综合控制(PCM);将防抱死制动控制系统(ABS)、牵引力控制系统(TCS)和驱动防滑控制系统(ASR)综合在一起进行制动控制;通过中央底盘控制器,将制动、悬架、转向、动力传动等控制系统通过总线进行连接。控制器通过复杂的控制运算,对各子系统进行协调,将车辆行驶性能控制到最佳水平,形成一体化底盘控制系统(UCC)。

汽车上的电子电器装置数量正在急剧增多,为了减少连接导线的数量和质量,网络、总线技术在此期间有了很大的发展。通信线将各种汽车电子装置连接成为一个网络,通过数据总线发送和接收信息。电子装置除了独立完成各自的控制功能外,还可以为其他控制装置提供数据服务。由于使用了网络化的设计,简化了布线,减少了电气节点的数量和导线的用量,使装配工作更为简化,同时也增加了信息传送的可靠性。通过数据总线可以访问任何一个电子控制装置,读取故障码对其进行故障诊断,使整车维修工作变得更为简单。

汽车电子技术的应用将使汽车更加智能化。智能汽车装备有多种传感器,能够充分感知驾驶员和乘客的状况、交通设施和周边环境的信息,判断乘员是否处于最佳状态,车辆和人是否会有危险,并及时采取相应措施。

如今,社会进入了网络时代,人们希望汽车不仅仅是一种代步工具,更希望汽车是生活及工作范围的一种延伸,在汽车上就像在自己的办公室和家里一样,可以上网、处理工作等。随着数字技术的进步,汽车也已步入多媒体时代。利用Windows操作系统开发的车载计算机多媒体系统,具有信息处理、通信、导航、防盗、语言识别、图像显示和娱乐等功能,如图1-17所示。在不久的将来,通过汽车装置自动导航和辅助驾驶系统,驾驶员可以把行车的目的地输入到汽车电脑中，汽车就会沿着最佳行车路线行驶到目的地；人们还可以通过语言识别系统操纵着车内的各种设施，一边驾驶着汽车，一边欣赏着音乐电视，还可以同时预订饭店、机票等。

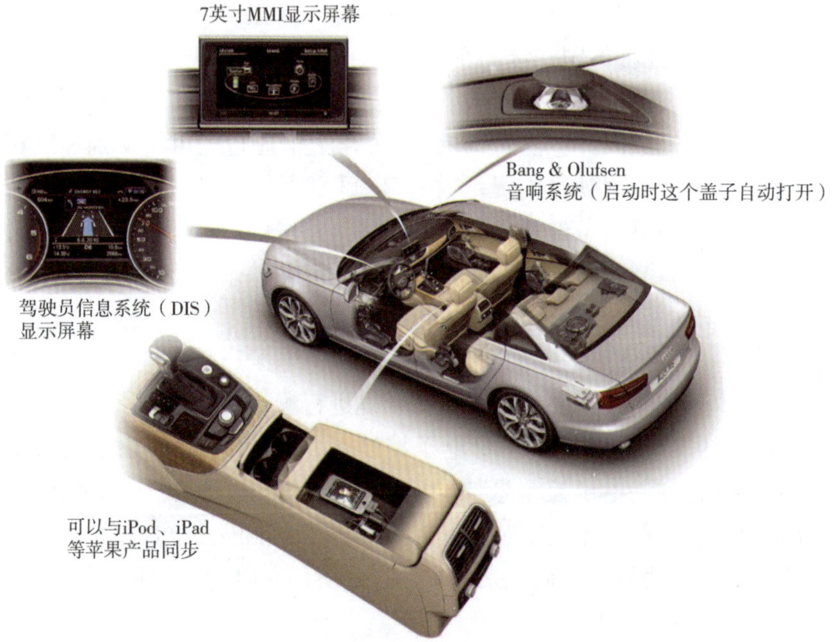

图 1-17　奥迪 A6 信息系统

2.6 汽车生产的平台化、模块化

汽车的大工业生产方式发生过三个转变，即生产流水线方式、平台式生产方式和模块化生产方式。

生产流水线方式。20 世纪初，福特公司在制造 T 型车时创造出影响整个世界工业的生产工艺——生产流水线，大幅度降低了生产周期和成本，同时也降低了汽车售价。流水线方式作为汽车生产的主流方式一直延续到 20 世纪 80 年代。

平台式生产方式。随着科技进步和市场的变化，一个型号的产品生命周期越来越短，大批量生产方式逐渐变得不能适应竞争。20 世纪 80 年代，产生了一种称为“汽车平台”的概念，“汽车平台”是由汽车制造厂商设计的、几个车型共用的产品平台。汽车平台与车辆的基本结构相关，出自于同一平台的不同车辆具有相同的结构要素，例如车门立柱、翼子板、车顶轮廓等。同一平台的车型的轴距一般是相同的，一些配件也是通用的。有时候很多种不同品牌的车在一个平台，而同一品牌的不同年度车型反而不在一个平台。

模块化生产方式。在模块化生产方式下，汽车技术创新的重心在零部件方面，零部件要超前发展，并参与汽车厂商的产品设计。例如德尔福系统公司相继推出了座舱、接口盘制动、车门、前端、集成空气/燃油等模块。而汽车厂商方面则以全球范围作为空间，进行汽车模块的选择和匹配设计，优化汽车设计方案，将汽车装配生产线上的部分装配劳动转移到装配生产线以外的地方去进行。采用“模块化”生产方式有利于提高汽车零部件的品种、质量和自动化水平，提高汽车的装配质量，并缩短汽车的生产周期。

2.6.1 大众 MQB(Modular Querbaukasten)平台

大众集团已经为未来新车研发推出了最新的 MQB 模块化平台，用英文表示为 Modular Transverse Matrix，即横置发动机模块化平台。发布时间:2012 年 2 月 1 日;投产时间:2013 年。零部件共通率:MQB 平台将衍生出 40 款以上中小型车，总产销量将在 350 万辆左右。不过，更新的消息称，MQB 将衍生 60 余款新车。成本控制目标:大众集团预计采用 MQB 标准化平台能够全方位节约开支，生产成本将削减 20%;同时还可减少制造时间，最多可减少 30%;一次性开支也将减少 20%。

平台简介:MQB 属于大众汽车未来模块化平台之一，用于开发小型至中型轿车，覆盖大众、奥迪、斯柯达和西亚特等多个品牌。该平台为发动机采用横向前置布局，在此基础上可调整轮距、悬架和轴距，开发出不同车型;并可在同一条生产线上制造不同的车型，从而大幅提高了生产灵活性，并缩减了成本。

2.6.2 标致雪铁龙 EMP2(Efficient Modular Platform 2)平台

标致雪铁龙集团(PSA)的这套 EMP2 平台全称为 Efficient Modular Platform 2，即高效模块化平台 2。发布时间:2013 年 1 月;投产时间:2013 年底。零部件共通率:未来半数新车型实现零部件共享。

平台简介:EMP2 平台的最大优势在于其生产的车型将全部采用高强度钢材质以及铝制和复合材料的各种不同材质，而 PSA 官方表示可以有效地降低车身质量，大约为 70kg。此外，该平台还可以同时进行轿车、旅行车、跑车、SUV 以及 LCV 多种车型。此外，EMP2 平台还具备全新节油技术，包括发动机起停、EPS 电控助力转向以及低滚阻轮胎等技术，燃油经济性表现更好，并能降低 22% 的二氧化碳排放量。

2.6.3 沃尔沃 SPA(Scalable Product Architecture)平台

发布时间:2012 年 12 月 3 日;投产时间:2014 年。零部件共通率:新平台架构下的产品将占据未来总销量约 2/3，约 40% 的零部件将在所有车型上通用。

平台简介:SPA 平台可扩展整车平台架构，涵盖了沃尔沃汽车集团未来的大部分车型。它将形成一个产品系列，由共享模块、可扩展系统和部件组成，全部生产将在柔性生产系统中完成。SPA 平台通过使用业内质量最佳的高强度钢，并在前部结构、车门、底盘和动力系统中广泛使用铝材，新车将实现减少质量 100 ~ 150kg。同时轴距、悬架、车高及前脸高度等设计局限均被打破。更为重要的是，从自动起停技术到混合动力技术以及纯电动驱动，这种新型整车平台架构兼容了所有常见的电气化策略，并让所有未来的多媒体交互系统解决方案成为现实。

2.6.4 日产 CMF(Common Module Family)平台

日产集团也发布了全新研发的 CMF 模块化平台，基于该平台的全新车型于 2013 年上市。发布时间:2012 年 2 月 27 日;投产时间:2013 年。零部件共通率:在 CMF 设计理念之下，零部件跨车型和跨平台的共享程度大幅提升，零部件通用比例将达到 80% 左右，约为当前的两倍。成本控制目标:CMF 设计概念能够起到降低开支、容纳最新技术的作用，据估算可帮助公司节约30%的开发成本。

平台简介:按照CMF新战略,日产将汽车主要部分划分为四个模块:发动机舱、座舱、前底盘和后底盘。在电控部件搭建起电子电气架构之后,每个模块可根据车型质量等要素进行调整。设计师再将模块有机结合,制造出定位、级别各异的车型和车系;CMF可根据模块构型衍生各种紧凑型车、中大型车以及SUV车型。

2.6.5 丰田TNGA(Toyota New Global Architecture)平台

丰田集团2015年在TNGA平台上推出新车,零部件共享比例大幅提升,最高可达80%。发布时间:2013年3月27日;投产时间:2015年。零部件共通率:在TNGA架构战略下,同平台车型使用大量通用化零部件,最初通用比例为20%~30%,最终达到70%~80%。成本控制目标:在零件生产方面,取得成本降低30%~40%的效果。

平台简介:丰田新全球架构TNGA乃是丰田中长期计划的重要一环。丰田将更新三种底盘平台设计:B(小型车)、C(中型车)和K(FF发动机前置前轮驱动中大型车)。新一代雅力士、普锐斯、卡罗拉、凯美瑞、RAV4乃至Previa等车型都被囊括在TNGA计划内。未来采用上述三种平台打造的车辆总产量将占丰田汽车的50%。

3 汽车工业的变迁

3.1 世界汽车工业的变迁

汽车工业的成长经历了漫长的萌芽和发育时期,汽车诞生在欧洲,但是,以大规模生产为标志的汽车工业的形成是在美国,以后又扩展到欧洲、日本直至世界各国。

3.1.1 流水线生产方式——福特T型车创造的神话

对于汽车工业的形成,美国汽车大王亨利·福特(Henry Ford)作出了突出贡献。福特首先提出并实现了"让汽车成为广大群众的需要"。福特于1883年开始从事汽车制造业,他制造的第一辆汽油车,结构简单而实用,最高车速可达32km/h。1903年,福特(Ford)汽车公司诞生。福特汽车公司积极研制结构简单、实用、性能完善而售价低廉的普及型轿车。1908年10月,福特汽车公司正式投产T型汽车(图1-18),该车发动机排量为2.89L、18kW(25马力)、四缸、四冲程。福特汽车公司1913年创建世界上第一条汽车装配生产流水线,并实行了工业大生产管理方式,实现了产品系列化和零部件标准化。1914年,福特汽车公司年产量达到30万辆,1926年达到200万辆。而每辆汽车售价由首批的850美元下降到1923年的265美元。到1929年T型车停产时,总共生产了1500万辆。福特T型车使汽车在美国得到了普及,让汽车进入了普通的

图1-18 福特T型车

美国家庭。福特生产T型车的经验不仅为美国,甚至为世界汽车工业的发展奠定了基础,因此,福特汽车公司被誉为“汽车现代化的先驱”。

美国汽车工业的形成和发展与当时美国在资本、国民收入、石油资源、市场等各方面都存在优于欧洲的具体条件有关,而且美国政府十分重视国民交通工具的现代化,有意识地引导人们购买汽车。巨大的国内市场造成了美国汽车工业的大发展,出现了一大批后来闻名世界的汽车公司,如通用汽车公司(General Motors)、克莱斯勒公司(Chrysler),最多时美国曾有181家汽车厂。到了1927年,经过残酷的市场竞争仅存留了44家,其中福特、通用、克莱斯勒三大汽车巨头公司的销售量占美国汽车总销售量的90%以上。这一时期在汽车大规模生产的组织模式上,出现了以福特公司为代表的全能厂的生产模式,以及以通用汽车公司为代表的通过专业化协作,由一些汽车制造企业联合起来,建立集中管理和销售体系的生产模式。以后的事实表明,后者优于前者,并为世界上许多企业所仿效。那时,由于第一次世界大战的影响,欧洲刚刚形成的汽车工业几乎停产了5年,这使得美国成为第一个以汽车工业为支柱产业的国家。美国汽车工业的突飞猛进,也使美国首先进入了现代化。

3.1.2　以欧洲为重心的汽车工业发展时期

1930年后,欧洲各国为了保护本国民族工业,开始对美国汽车进口提高了关税,特别是对汽车零部件进口加以重税,迫使美国在欧洲各国的汽车总装厂改造成为汽车制造厂,由此也促进了欧洲各国汽车工业的发展。欧洲各国还利用本国的技术优势,以多品种和轻便普及型新产品与美国汽车进行竞争。例如,意大利的菲亚特(Fiat)省油轿车、德国大众的甲壳虫(Beetle)普及型轿车(图1-19)等。

图1-19　甲壳虫汽车

第二次世界大战期间,各国汽车工业均为军事目的服务,生产坦克、装甲车等军用装备和物资。战后,随着经济复苏与政府支持的加强,欧洲汽车工业开始大发展。特别是联邦德国在战后仅用了5年时间,就使汽车产量达到30万辆,超过了其战前的最高水平。1960年,联邦德国汽车年产量已达205.5万辆,超过了英国,成为当时仅次于美国的世界第二汽车制造国。联邦德国汽车高速发展的主要动力是将轿车迅速普及到国内劳动阶层。以国内市场为基础,同时扩大国际市场,如大众汽车公司(Volkswagen)的甲壳虫(Beetle)普及型车对德国轿车的普及起了关键作用。1970年后,西欧共同体的汽车年总产量首次超过了美国。随后,西欧各国的汽车制造公司还纷纷到美国去投资建厂,明显地改变了第二次世界大战前美国福特汽车公司(Ford)和美国通用汽车公司(GM)到欧洲投资建厂的格局。

欧洲汽车工业的大发展使世界汽车工业的重心逐步由美国移向欧洲。例如,第二次世界大战以前,西欧各国的汽车产量仅为北美(美国和加拿大)的11.5%;到战后的1950年,这一数字提高到16%;而到1970年,北美仅生产749.1万辆汽车,而西欧各国却超过北美产量的38.5%，达到1037.8万辆。许多欧洲汽车厂家，如德国大众、奔驰、宝马（BMW），法国雷诺（Renault）、标致（Peugeot）、雪铁龙，意大利菲亚特（Fiat），瑞典沃尔沃（Volvo）等，均已闻名遐迩。欧洲汽车工业的特点，既有美国式大规模生产的特征，又有欧洲式多品种高技术的趋势。

在这一时期汽车工业保持了大规模生产的特点，世界汽车保有量激增，汽车工业发展的中心由美国转移到西欧。汽车技术的高科技含量增加，汽车品种进一步增多。汽车工业界对于汽车造成的安全问题、污染问题，在政府的督促和支持下制定了许多对策，并使汽车在结构、性能等方面都得到了大幅度提高。

3.1.3 精益的生产方式——日本汽车工业的腾飞

日本汽车工业在20世纪50年代形成完整体系，20世纪60年代是其突飞猛进的时期。1960年，正当美国与欧洲的汽车工业激烈竞争的时期，日本推行了终身雇佣制及全面质量管理（TQC），促进了劳动者与管理者之间的相互信任，提高了人员素质，调动了积极因素，使工业发展出现了飞跃。特别是汽车工业，出现了有名的丰田生产方式，从而在生产组织管理上产生了新的突破，生产出高质量、低消耗、廉价精巧的汽车并畅销全世界。1961年，日本汽车产量超过意大利跃居世界第五位；1965年，超过法国居第四位；1966年，超过英国升为第三位；1968年，追上联邦德国居世界第二位。

20世纪70年代的两次石油危机使日本认识到能源短缺是日本的致命弱点，于是，日本政府不断强化汽车法规。1978年修改的排放及噪声法规是世界最严格的标准，从而迫使日本汽车工业放弃了向大功率、高车速、豪华大型车辆发展的战略，形成了经济、实用的日本汽车的风格。与此同时，日本政府对国外进口汽车进行严格限制，并鼓励各公司积极引进美国汽车技术，从而保护了日本的民族汽车工业。

日本人对世界汽车工业的最大贡献就是开创了精益生产方式。这种精益生产方式就是用精益求精的态度和科学的方法来控制和管理汽车的设计开发、工程技术、采购、制造、储运、销售和售后服务的每一个环节，从而达到以最小的投入创造出最大的价值的目的。这其中的每一个环节以及各环节之间的衔接都是经过精心筹划和计算的。日本人的这一创举具有划时代的意义。像日本丰田汽车公司创造的丰田生产方式，日产汽车公司出现的活动板生产方式，五十铃公司采取的流通生产法等生产方式的目的都是为了减少生产过程中的浪费，最大限度地降低成本，加快资金周转，使产品更具竞争力。日本的这种先进生产方式目前已为各国所效仿。

日本汽车工业在20世纪70年代引进电子技术，并广泛地用于汽车设计、试制、试验、制造及产品等各个领域。目前，日本汽车产品的开发周期普遍比欧美国家短。日本民用轿车的电子化程度和各种自动设施也远远高于欧美国家。

1980年，日本汽车产量首次突破1000万辆大关，达到1104万辆，一举击败美国成为世界第一。到1987年，日本汽车的年总产量占世界汽车年总产量的26.6%，而美国和西欧四国各分别占23.7%和24.8%。此时，世界汽车工业的重心已移向日本。

当前，尽管世界汽车市场日趋饱和，但日本汽车仍以其优越的性能、合理的价格、可靠的质量、完善的电子设施、低排放、低油耗和多样化的品种在世界汽车市场上有很高的占有率。

3.1.4 韩国汽车工业异军突起

20 世纪 80 年代,韩国汽车工业利用学习、消化国外生产技术和实现主要技术的国产化,使其汽车工业得到了飞速发展。美国从 1900 年到 1950 年,利用了 50 年才成为世界之强;日本从 1950 到 1980 年,利用了 30 年成为汽车大国;韩国从 1980 年到 1997 年,仅用了 17 年便成为廉价车之王,韩国也一跃成为世界汽车生产大国。

韩国最早从事汽车生产的公司是起亚汽车公司。起亚汽车公司始建于 1944 年 12 月,但第二次世界大战后,由于政治局势动荡,公司长期处于不景气的状态。韩国汽车业的真正起步是在 20 世纪 60 年代初,各汽车厂商以组装进口零部件生产整车的方式开始试制汽车,直到 1970 年,韩国的汽车年产量仅为 2.8 万辆。20 世纪 70 年代初,韩国人均国民收入约为 300 美元,较好的经济状况提供了生产汽车的良好环境。1973 年,韩国政府实行汽车国产化政策,各汽车公司开始大规模引进国外生产技术。1973 年,现代汽车公司引进日本三菱公司发动机、传动系统和底盘技术,1975 年便开始自己开发生产汽车,并大量向非洲出口。大宇汽车公司于 1972 年与美国通用汽车合资,1990 年第一辆自主设计的名为王子的国产车推出,并在市场取得成功。

汽车的国产化政策使韩国的汽车工业获得了飞速的发展。1985 年,韩国的汽车年产量为 37 万辆,1986 年达到 60 万辆,1989 年年产量为 113 万辆,1990 年年产量达到 132 万辆。在随后的 5 年时间里,年均增长率基本保持在 15% 左右,1995 年达 254 万辆。

随着汽车国产化的实现,韩国政府又实施出口导向战略,从 20 世纪 80 年代开始,韩国汽车开始大量出口。1984 年 6 月,美国通用公司入股 50% 的韩国大宇公司,将其从欧宝公司引进的轿车通过通用公司进入美国市场。1985 年,现代公司在美国组建了 240 家经销店。1986 年,由意大利著名设计师设计造型的优越牌轿车开始进入美国市场,适逢日元升值,优越牌轿车比同级日本车便宜大约 1000 美元,因而大获全胜,当年就销售出 16 万辆。1988 年,韩国起亚公司生产的马自达 212 型轿车,通过福特公司在美国的销售渠道进行销售(福特公司有马自达公司的股份)。1988 年,韩国在美国共销售了 50 万辆汽车,占美国市场的 4%。

1994 年,韩国汽车的年出口量达到 73.8 万辆,而 1995 年则为 110 万辆,增长 48.6%,从而在世界汽车出口国中排名第 6。而进入 20 世纪 90 年代中后期,韩国汽车业在西欧、美洲、东欧、中亚、亚洲和大洋洲均建立了生产基地,实现生产本地化,在此基础上建立了海外生产体系和全球营销网络。

3.1.5 世界汽车工业格局

21 世纪世界汽车工业面临着一场深刻的革命,将使汽车工业发生巨大变化,并把汽车工业推向新的历史阶段,但汽车工业在世界经济中仍处于重要的战略地位。世界汽车工业发展呈现出三种趋势:一是汽车工业全球性联合改组的步伐越来越快,其特点是跨国界的重组和联合;二是世界汽车工业广泛采用平台战略,汽车产业链包括投资、生产、采购、销售及售后服务、研发等主要环节的日益全球化;三是新的汽车技术即将取得重大突破,技术创新能力成为竞争取胜的关键。

进入 20 世纪 90 年代以来，由于全球汽车生产能力过剩，而各国还在不断地新建汽车企业，加之各国对安全、排放、节能法规日趋严格，产品开发成本、销售成本大幅度提高，许多企业不能适应汽车市场的激烈竞争或者竞争能力很弱，促使汽车工业全球性产业结构调整步伐明显加快，汽车跨国联盟已成为世界汽车工业发展的潮流。发达国家的汽车公司通过扩张、合并、兼并等手段，扩大了自身规模，降低了汽车成本，增强了自身竞争力，并为公司的进一步扩张、合并、兼并创造了条件。汽车工业发生了多起全球性的兼并收购案。如戴姆勒与克莱斯勒合并，雷诺和日产联手，福特收购沃尔沃轿车，通用控股日本五十铃、铃木和富士重工等，基本形成了年产 400 万辆以上六大汽车集团，其产量已占世界汽车产量 80% 以上。强强联合使汽车技术、产品和企业国际化的特征更加明显，汽车大企业更具竞争力。

为了提高产品竞争力，国际汽车工业广泛采用平台共享战略、零部件全球采购、系统开发、模块化供货等方式，使新产品开发费用和工作量部分地转嫁到零部件供应商，风险共担，实现在全球范围内合理配置资源，提高产品通用化程度，有效地控制产品质量，大幅度地降低成本。

所谓平台共享战略，就是将越来越多的车型数量共用一个平台，其核心是提高零部件的通用性，尽最大可能实现零部件共享。零部件更大规模的生产和全球范围采购，客观上要求整车生产企业内部实施平台共享战略。这一战略首先在轿车生产中取得成功，20 世纪 90 年代又被成功地引入到轻型卡车领域。目前，各大汽车厂商普遍采用平台共享战略，以降低成本和增加利润。1999 年，在产量达百万辆的平台上所生产的汽车，已占全球产量总数的 14% 以上。从发展趋势看，各大厂商正致力于建立全球共用平台，平台上不同车型产品（无论是整车还是零部件）的生产活动将部署在最有利于其发展的地区，以充分发挥规模效应。

汽车产业链的全球性配置，具体体现为国际主要汽车制造公司利用全球资源，实现投资、开发、生产、采购和销售的优化配置，以适应各地区不同的环境和市场偏好的需要。产业链中主要环节的分布，不再局限于某一国的地理范围，而是日趋立足于全球平台操作。例如，过去跨国公司在本国建立、保持研发机构，对于目标国市场采取复制产品的方式进行投资，而现在则采取将各个功能活动和能力分配给全球市场的方式。这样，不同国家市场多样性的重要性优先于产品的设计和开发，全球化经营已成为跨国公司在全球竞争舞台上生存和发展的方向性战略。另一方面，汽车产业的政府发展战略从过去主要依赖本国的生产能力、知识、人力资源、基础设施、零部件供应商、市场特征和顾客偏好，转向利用从国际竞争意义上理解的本国比较优势，进而采取比较优势战略和开放型竞争战略。

汽车市场竞争实质上是现代科技的较量，是技术创新的竞争。世界各大汽车公司已把主攻方向从实施精益生产、提高规模效益转向微电子技术和信息技术等高新技术的开发和应用，从而对汽车工业的开发、生产、销售、服务和回收的全过程进行提升。围绕安全、环保、节能等重点领域，采用新能源、新材料、新工艺开发研制新车型，占领技术制高点，已成为汽车产业发展的重点。以美国政府发起的新一代汽车伙伴计划（PNGV）为代表，用高新技术提升汽车产业的局面已全面展开，并取得了重大突破。燃料电池是最理想的汽车能源，它以氢气为动力，排放出来的只有洁净的水，不会对环境造成任何污染。汽车的自动驾驶即将实现，汽车功能的集成化控制正在实现，智能交通系统开始建设。无线上网技术使得在汽车内上网和通信成为现实,汽车已经成为居室和办公室的延伸,人们可以不间断地同外界保持联系,以最快的速度得到信息。由于因特网技术和汽车的自诊断技术,汽车的远程诊断即将取得突破,生产厂家可以在不接触车体的情况下获得汽车各系统的运转状况,及早发现和解决问题。

从20世纪90年代后期起,全球汽车业发生的最重要的事件莫过于资产重组、联合兼并的浪潮。20世纪90年代后期,全球汽车业发生的比较引人注目和产生较大反响的重组及联合兼并事件主要有:奔驰与克莱斯勒的合并;福特收购沃尔沃轿车公司;雷诺以出让商用车公司(RVI)为代价而取得沃尔沃集团公司(AB VOLVO)20%的股份;雷诺与日产以交叉持股(前者在后者占有44%的股份,后者在前者拥有15%的股份)的方式结成战略联盟等。

历经演变,全球汽车(专指轿车和轻型车)工业总的竞争态势是大企业、大集团(一般均是跨国公司)主宰和垄断市场,领导发展潮流,这是不容置疑的客观现象,并且将长期存在。

目前国际汽车业各大汽车公司及其品牌见表1-8。

国际汽车业各大汽车公司及其品牌 表1-8

公司	旗下品牌
丰田汽车	丰田、雷克萨斯、大发、日野
通用汽车	别克、凯迪拉克、雪佛兰、GMC、霍顿、沃豪
	悍马、欧宝、庞蒂亚克、萨博、土星
大众汽车	奥迪、大众、宾利、斯柯达、兰博基尼、西亚特、布加迪
福特汽车	福特、林肯、水星、沃尔沃
梅赛德斯—奔驰	梅赛德斯—奔驰、西星、迈巴赫、Smart
菲亚特—克莱斯勒	菲亚特、法拉利、阿尔法—罗密欧、玛莎拉蒂
	克莱斯勒、吉普、道奇
雷诺—日产	日产—英菲尼迪、雷诺、达契亚、雷诺—三星
标致—雪铁龙	标致—雪铁龙
现代汽车	现代、起亚
本田汽车	本田、讴歌
三菱汽车	三菱
铃木汽车	铃木
宝马汽车	宝马、劳斯莱斯、Mini
富士重工	斯巴鲁

3.1.6 世界著名汽车公司

(1)通用汽车公司。GM是美国通用汽车公司名称的缩写,取自通用汽车公司(General Motor Corporation)英文全称的前两个单词的第一个大写字母。通用汽车公司是美国主要汽车工业垄断组织之一,也是世界汽车制造业中最大的跨国公司之一,总部设在密歇根州底特律市。通用汽车公司建于1908年,是由马车制造商W. C. 杜兰特合并别克、奥兹莫比尔、凯迪拉克、奥克兰等20多家汽车制造公司组成的。20世纪20年代初，通用汽车公司改革经营管理，使企业很快发展成为世界上最大的汽车公司。它原为杜邦财团所控制，1962年落入摩根财团和洛克菲勒财团之手。通用汽车公司在美国本土共有6个轿车分部，分别为别克部、奥兹莫比部、凯迪拉克部、雪佛兰部、旁蒂克部及GMC部。另外，在世界各地还有不少分公司，其中通用欧洲公司最大，欧宝和弗克斯豪尔两家的汽车年产量已过百万。1968年，通用汽车公司又收购了世界上最先进的跑车研究生产部门——英国的莲花汽车工程公司，使通用汽车家族再添实力。通用汽车公司是美国最早实行股份制和专家集团管理的特大型企业之一。通用汽车公司生产的汽车，典型地表现了美国汽车豪华、宽大、内部舒适、速度快、储备功率大等特点。

由于历史原因，通用汽车公司的生产成本很高，特别是员工的福利、保险、医疗等，高成本大大降低了企业竞争力；同时通用生产的汽车满足了美国人的大排量消费需求，而没有重视节油、污染低的小型车开发，通用汽车从2005年开始连年亏损，2008年的全球金融危机加速了它的破产。2009年6月1日，通用汽车申请破产保护；同年7月10日更名为通用汽车有限公司，结束破产保护，美联邦政府持有新通用60%的股权。

（2）福特汽车公司。福特汽车公司创建于1903年，创始人是亨利·福特。公司最初是股份制，后来由于亨利·福特买下其他合伙人的股份，从而使其成为福特家族企业。从此，福特汽车公司一直具有浓厚的家族色彩。1908年，福特开发了举世闻名的T型车，并首创了汽车大规模流水生产方式，极大地提高了生产效率。这是世界汽车史上的伟大创举，是汽车生产作业的一次革命，对以后的世界汽车工业发展和进步产生了重大影响。福特汽车公司也因此一度登上了世界汽车业界之巅峰。到1928年，美国通用汽车公司的汽车产量超过了福特汽车公司，福特汽车公司一度降至第三位，但以后一直保持世界第二大汽车公司的位置。

福特汽车公司是一个巨型跨国公司，其总部设在底特律市郊。从早期就开始在海外设立装配汽车的工厂，到20世纪20年代初已形成一个世界范围的“汽车帝国”。目前，福特汽车公司在世界各地将近200个国家和地区推销它的汽车和拖拉机产品。福特汽车公司下设福特部和林肯—默冠利部（其生产的林肯牌轿车一直是美国总统的座车）。福特汽车公司在英国、加拿大、巴西、西班牙、墨西哥等国均设有年产量超过20万辆的汽车公司。

福特汽车公司致力于成为全球领先的、以消费者为导向的公司，始终坚持“消费者是我们工作的中心。我们在工作中必须时刻想着我们的消费者，提供比竞争对手更好的产品和服务”的经营理念。福特汽车公司的著名品牌有福特、林肯、沃尔沃、马自达、水星、阿斯顿·马丁、捷豹、陆虎等。

（3）大众汽车公司。大众汽车公司是德国最大、也是最年轻的汽车制造商，创始人是著名的汽车设计师弗迪南德·波尔舍，它以生产大众小型轿车和轻型货运车而著称于世。

从1938年成立至今，大众公司已经发展成一个在全世界许多国家都有生产厂的跨国公司，公司总部现设在德国的沃尔夫斯堡。第一款大众汽车可以说是波尔舍和希特勒两个人的梦想和努力的产物。希特勒的想法是要造一种价格在1000马克以下的大众化汽车,使德国的广大民众(包括工人)都能开上汽车。波尔舍也早就有制造适合大众使用、价格便宜的轿车的想法。1934 年,波尔舍接受委托开始设计新车型。在沃尔斯堡的大众汽车城里,第一批甲壳虫问世,但仅仅生产了 630 辆就因第二次世界大战而停产。二战后,大众公司划归原西德政府,汽车生产又逐步恢复。由于甲壳虫价格低廉,这种汽车很快风靡德国和欧洲。随着甲壳虫的畅销,大众汽车公司也成长为一个强大的世界汽车生产集团,它在西班牙、墨西哥等许多国家都建立起汽车生产厂和销售公司。

目前,大众汽车公司在德国的子公司主要是大众和奥迪公司,国外有西班牙、墨西哥、斯柯达和上海大众公司等。其主要产品系列有高尔夫、帕萨特、捷达、柯拉多、奥迪、桑塔纳等。

(4)丰田汽车公司。丰田汽车公司是日本最大的汽车公司,创立于 1933 年,现已发展成为以汽车生产为主,业务涉及机械、电子、金融等行业的庞大工业集团。

丰田公司早期以制造纺织机械为主,创始人丰田喜一郎于 1933 年在纺织机械制作所设立汽车部,从而开始了丰田汽车公司制造汽车的历史。1935 年,丰田 AI 型汽车试制成功,第二年即正式成立汽车工业公司。但在整个 20 世纪 30 年代和 40 年代该公司发展缓慢,一直到第二次世界大战之后,丰田汽车公司才加快了发展步伐。他们通过引进欧美技术,在美国的汽车技术专家和管理专家的指导下,很快地掌握了先进的汽车生产和管理技术,并根据日本民族的特点,创造了著名的丰田生产管理模式,并不断地加以完善提高,大大地提高了工厂生产效率,其汽车产品在 20 世纪 60 年代末即大量涌入北美市场。至 1972 年,该公司累计生产汽车 1000 万辆。20 世纪 70 年代是丰田汽车公司飞速发展的黄金时期,1972—1976 年,仅四年时间,该公司就生产了 1000 万辆汽车,年产汽车达到 200 多万辆。进入 20 世纪 80 年代后,丰田汽车公司的产销量仍然直线上升,到 20 世纪 90 年代初,其年产汽车已经超过了 400 万辆,甚至接近 500 万辆,击败了福特汽车公司,汽车产量名列世界第二。20 世纪 60—70 年代是丰田汽车公司的日本国内自我成长期,20 世纪 80 年代之后,它开始了全面走向世界的国际战略。它先后在美国、英国以及东南亚地区建立独资或合资企业,并将汽车研究发展中心合建在当地,实施当地研究开发设计生产的国际化战略。

丰田汽车公司有很强的技术开发能力,而且十分注重研究顾客对汽车的需求。因而,在其发展的各个不同历史阶段创出了不同的名牌产品,而且以快速的产品换型击败美欧竞争对手。受金融危机的冲击,2008 年丰田全年销售量为 897.2 万辆,较 2007 年下降了 4%。但是,这一销售业绩使得丰田夺取已被美国通用汽车公司占据了 77 年之久的全球汽车业头把交椅。2009 年 1 月,丰田汽车创办人丰田喜一郎的长孙——丰田章男升任丰田汽车公司社长。

(5)雷诺—日产汽车公司。雷诺—日产汽车公司是法国雷诺汽车公司和日产汽车公司的联盟。法国雷诺汽车公司创立于 1898 年,创始人是路易·雷诺,是法国第二大汽车公司。由于二战期间向德国军队提供了不少武器,战后即被法国政府接管。公司利用国家资本,兼并了许多小汽车公司,并发挥了雷诺公司的技术潜力,开发出多品种汽车新产品。作为当今世界上除中国外唯一的由政府资产支配的汽车公司,雷诺公司的发展与政府这个强硬后盾息息相关。与此同时，雷诺公司一直在努力避免国有企业的弊病，在激烈的市场竞争中不断进行自我调整、革新和自我完善，最终位列世界十大汽车集团之一。

日产汽车公司创立于1933年，前身是户铸造公司和日本产业公司合并的汽车制造公司，1934年开始使用现名日产汽车公司，是日本三大汽车制造商之一。它在全世界17个国家有21个制造中心，汽车年产总量约240万辆，在全世界191个国家和地区销售汽车。日产汽车公司拥有堪称世界一流的技术和研发中心，被车界称作“技术日产”。但正如许多日本大型企业拥有的通病一样，日产公司内充斥着严重的官僚主义，内部成本控制极为不利，虽然该公司经历着规模上的高速扩张，盈利能力却没有得到有效的提升。从1991年起，日产公司的经营状况更是每况愈下，到1999年连续7年亏损，背负债务高达21000亿日元，市场份额由6.6%下降到不足5%。整个日产公司濒临破产。

雷诺和日产于1999年3月签订股本参与协议和联盟协定。雷诺与日产联盟，双方合作密切，缔造了全球优异的销售业绩，同时也协助双方公司在新市场的业务拓展，更让雷诺—日产联盟跻身于世界前五大汽车集团之列。雷诺—日产汽车公司的著名汽车品牌有雷诺、日产等。

(6)本田汽车公司。本田(Honda)汽车公司全称为本田技研工业股份有限公司。其前身是本田技术研究所，建于1948年9月，创建人是本田宗一郎。该公司生产的摩托车闻名世界，于1962年开始生产汽车。本田公司先后建立本田美国公司、本田欧洲英国公司。

本田公司的经营方法十分灵活。在美国设立的本田分公司，1991年在美国市场上的销量已超过克莱斯勒汽车公司而名列第三。本田公司的阿科达和市民牌汽车历年来被用户评为质量最佳和最受欢迎的汽车。在欧洲，本田公司也在英国建立了分公司。本田公司汽车产量已高达190万辆。该公司素有日本汽车技术发展的“排头兵”之称。本田汽车公司创始人本田宗一郎非常注重技术开发和研究，因而科技成果颇丰：本田的电子陀螺仪是世界上最先应用在汽车上的导航装置。它可以在荧光屏上显示地图以及行车路线，还可确定汽车的位置。四轮防侧滑电子控制器、自动控制车身高度电子装置和复合涡流调整燃烧发动机都是世界上汽车高技术的领先成果。同时，本田汽车也是日本第一个达到美国标准的汽车公司。

(7)宝马汽车公司。宝马汽车公司是驰名世界的汽车企业，也被认为是高档汽车生产业的先导，宝马公司总部设在慕尼黑。该公司始创于1916年，创始人是卡尔·拉普和马克斯·弗里茨。近一个世纪以来，它由最初的一家飞机发动机生产厂发展成为今天以高级轿车为主导，并生产享誉全球的飞机发动机、越野车和摩托车的企业集团。

宝马汽车公司以汽车的高质量、高性能和高技术为追求目标。宝马公司的汽车产量不高，但宝马汽车在世界汽车界和用户中享有与奔驰汽车几乎同等的声誉。宝马汽车的加速性能和高速性能在世界汽车界数一数二，因而各国警方的警车首选车就是宝马汽车。宝马摩托车在国际市场上最为昂贵，甚至超过了豪华汽车，售价高达3万美元左右。由于宝马产品以赛车风格设计，因而在世界赛车活动中宝马汽车经常大出风头。2003年1月1日起，德国宝马汽车公司从德国大众汽车公司接手对劳斯莱斯这一著名汽车品牌的控制权,并于 1 月 3 日推出新款劳斯莱斯—幻影轿车。宝马汽车公司的著名汽车品牌主要有宝马、劳斯莱斯等。

(8)标致—雪铁龙汽车公司。标致汽车公司是世界十大汽车公司之一,是法国最大的汽车集团公司,总部在法国巴黎,汽车厂多在弗南修·昆蒂省,雇员总数为 11 万人左右,年产汽车 220 万辆。公司创立于 1890 年,创始人是阿尔芒·标致。它是当今世界上历史最悠久的汽车公司之一,居戴姆勒—奔驰之后。1976 年,标致公司吞并了法国历史悠久的雪铁龙公司,从而成为一个以生产汽车为主,兼营机械加工、运输、金融和服务业的跨国工业集团。

雪铁龙汽车公司是法国第三大汽车公司,它创立于 1915 年,创始人是安德烈·雪铁龙。主要产品是小客车和轻型载货车,总部设在法国巴黎。雪铁龙公司创立之初,正是第一次世界大战最酣之时,因而其产品主要是炮弹和军事设备。直到一战结束之后,公司才开始从事汽车制造活动。雪铁龙公司是法国最早采用流水线生产汽车的公司,因而它成立仅仅 6 年,年产量即突破 100 万辆。1976 年,雪铁龙公司加入标致集团,成为法国标致—雪铁龙集团成员之一,但它仍然有很大的独立性,其经营活动仍然由自己把握。雪铁龙公司有 13 个生产厂家和一个研究中心,其中阿尔内·色·布瓦是欧洲最先进的汽车厂。该厂采用计算机控制,机器人操作,可日产汽车 900 辆。雪铁龙公司的产品有雪铁龙 AX、BX、CX 系列,还有雪铁龙 TDR 等。

(9)特斯拉(Tesla)汽车公司。这是一家生产电动汽车的公司,成立于 2003 年,名字来源于电磁物理之父——尼古拉·特斯拉(Nikola Tesla),总部设在美国加州的硅谷地带。其创始人是硅谷工程师、资深车迷马丁·艾伯哈德,而投资人是 SpaceX 的创始人艾龙·穆思科。特斯拉汽车公司是世界上第一个采用锂离子电池的电动汽车公司。其推出的首部电动汽车为 Roadster。

特斯拉汽车公司先后在美国市场推出了双门超级跑车 Roadster 和四门豪华电动跑车 ModelS。根据其产品规划,未来还将推出新的 SUV 车型 ModelX 和 GENIII,以满足不同的细分市场需求。

Tesla Roadster 是特斯拉公司打造的纯电动汽车(图 1-20),其电动机最大转速可达到 13000r/min,而且还确保了惊人的转矩输出。同时在电动机动力驱使下,百公里加速只需 4s 即可完成,进而迫使顶级时速上升到 200km/h。

Tesla Roadster 在研发与生产过程中还大量借鉴了英国莲花汽车公司的工程力量,并在最初车体设计方面借鉴了莲花 Elise 跑车的设计理念,同时其外部车身板还采用了碳纤维材料构造,而其底盘则由模压铝构成,结果不仅赋予全新 Tesla Roadster 一个超级时尚的外观造型,而且还确保了车身的坚固性。

图 1-20 特拉斯汽车

另外，全新 Tesla Roadster 还采用了极为先进的锂离子能量存储系统，使其在一次充电后的巡航里程可达 352km，而其所配备的能量再生制动系统则还可在汽车减速时为锂离子电池组充电，从而使得汽车在行驶中就可获得能量的补给。

而正是由于这一系列的先进设计，Tesla Roadster 的售价也是非常的惊人。全新 2009 款 Tesla Roadster 在美国不含配件的基础售价达 109000 美元，因此只有那些具有足够财力的人才能够获得这样一部超级汽车。

3.1.7　新“6 +3 + x”有望形成，全球汽车业版图在小幅调整

席卷全球的金融危机对汽车产业开始呈现出一系列实质性的影响，北美三巨头，两家寻求破产保护，全球汽车业的标杆丰田汽车也出现了 70 多年来的首度亏损，几乎所有的全球性主流汽车企业都出现了亏损或利润巨幅下滑的情况；汽车零部件公司更是哀鸿遍野，破产或并购频繁发生。当然，乱世中也有扮演英雄角色的拯救者，菲亚特并购克莱斯勒、追逐欧宝，以实现进入全球前 5 大汽车企业的梦想，中国汽车企业也参与到欧宝、悍马的并购中。一系列新的裂变和聚变还在继续。

金融危机加速了全球汽车版图调整的速度，最主要体现在北美三巨头的变化上。其中，克莱斯勒分立两年后无法独立生存，重新被菲亚特整合；而通用汽车和福特汽车不断分拆出售自己的下属子品牌或资产以求自保。一系列变化导致全球汽车产业将可能出现新的“6 + 3 + x”的格局。

传统意义上的“6 +3”，是指全球乘用车市场上的 6 个汽车集团或联盟和 3 个大型的独立企业，即通用—菲亚特—铃木—富士重工—五十铃联盟，福特—马自达—沃尔沃轿车集团，戴姆勒—克莱斯勒—三菱集团，丰田—大发—日野集团，大众—斯堪尼亚集团，雷诺—日产—三星集团，加上本田、标致—雪铁龙和宝马汽车。然而，时过境迁，传统意义上的“6 +3”早在 2005 年开始就在发生着显著的变化。

通用在 2005 年 2 月就以 15 亿美元的代价放弃了菲亚特的股份；2005 年 10 月，卖掉全部富士重工的股份；2006 年 4 月，通用清空了五十铃的股份，通用在 2006 年和 2008 年分两次卖掉了所持的铃木的全部股份。戴姆勒—克莱斯勒集团也在 2007 年 5 月解体；传统意义上的“6 +3”中并没有现代—起亚，而 2008 年现代—起亚的全球销量为 415 万辆，以近 40 万辆的显著优势排在本田之前，位居全球汽车销量第六。2009 年，现代—起亚全球销量 463 万辆，排名世界第五。传统意义上的“6 +3”早已不存在，全球汽车业的新版图一直在进行着小幅调整。

新的 6 大集团包括日本丰田集团、德国大众集团、新通用和福特、日欧联合企业、雷诺—日产联盟及新的菲亚特—克莱斯勒联盟（这个联盟可能还会增加新的成员）。新的 3 小集团包括现代—起亚、本田和标致—雪铁龙。另外，戴姆勒、宝马和包括铃木在内的多家日本汽车企业、不断成长的中国和印度新兴市场的汽车工业也是全球汽车版图中的不可忽视的力量。

通用计划彻底剥离的悍马、土星、庞蒂亚克、萨博四个品牌，2008 年销量合计 72 万辆，不到通用总销量的 10%，而欧宝的最终去向对于通用的未来影响较大。超过 60% 的受访专家认为欧宝被麦格纳和俄罗斯金融财团的联合收购对新通用有利，不排除新通用走过困难期

后重新回购欧宝的可能性。

3.2 我国汽车工业的变迁

3.2.1 我国汽车工业的发展

我国的汽车工业起步较晚。1929 年 5 月,我国的第一辆国产汽车在辽宁省沈阳市民生工厂问世,由张学良将军掌管的迫击炮厂制造。民生工厂厂长李宜春将从美国购进的瑞雪牌汽车进行拆卸,除发动机、后轴、电气设备和轮胎等采用原车部件外,对其他零件进行重新设计制造,终于试制成功我国第一辆民生牌汽车。随后,沈阳民生工厂进行小批量生产。1931 年"九·一八"事变爆发,日本入侵了东北三省,扼杀了我国汽车工业的萌芽。日本却借机盗取成果,成立了同和汽车株式会社,到 1945 年日本投降,已达年产量 5000 辆的生产能力。直到 20 世纪 50 年代,新中国成立后才开始建立自己的汽车工业。我国汽车工业从无到有、从小到大,经历了创建、成长和全面发展 3 个历史阶段。

新中国成立后,国家领导人亲自筹划建立中国自己的汽车工业。1949 年 10 月,中央重工业部成立,重工业部机器工业局筹备组开始着手新中国汽车工业的筹建工作。1950 年,建设一座现代化的载货汽车工厂被列入苏联援助中国的重点工业项目之一。1951 年 3 月,政务院财经委员会批准第一汽车制造厂在长春孟家屯车站对面以西地区兴建。1953 年 7 月,第一汽车制造厂(简称"一汽")在吉林省长春市奠基。毛泽东主席题词"第一汽车制造厂奠基纪念"的汉白玉基石被放置在厂区中心广场。第一汽车制造厂动工兴建。1956 年 7 月,国产第一辆解放牌 4t 载货汽车在第一汽车制造厂诞生。"一汽"也因此被誉为"中国汽车工业的摇篮"。1958 年 3 月,南京汽车制配厂试制成功 3 辆 2.5t 载货汽车,经第一机械工业部命名为跃进牌 NJ130 型汽车;同年 5 月,第一汽车制造厂试制成功东风牌 71 型轿车;同年 8 月,试制成功第一辆红旗牌 CA72 高级轿车;同年 9 月,上海汽车装配厂试制成功第一辆凤凰牌轿车。1960 年 4 月,济南汽车制造厂试制出 8t 重型汽车 2 辆,定名为黄河牌 JN150 型汽车。

1966 年以前,我国汽车工业共投资 11 亿元,形成"一大四小"5 个汽车制造厂,年生产能力近 6 万辆、9 个车型品种。1965 年底,全国民用汽车保有量近 29 万辆,其中国产汽车 17 万辆("一汽"累计生产 15 万辆)。经历了 15 年的发展,我国汽车工业的雏形逐渐形成了。

1966—1980 年期间,我国建设了"三线"汽车厂,以制造中、重型载货汽车和越野汽车为主,同时发展矿用自卸车。由于备战,国家确定在"三线"的山区建设以生产越野汽车为主的第二汽车制造厂(简称"二汽")、四川汽车制造厂和陕西汽车制造厂。

20 世纪 60 年代后期,我国提出调动地方生产积极性,建设地方工业体系的方针。全国各省、自治区(除西藏外)均建设汽车制造厂,有的省建了八九个汽车制造厂。地方发展汽车工业,几乎全部仿制国产车型重复生产;据粗略统计,生产解放牌车型的有 20 多家,生产北京 130 车型的有 20 多家,生产跃进车型的有近 20 家,生产北京越野车的有近 10 家;改装车生产向多品种、专业化方向发展，生产厂点近200家。这些工厂技术水平低、规模小，形成汽车生产的“小而全”的分散局面。到1980年，汽车生产厂家共56家，汽车生产行业企业总数为2379家。1980年年产量为22.2万辆，是1965年产量的5.48倍；1966—1980年，我国生产各类汽车累计163.9万辆；1980年，全国民用汽车保有量169万辆，其中载货汽车148万辆。

党的十一届三中全会确定了改革开放的政策，加速了经济发展，提高了人民生活水平。汽车需求量的激增对汽车工业提出了加快发展的要求。由于国际形势的缓和，一些大型军工企业也转产汽车，这些企业有资金、有设备、有技术，是我国汽车工业的一支主力军。

1984年，我国把汽车工业作为发展国民经济的支柱产业。1987年，我国针对汽车业“缺重少轻，轿车几乎空白”的不利局面，又把轿车工业作为我国汽车工业发展的重点。从20世纪80年代中期开始，我国确定建立“三大”（上海、“一汽”“二汽”）、“三小”（天津、北京、广州）轿车生产基地，并正式将轿车项目列为国家重点支持项目，中国汽车工业开始了战略转移。中国汽车工业结束了多年来主要生产载货车和越野车的历史，进入崭新的“轿车时代”。中国轿车工业发展的步伐，是乘着改革开放的春风前行的。1984年初，中美合资北京吉普汽车有限公司成立，开创了我国合资生产整车的先河。上海大众、一汽大众、神龙公司、上海通用等一个个大型中外合资轿车企业迅速崛起，并成为中国轿车工业的主力军。

1994年，我国颁布了中国第一部《汽车工业产业政策》，中国汽车业自此进入了快速发展时期。1998年全国汽车年产量为162.8万辆，全球排名第10位；2000年，全国汽车生产跨越200万辆（207.7万辆），全球排名第8位；商用车生产146.5万辆，全球排名第3位；轿车生产61.2万辆，全球排名第13位。在这一时期，汽车消费的市场主体开始由政府、集团公款购买为主逐步向私人购买为主转变。1995年，私人购买车辆占30%，到2000年，私人购买达50%以上。汽车消费市场和产品结构的变化，极大地促进了汽车工业对市场需求的产品结构加快调整和发展。随着中国加入世界贸易组织，联合重组的浪潮再次席卷了中国，中国汽车企业开始加速融入全球化大潮。众多的汽车企业开始寻求与世界汽车巨头的战略联合，新的合资企业也随之纷纷诞生。在此期间，汽车产品结构进一步优化，形成3个大型企业集团为龙头和16个重点企业集团（公司）为主力军的汽车工业新体制。“一汽”“东风”“上海”3个大型企业集团的总体规模和综合实力增强，确立了中国汽车工业的龙头地位。中国汽车工业已经从原来那个各自独立的散乱差局面转变成现在的以大集团为主的规模化、集约化的产业新格局。

改革开放三十多年来，全国建了六百多家中外合资汽车企业，积累了两百多亿美元资本，占全国汽车工业资本的40%以上。2009年，我国国产汽车产销分别为1379.10万辆和1364.48万辆，首次成为世界汽车产销第一大国。中国汽车工业已经成为世界汽车工业的重要组成部分。

从福布斯全球企业2000强（汽车行业）排行榜中中国汽车公司的排名（表1-9）就可以看出中国汽车工业近几年的发展情况。

2016年福布斯全球企业(汽车行业)(节选)　　表1-9

序号	总排名	公司	国家/地区	销售额(亿美元)	利润(亿美元)	资产(亿美元)	市值(亿美元)
1	10	丰田汽车	日本	2358	193	4067	1770
2	22	大众集团	德国	2462	71	4146	731
3	24	戴姆勒	德国	1657	93	2359	754
4	40	福特	美国	1496	74	2249	542
5	43	通用	美国	1524	97	1945	496
6	45	宝马	德国	1022	71	1979	604
7	74	本田	日本	1181	44	1545	511
8	85	日产	日本	1010	47	1474	429
9	108	现代	韩国	813	57	141	289
10	120	上汽	中国	1019	46	788	344
11	147	雷诺	法国	503	31	984	290
12	278	塔塔汽车	印度	405	23	389	204
13	290	起亚	韩国	438	23	392	172
14	330	富士重工	日本	267	34	202	276
15	353	标致	法国	606	9.97	538	124
16	488	铃木	日本	267	9.85	232	142
17	503	菲亚特克莱斯勒(FCA)	英国	1227	3.7	1141	104
18	509	东风	中国	202	18	248	99
19	547	马自达	日本	280	12	209	97
20	672	保时捷	德国	不确定	35	349	166
21	716	五十铃	日本	161	9.44	145	98
22	721	比亚迪	中国	125	4.47	178	201
23	795	长安	中国	102	16	138	82
24	796	长城	中国	116	13	111	104
25	901	马恒达	印度	104	4.25	152	123
26	987	北汽	中国	134	5.3	196	54
27	1005	三菱	日本	186	7.96	121	44
28	1099	广汽	中国	45	6.72	103	170
29	1568	特斯拉	美国	4	-8.89	81	335

3.2.2　自主品牌的发展

(1)发展策略。随着我国经济的发展与消费能力的不断提高,我国已成为全球汽车最大的市场,国内自主品牌占据地理优势,与国内外汽车市场共同发展,并更加稳健地走向全球市场，必须要坚持创新驱动，打造富有活力的增长模式，坚持协同联动，打造开放共赢的合作模式，把握“一带一路”“中国制造 2025”、新型城镇化和全面深化改革的战略机遇，深入推进自主品牌供给侧结构性改革，加快中国迈向汽车强国的步伐。

充分利用和挖掘好国内国际两大市场，推动中国自主品牌汽车产业“走出去”，这是实现汽车强国的必经之路，“一带一路”倡议为加快我国汽车产业产能国际化拓展提供了历史性的战略机遇。“一带一路”沿线覆盖了新亚欧大陆桥、中伊土走廊、中巴走廊、孟中印缅走廊、中新走廊、中蒙俄大走廊六条走廊，会聚了 44 亿多的人口、60 多个国家和地区、21 万亿美元的经济规模，存在巨大的商品、贸易、投资需求。未来沿线以中低收入国家或地区为主的汽车产品需求将十分可观，将为中国车企提供新的机会，为进一步释放汽车产能提供新的空间。我国车企要发挥已有市场深耕优势，发挥汽车产品链齐全、质优价廉的优势，对接沿线基础设施建设和产业发展对汽车市场的需求，加快汽车丰富产能和产业走出去，鼓励大型自主品牌车企加快谋划和布局海外市场，联合金融、法律、政策机构共同研究与探索适合中国车企联合“走出去”的有效路径和沿线国别政策，培育当地的合作伙伴，开展汽车资源产能合作，推动从汽车贸易到分环节经营再到产业链整体布局的分步走措施，提升属地化销售经营的能力，从而提升配置全球汽车市场资源的能力。同时，也需要加强政府引导，营造良好的国际协作营商环境，搭建信息共享平台，及时提供沿线地区政策，发布市场需求信息和风险预警，完善保险、融资担保、信贷等方面的政策支持，支持中国汽车产能国际化布局。

制造业是国民经济的主体，是科技创新和实践的主要领域，是立国之本、兴国之器、强国之基，汽车产业更是制造业的重要支柱，是最新科技、创新人才、创新资本的集聚区。“中国制造 2025”为我国制造业发展和转型升级指明了战略路径和方向，也为由自主品牌汽车大国迈向汽车强国提供了战略性机遇。当前，汽车制造业正在经历以自动化、数字化、智能化为核心的新一轮产业升级。在基础端，要加强原始创新和协同创新，扩大在汽车能源领域的先发优势，加快在智能操控系统、汽车材料、传感器、大数据等跨界高新技术领域的研发创新和试验产品的推出；在生产端，要抓住新一代信息技术、新能源、新材料、人工智能等战略性新兴技术变革的趋势，把汽车产业的结构调整作为建设汽车强国的关键环节，大力发展新能源汽车、智能汽车，改造提升传统汽车制造工艺，以大型龙头车企为率先主导，瞄准汽车智能化、网联化、节能化趋势，以关键制造环节智能化为核心、以大数据流为基础、以网络互联为支撑建设汽车制造智能工厂，普及汽车行业实施工业机器人自动化生产线，建设智能制造车间、数字化工厂、智能工厂等重要基础装备，逐步推进生产装备的智能化升级、工艺流程改造和基础数据共享；在服务端，要优化经营模式，以全球市场的本土化推进产销的国际化，深入推动“互联网 +”在服务网络的运用，致力于把价低质次差服务的形象向高质量、国际一流服务转变。

城镇化是现代化的必由之路，是我国最大的内需潜力和发展动能所在，是促进经济中高速增长、迈向中高端水平的强劲动力。当前城镇化进入转型阶段，将更加注重城镇化质量，人们的获得感、幸福感将大幅增加，支撑巨大的汽车需求和汽车消费升级，构成我国汽车产业特别是自主品牌汽车销量保持较高速增长的后续发展动力，要抓住城镇化巨大需求，带动产业供给侧的创新和升级，以巨大的市场空间平衡提升质量和效率的时间和经济成本，主动作为，深耕国内市场，优化经营管理，让中国经济中高速增长的乘数效应带动自主品牌产能更多地释放出来。当前，北京、广州、深圳等超大城市和部分特大城市已经达到每百户居民拥有汽车数量20辆或以上的标准，大中城市限牌限购限行，导致消费市场的扭曲且市场多为合资品牌和进口品牌占据，自主品牌车企应努力布局研发创新和服务环节，从一个传统的汽车制造商转型为个人出行方案的提供商和高档汽车的生产和服务商。而众多中等城市、小城市人均消费能力还相对较低，自主品牌汽车保有量和新增销量一直在迅猛增长，将是我国庞大汽车消费市场的主战场，也是自主品牌最具有比较优势的市场，未来将有更多的中小型城市进入汽车社会。自主品牌企业要下沉营销渠道和服务网络，把主要的增长点放在中西部城市群、东部沿海中等城市、小城市中心城镇，重点促进自主品牌汽车的制造业和服务业的融合发展，大力加快完善销售服务网络，营造便利化、标准化、现代化的服务环境。同时，政府也应该以创新、协调、绿色、开放、共享的发展理念为引领，科学规划建设城市群一体化发展和中小城市的综合交通网络体系，以适应汽车社会的需求，避免再次形成特大城市交通瓶颈的“无解”现象，为汽车社会的持续良性运转提供有效保障。

供给侧结构性改革的本质属性是深化改革。自主品牌汽车产业无论是释放潜在产能、提高行业集中度，还是降低企业成本、补齐发展短板，都必须要通过改革调整优化结构。首先，要大力推动国有车企改革，解决市场机制扭曲、不完全竞争和效率不高等问题，按照“市场在资源配置中起决定性作用”的改革方向，改革国有车企经营决策理念和考核评价标准，激发企业家精神，推动车企充分融入市场，激发企业创新活力，优化股权结构，审慎引入战略投资者，以管资本为主加强对国有车企的资产监管，转向混合所有制。完善公司治理结构，在人才任用方面，努力实现去行政化，打造职业经理人队伍，并实现薪酬绩效考核市场化，对骨干人才、团队尝试采用股权激励等方式激发创新能力。其次，要大力推动汽车领域的行政审批和监管制度改革，既符合国家体制机制深化改革的总体方向和要求，也符合汽车产业发展的一般规律以及适应新的发展趋势，要通过新的制度供给、建立行政法规与行业标准并重的方式加强有效监管，建立审批的权责清单和负面清单，实现汽车产业管理的法制化，减少和集约行政监管环节，加强事中和事后监管，简化投资审批管理。完善市场监管制度，消除地方保护主义，构建统一、有序、公平竞争的市场经营环境，重视发挥社会组织的服务功能和辅助监督作用。

（2）发展概况。20世纪50—60年代，中国汽车工业起步艰难，当时的自主品牌是大家所知的解放、红旗、上海等品牌。随着20世纪80年代的合资热潮，合资品牌（如北京吉普、天津夏利、广州标致、上海大众等）开始占据了中国乘用车的主要市场。最为常见的就是“老三样”，即桑塔纳、捷达、富康，由此诞生了中国人的轿车概念。自2001年11月10日中国加入世贸组织以来，中国的吉利、奇瑞、比亚迪、长城等自主品牌得到了前所未有的发展。

通过合资引进技术生产，不仅推出了新产品，还培养了一大批优秀的企业人才，为后来的民营企业进入汽车领域打下坚实的基础。从2010年开始，按照国务院会议审议并通过汽车产业调整振兴规划，我国汽车行业开始实施自主品牌开发战略。

按照形成过程，中国自主品牌可以分为三类：一是国内骨干汽车企业集团成立的自主品牌汽车子公司，如一汽轿车“红旗”“奔腾”、上海汽车乘用车“上海”“荣威”、北汽股份有限公司“北京汽车”；二是从一开始就选择自主创新模式的汽车企业，如奇瑞、吉利、比亚迪等；三是合资企业的自主品牌，如广汽本田的“理念”、东风日产的“启辰”以及上海通用五菱的“宝骏”等。目前来看，第一、二类自主品牌开发能力弱，新产品推出明显落后于国外大公司。而合资自主品牌产品一般定位较低，主要追求性价比，不可避免地和现有自主品牌形成竞争。中国自主品牌汽车产品尽管在市场上已经三分天下占其一，然而其可以凭借的国内市场和低成本的优势正在减弱。但是，自主品牌汽车适应本土化、国内政策支持和依托国内制造业整体实力的优势仍然存在，并且可以充分利用金融危机后全球汽车业重组的机会获取国际资源来充实壮大自己。2010 年，吉利收购了福特控股的沃尔沃汽车，标志着中国资本向全球汽车产业反向融合的开始。众多合资品牌开始搞自主开发，生产出诸多新自主品牌汽车。

国内自主品牌的发展模式可归结为整合创新、模仿创新以及“借鸡生蛋”三种模式。整合创新是指通过并购、技术合作等形式整合国际、国内资源，高起点地发展自主品牌，如上汽并购罗孚、奔腾 B70 使用马自达 6 的技术平台以及北汽收购萨博等；模仿创新是指企业在起步阶段通过模仿以降低研发成本，从而通过价格优势迅速占领市场，在模仿学习中发展自己的品牌，代表企业为奇瑞、吉利、比亚迪等；“借鸡生蛋”即合资自主模式，合资企业为主体，利用成熟的车型平台来创建新的品牌车型，如东风日产的启辰品牌、广汽本田的理念品牌等。国产自主品牌的全国分布如图 1-21 所示。

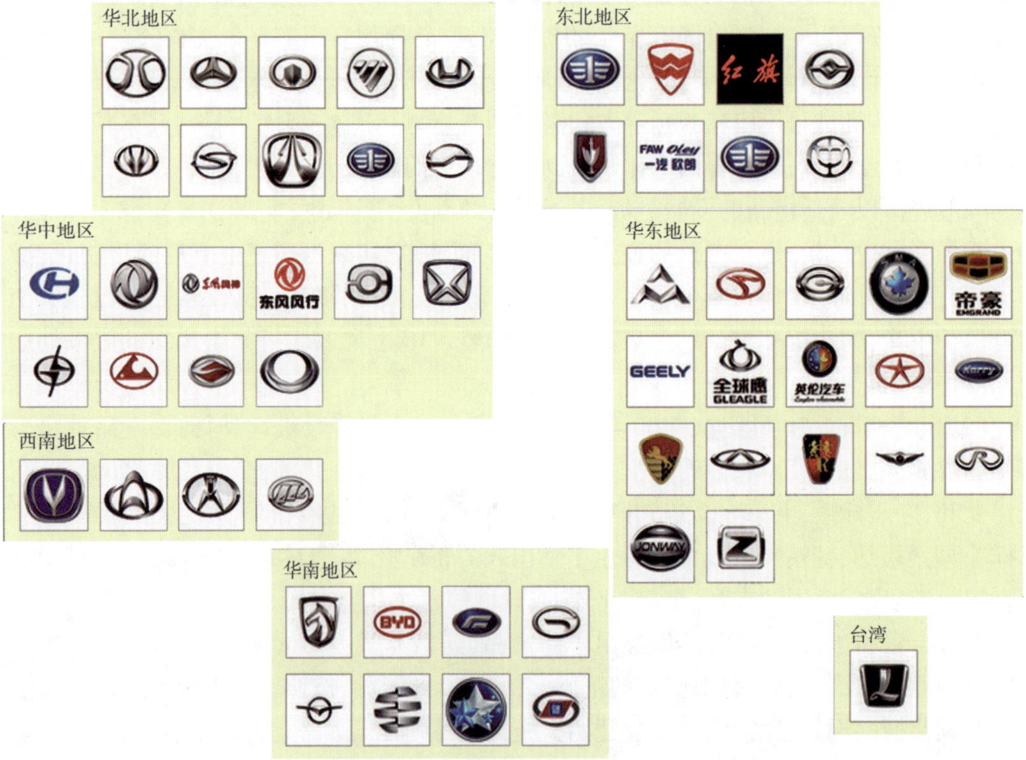

图 1-21　中国自主品牌的分布

自主品牌的车型多集中在低端市场，价格普遍分布在 10 万元以下，且受到部分合资品牌车型及合资自主品牌车型价格持续下降的影响，其价格竞争压力持续增加。但以上海荣威、一汽奔腾为代表的中高端自主品牌车型价格已能够突破固有的中低端市场，并且形成一定的销量，这几年自主品牌已开始冲入 A + 级和 B 级市场。

自主品牌欲实现向上突破，需实现“高端切入”的市场战略和“高品质”的产品策略，但同时需要关注产品可持续发展的风险。改变以往自主品牌普遍实施的“低质低价”策略，而实施产品的高品质策略，从而实现企业的长远发展和品牌档次的提升；以一汽、上汽为代表的国企普遍通过“整合创新”的途径尝试实施产品的高品质战略。

另一方面，长安、奇瑞、比亚迪、长城在近几年都推出了具有颠覆性的全新产品，逸动的全球开发、艾瑞泽 7 的全新设计、思锐的过剩科技配置，都显示出自主品牌产品的巨大进步。但自主品牌的主题依旧还在“售价突破 10 万元大关”“打破 15 万元天花板”的道路上。

吉利汽车在 2007 年停产了“老三样”，“新三样”（远景、金刚和自由舰）在全套进口生产设备的武装下诞生，并于 2008 年上市，完成了吉利品牌形象的第一次蜕变。但“新三样”的诞生还不足以彻底扭转品牌形象，于是李书福在梳理了车型之后，提出了多品牌战略，将吉利上升到集团高度，分离出三个不同形象与定位的品牌——帝豪、全球鹰和上海英伦。后来的结果显而易见，现在的帝豪还奋战在“打破 15 万天花板”的道路之上，当年的“新三样”早已被人遗忘。

比亚迪恐怕是自主品牌中争议最多的品牌之一。F0 为比亚迪带来的销量神话，也留下了品牌定位的硬伤。哪怕王传福确实赢得了铁电池的技术押宝，比亚迪的新能源汽车技术确实拥有不少世界级技术，但挂着“BYD”标志的新能源车还是被一些消费者误认为是“山寨货”，比不上丰田的普锐斯。哪怕比亚迪蓄力已久的思锐带着武装到牙齿的科技配置登场，它也没敢给自己定一个略高的售价。

近年来，我国 SUV 市场快速增长，自主品牌在市场中的表现相当突出。自主品牌中 75% 的车型为小型和紧凑型 SUV，合资品牌中 40% 左右的车型是中型和中大型 SUV。从长城品牌旗下的哈佛 H 系列到上汽通用五菱宝骏系列，都连续长时间销量领先，被誉为“国产神车”。这些车价格便宜，性能良好，口碑不错。自主品牌在追求品牌提升的同时，也生产自己的高端品牌，长城汽车推出高端豪华品牌“WEY”，同样基于吉利和沃尔沃联合研发的 CMA 平台打造“领克”。外观和配置均向国际高端品牌看齐，甚至有些方面还优于国际知名品牌。

3.2.3　中国第一车

从 1953—2013 年，中国汽车工业已走过 60 年。60 年春华秋实，60 年历史变迁，中国汽车工业从无到有，由小到大。从生产载货汽车到生产高级轿车，从单一的自主品牌到合资品牌，再到自主品牌的全面崛起和升级。如今，中国超越美、日成为全球最大的新车消费市场。今天，我们站在历史的门槛回望，中国汽车工业真正实现了历史性的跨越，从自行车王国到汽车社会，中国正以超越想象力的速度成为“车轮上的国家”。纵观 60 年“第一车”的诞生（表 1-10），就可以了解中国汽车的发展。

中国“第一车” 表1-10

第一车名称	年份	汽车厂家	类型
第一辆试制轿车	1951	天津汽车制配厂	天津轿车
第一辆载货汽车	1956	长春第一汽车制造厂	解放CA10型载货汽车
第一代无轨电车	1956	北京市无轨电车制配厂	“京一型”BK540型无轨电车
第一辆客车	1957	上海客车厂	上海57型客车
第一辆轿车	1958	长春第一汽车制造厂	东风CA71型轿车
第一辆轻型载货车	1958	南京汽车制配厂	跃进NJ130轻型载货汽车
第一代军用越野车	1958	重庆长安汽车厂	长江46型越野车
第一种批量装备部队的国产越野车	1959	长春第一汽车制造厂	解放CA30越野车
第一辆国产高级轿车	1959	长春第一汽车制造厂	红旗CA72型高级轿车
第一辆国产重型载货重卡	1960	济南汽车制造总厂	黄河JN150型载货汽车
第一款国产公务用车	1964	上海汽车制造厂	上海SH760型凤凰牌轿车
第一代吉普车	1965	北京汽车制造厂	北京BJ212吉普车
第一辆两厢“国民车”	1988	天津汽车制造厂	夏利TJ7100型轿车
第一辆国产轻型客车	1992	金杯客车制造厂	金杯海狮客车
第一辆纯电动概念轿车	1997	东风汽车公司	东风EV电动车
第一款拥有自主知识产权的微型面包车	1999	哈飞汽车制造厂	哈飞中意厢式车
第一款中国人设计概念车	1999	泛亚汽车技术中心	泛亚麒麟概念车
第一辆民族自主品牌跑车	2001	吉利汽车制造厂	吉利美人豹
第一款合资生产轿车	1985	上海汽车制造厂	上海桑塔纳
保有量第一的出租车	1991	一汽大众轿车	捷达
第一款十万元以内的合资车	2000	上海通用汽车	通用雪佛兰赛欧
第一款与世界同步生产的汽车	2002	上海大众汽车	上海大众POLO
累计销量第一的B级车	2000	上海大众汽车	上海大众帕萨特
第一款在中国垂直换代的合资车型	1998	广州本田汽车	广州本田雅阁
国内两厢车的最大受益者	2006	长安福特汽车	长安福特福克斯
最爱加价车型代表	2012	东风本田汽车有限公司	东风本田CRV
将商务车新概念引入中国的首款MPV车型	2000	上海通用汽车	上海通用别克GL8
保值率最高的合资韩国车	2003	北京现代汽车有限公司	北京现代伊兰特
第一款合资微型轿车	1995	重庆长安铃木汽车有限公司	长安铃木奥拓
第一款退市的合资品牌车	1989	广州标致汽车公司	标致505
第一辆合资生产两厢家用轿车	1992	神龙汽车有限公司	神龙富康
第一款召回国产轿车	2003	一汽马自达汽车销售有限公司	一汽马自达6
第一款中外合资生产越野车	1985	北京吉普汽车有限公司	北京吉普切诺基
第一款自主开发的载货汽车	1962	长春第一汽车制造厂	解放CA140型载货汽车

续上表

第一车名称	年份	汽车厂家	类型
最早批量产发动机后置客车	1983	江西博能上饶客车有限公司	上饶 SR665H 客车
第一辆买进平台国产中高级轿车	1989	长春一汽第二轿车	一汽奥迪 100 轿车
第一种引进技术开发的中高级轿车	1988	一汽轿车股份有限公司	红旗世纪星
第一辆由民营企业制造的轿车	1998	浙江吉利控股集团	吉利豪情
第一款为年轻人打造的轿车	1993	奇瑞汽车股份有限公司	奇瑞 QQ
第一辆量产的纯电动轿车	2013	比亚迪汽车销售有限公司	比亚迪 E6
第一辆买回来的自主品牌	2006	上海汽车集团股份有限公司	荣威 750
第一款达到国际水准的自主品牌载货汽车	2007	一汽解放汽车有限公司	解放 J6 重型载货汽车
第一款高收益、低购价、低使用成本大客车	2013	郑州宇通客车股份有限公司	宇通客车 ZK6118H
单一车型全世界销量第一的微型车	2003	上汽通用五菱汽车股份有限公司	五菱之光
自主品牌运动操控新标杆	2006	奇瑞汽车股份有限公司	奇瑞 A3
第一个独立 SUV 品牌	2013	长城汽车股份有限公司	长城哈弗
第一款欧洲高性能底盘全新开发的国产 SUV	2012	广州汽车集团乘用车有限公司	广州传祺 GS5
三方合资自主品牌第一车	2010	上汽通用五菱汽车股份有限公司	上海通用五菱宝骏 630

3.2.4 中国汽车企业发展概况

(1)中国第一汽车股份有限公司。

一汽集团“十三五”规划的战略目标是:到 2020 年,市场份额达到 15% 以上,利润目标达到 8%,整体销量超过 400 万辆,中国品牌突破 200 万辆。计划投放 50 款产品,其中 18 款中国品牌产品。集团新能源汽车发展目标是:新能源汽车占全国 15% 的市场份额,成为中国新能源汽车领跑者。计划投放新能源产品 19 款,其中乘用车 5 个平台 11 款,商用车 5 个平台 8 款。2016 年已初步形成电机电池系统的批量生产能力,重点完成车型的商品化开发;2018 年实现新能源产品的规模化、市场化;到 2020 年,进入中国新能源汽车第一梯队。

集团针对“十三五”规划提出了“1593”振兴计划,分别是 1 个目标、5 个理念、9 大举措、3 个保障。其“十三五”科技创新目标,主要围绕低碳化、信息化、智能化、高品质、高效益 5 个方面展开。

发展中国品牌仍是集团“十三五”规划中的重要任务,一汽轿车锁定两大产品平台,将布局 8 款奔腾品牌产品,覆盖 A 到 B 级的轿车、A0 到 A 级的 SUV 及 MPV 细分市场。原一汽轿车旗下的红旗事业部升级为集团直属事业部,将布局 SUV、B、C、D、E 级,形成完整的产品线,2020 年以前将推出 5 款车型,覆盖大部分高端市场。混合动力、插电混合动力、纯电动红旗产品已完成布局,未来 3 年内,每年至少投放一款红旗新产品,挑战 10 万辆的市场目标。“十三五”期间,一汽解放立下了中重型载货车市场份额达到 20%、轻型载货车市场份额达到 5% 的目标。天津一汽将加快转型升级和产品结构调整,建设 11 个车型、2 个动力总成和 1 个基础建设等项目。此外,还将所持天津一汽丰田 30% 股权的一半转让给集团。

根据一汽大众制定的“2020 战略”,2020 年将力争实现年产销新车 300 万辆。加强本土化研发是其十分重要的发展方向,2017 年建成噪声中心、新能源中心、功能性试验场并进一步扩展被动安全中心等，未来一汽大众将拥有东北长春、西南成都、华南佛山、华东青岛和华北天津五大生产基地。同时，汽车行业数字化和车载互联系统也是其下一阶段发展的重点。此外，一汽大众启动了换芯战略，有望在国内推出 1.0TSI 和 1.5TSI 发动机，形成 1.0TSI、1.2TSI、1.4TSI、1.5TSI 和 1.8TSI 的小排量动力组合。

一汽丰田未来 5 年定位为“进攻期”“飞跃期”，持续进行“大胆的变革”。从 2018 年开始，随着 TNGA 丰田全球商品架构在一汽丰田的全面导入，通过全新的平台发动机，确立新的商品体系，并全面进入“进攻型销售”。到 2020 年，计划导入 15 款以上的新车型，力争实现年销售 100 万辆的跨越。

一汽轿车斥资 11 亿元用于研发红旗 H7 技术升级项目，并利用现有厂房，通过改造相关的设备达到 1.3 万辆/年的产能。目前，启动了红旗 HS7（SUV）车型技术改造项目，形成 HS7 技术改造车型 5000 辆/年的生产能力。一汽大众台架试验中心正式落成，占地面积约 1.2 万 m^2，总投资达 5.2 亿元。一汽大众位于天津经济开发区的乘用车新厂（华北厂）破土动工，项目总投资超百亿元，年产能 30 万辆。大众汽车自动变速器（天津）有限公司的天津厂正式投产 7 速 S tronic DCT “DL382”，为奥迪 A4 和 MLB 新平台的国产车型配套。一汽大众长春 EA211 发动机厂全面建成投产，累计投资约 40.7 亿元，总产能达到 90 万台。目前，该厂已实现 EA211 1.6L、1.5L、1.4T 共线生产，计划 1.2T 发动机也将落户长春厂。

在合资合作方面，集团相继与中石油集团、中国农业银行、宁德时代新能源科技股份有限公司等签署战略合作框架协议。一汽解放与壳牌联手，共同打造高效物流新标准。一汽物流有限公司参股大连汽车码头有限公司，大连港将成为一汽商品车水运物流体系中的重要枢纽港。天津一汽夏利还分别与滴滴出行和京东签约，首次跨界合作。

一汽大众携手奥迪，分别与阿里巴巴（中国）有限公司、北京百度网讯科技有限公司和深圳市腾讯计算机系统有限公司签署合作备忘录，合作各方将在大数据挖掘、电商生态系统、汽车互联网金融、车联网平台构建和城市智能交通方面展开对话和探讨，共同推动汽车行业与互联网行业深入融合。一汽大众还携手国际商业机器（中国）有限公司（IBM）、华为技术有限公司、深圳清华大学研究院控股的力合科创集团有限公司签署《创新与数字化转型战略合作协议》，成为国内汽车行业首家同时与三家信息科技公司合作，携手开展技术创新和业务转型的汽车企业。一汽丰田与科力远签署旨在降低丰田混合动力电池成本的深度战略合作协议，有望让丰田混合动力电池的成本降低 35% 左右。一汽丰田还与中国邮政储蓄银行签署战略合作，将在汽车金融领域进行全面合作创新。

在出口及海外经营方面，一汽解放把海外市场放在了未来工作的重要位置，成立了海外事业部，将与集团进出口公司分工协作，弥补出口领域的短板，使产品结构和市场结构实现均衡。

（2）东风汽车股份有限公司。

东风汽车集团“十三五”战略规划的战略定位是：致力于成为为用户提供全方位优质汽车产品和服务的卓越企业。战略愿景是：永续发展的百年东风，面向世界的国际化东风，在开放中自主发展的东风。战略目标是：到 2020 年产销规模高质量跨越 560 万辆；中国品牌实力显著提高，经营效益进一步提升；产品海外销量在中国品牌海外销量中居领先水平；新能源销量目标30万辆以上,市场占有率达到15%～18%;核心技术和资源掌控能力显著提升;力争在新能源汽车、汽车金融、自主研发能力、营销能力、国际化能力、智能互联6个方面实现重点突破。

集团"十三五"科技规划发展纲要提出:到2020年,自主研发能力国内领先,整车、动力总成技术平台全面升级,新能源汽车、智能网联汽车技术取得重大突破;到2025年,达到国际先进水平,东风品牌世界知名,新能源汽车、智能网联汽车居于前列,部分技术领域引领发展。汽车轻量化"十三五"规划目标是:通过掌握和应用16项关键技术,实现汽车降低质量200kg。

东风风神计划未来5年推出11款传统汽车以及6款新能源汽车,到2020年形成12+7的产品布局和35万辆的销售目标。东风神龙"5A+计划"的目标是:产品及服务的质量水平在2018年进入行业前三,2020年追求第一,销售收入在2020年超过1000亿元,生产效率提升30%。未来5年将投放34款新车型,其中5款新能源产品。每个品牌每年至少投放1～2款全新车型,进一步巩固完善三厢车+SUV产品系列,加速进入MPV细分市场,扩展产品布局,并研究进入LCV(轻型商用车)等新的潜力市场。神龙旗下东风标致的Blue Upper全新5年计划由"产品向上""技术向上""体验向上"三个核心模块组成。未来5年将陆续推出18款新车型,在扩充产品序列的同时,对现有车型实现全面升级换代。计划推进下一代设计造型的采用和先进驾驶辅助系统(ADAS)的搭载。计划中的"技术向上"将实现E动战略全面升级,包括发动机全面升级导入8AT、双离合全新变速器、PHEV插电混合动力及纯电动新能源技术应用于量产车。神龙旗下的东风雪铁龙开启全新中期事业规划,并确立33万辆的销量目标。未来东风雪铁龙还会推出大型SUV、MPV车型以及电动汽车。东风日产启辰发布"V战略",在产品方面,坚持汽油车和新能源汽车双线并举的路线,投入20亿元用于产品研发,未来5年将推出8款新车,保持每年不少于1款新车投入市场,同时可能会推出更多新能源产品。在东风海外事业和东风进出口公司发展上,提出了"十三五"期间海外销量突破15万辆的目标。

在产品技术开发方面,集团与PSA、神龙汽车联合开发EV用平台eCMP项目,总投资5.5亿元,计划2019年开始投放各品牌基于eCMP的车型。东风标致还在智能、安全技术的应用方面不断加大投入力度,如"Blue－i"车载互联系统、ESP 9.0、盲区探测等。

在合资合作方面,集团与中国电子科技集团公司将在新能源汽车、智能工厂及智能互联车、IT化及企业的信息安全等领域展开战略合作。与天津力神开展电动汽车与电池模组开发与生产,并探讨在资本层面的深层次合作。集团还与PSA集团中国及东南亚区运营总部就无人驾驶汽车以及汽车共享型经济等领域进行深化合作。东风雷诺与雷诺以及武汉蔡甸生态发展集团有限公司开展合作,在中法武汉生态示范城建立自动驾驶示范区。

根据集团2016—2020年海外出口中期事业计划,未来5年公司将在海外70多个国家和地区投放40多款产品,到2020年,公司海外出口销量目标将达15万辆。为此,集团国际事业部将着力构建3+3+N(3个深度KD项目,3家海外销售公司,多个板块主导项目)海外事业布局;深度挖掘伊朗市场,建立首个10万辆规模的海外基地;以伊朗或智利海外公司为基础,试点建立东风风神与其他品系的资源协同,实现战略市场一体化管理运营;紧跟国家“一带一路”倡议，持续推进东风品牌和东风产品在沿线市场的巡展；以汽车贸易为支点，以金融资源为加速器，发展央企间战略合作，实现海外多元贸易。

（3）上海汽车集团股份有限公司。

上海汽车集团“十三五”战略规划主要体现在“中国品牌和自主创新能力建设、信息和数据平台、合资整车经营体系”3个重点和“国际业务布局和支持体系、以用户体验为中心的客户服务业务、创新发展产业主导的金融业务”3个突破上。其中长期战略目标是：成为全球布局、跨国经营，具有国际竞争力和品牌影响力的世界著名汽车公司。

未来5年，集团在新能源领域的专项投资超过200亿元，将投放30余款全新新能源车型，总销量达到60万辆，其中中国品牌20万辆。同时，以新思维、新生态、新标准和新产品在互联网汽车、智能制造领域取得突破。在用户服务方面，依托车享网、车享家，通过线上线下O2O协同，为用户提供全生命周期一站式服务，计划到2020年形成1000家网点规模。按集团规划，2020年中国品牌的销量目标为100万辆，中国品牌及本土化研发产品销量占比超过60%，出口产品的数量将占总销量的20%～30%。

在技术研发方面，集团计划未来5年投资亿元研发第二代电驱技术和新一代强混技术，并逐步投放6款新产品。集团还与同济大学共建了首个智能网联汽车测评基地。上汽乘用车推出了自主研发的“安卓版CarPlay”智能车载互联模式SDL。上汽商用车推出“我行@MAXUS”平台。按上汽通用“绿动未来”规划，在动力总成及新能源技术方面将投资265亿元，推出13款发动机和9款变速器。

2016年集团在合资合作方面动作频频。同年初，集团战略投资美国麻省固体能源公司（SolidEnergy），加码锂电池开发。集团与上海嘉定区成立新能源汽车租赁服务公司，计划5年内推广新能源汽车30万辆；同时携手一嗨租车，在多领域展开多元化、多样化的深度合作。集团车享网旗下的“e享天开”分时租赁公司与优步（Uber）共建全新“互联网+汽车共享”模式；“e享天开”同年与上海国际汽车城旗下的电动汽车租赁公司EVCARD整合，合资成立环球车享汽车租赁有限公司，注册资金2亿元，形成近500家网点、2000多辆车的规模。上汽商用车与上汽安悦充电密切合作，在全国实现建设66万充电桩及销售60万辆新能源汽车的目标。

集团与大众及斯柯达签署谅解备忘录，未来5年上汽大众将投资150亿元，扩充斯柯达品牌在中国的产品阵容。集团还与大众签署了在华制造和销售奥迪品牌产品的谅解备忘录，不过此项目已暂时搁浅。上汽通用与上海交通大学未来5年将在汽车智能制造关键技术的研发等多个领域展开全面深入的战略合作。

在海外业务方面，集团与中国出口信用保险公司上海分公司签署战略合作协议，推进集团“走出去”战略。集团可能接手收购通用汽车在印度古吉拉特邦的Halol厂，并实现当地化生产；集团与泰国CP合资的上汽正大公司二厂奠基。上汽大通2016年4月在英国伯明翰上市，实现了中国汽车品牌在英国市场上“零的突破”。上汽MG除上市GS欧洲款SUV外，还宣布将扩大英国伯明翰设计中心。上汽通用五菱在印尼的汽车零部件厂于2016年下半年破土动工，1年后投产，该项目投资1.7亿元，年产能为15万套后悬架、前车桥。

(4)重庆长安汽车股份有限公司。

依据集团的"十三五"发展规划,2020 年实现销量 450 万辆,其中中国品牌 247 万辆,全球排名达到第 12 位。规划的具体战略举措:一是以用户为中心,打造客户"愉悦体验";二是以新能源产业、智能化为突破口,打造经典产品;三是积极拓展新业务,完善汽车产业链,助推业务转型升级;四是积极响应国家"一带一路"倡议,实现国内外并重的市场转型;五是以移动互联和大数据为新手段,推动包括品牌、制造、管理在内的体系转型。以"互联网"和"制造 2025"为机遇,启动全面战略转型,从传统制造型企业转型为制造服务型和创新型企业。

根据新能源战略规划,2020 年新能源汽车累计销量达到 40 万辆,2025 年累计销量突破 200 万辆。到 2025 年,分三阶段累计推出 34 款全新产品。2025 年实现新能源"518"性能目标。规划明确了 2020 年纯电动产品续航里程达到 350km 和插电式混合动力产品纯电里程 80km,2025 年其续航里程分别达到 400km 和 100km 的目标值。未来 10 年,集团还将投入 180 亿元打造新能源汽车研发体系,从研发、技术、供应、运营 4 个层面给予强力保障。

按照集团中国品牌规划,将在商用车业务上大力拓展包括 7 座 MPV、SUV 等在内的多功能车市场,乘用车方面将推出 CS15 等两款 SUV 产品,完善 SUV 谱系。此前集团还曾计划推出高端品牌,虽最终无限期延后,但从产品上仍在不断地突破。

2016 年集团发布多个投资项目,先后出资 5000 万元设立深圳长安新能源汽车服务有限公司,向全资子公司长安车联增资 4000 万元,投资 4.9 亿元用于 C2 系列产品生产线建设以及向海外研发中心增资 5400 万元等。同年集团多个项目投产或启动。长安轻型车研发中心在河北定州揭碑。长安汽车合肥研究院建立。集团自建的电商平台"长安商城"正式上线运营,并推出 C2M 在线定制模式。集团还斥资 33.7 亿元用于长安汽车城乘用车建设项目,该厂位于重庆市两江新区鱼复工业园,建设周期 24 个月,计划年产能 24 万辆,最大生产能力 36 万辆。长安福特启动 B500 项目,该项目针对长安福特一工厂生产线进行技术改造,总投资 2 亿元,于 2017 年底竣工,形成 18.9 万辆乘用车年生产能力。

在产品研发方面,集团坚持每年将销售收入的 5% 投入研发领域中。根据集团规划,将按照"模块化、平台化、家族化、通用化"的产品研发策略,逐步形成 P1、P2、P3、P4 四个乘用车产品平台,实现零件互通化,基于每个平台将推出多款车型,包括轿车、SUV 和 MPV。在新能源汽车技术路线的选择上,将以纯电驱动为主线,同步发展插电式混合动力及纯电动两大技术平台,覆盖乘用车和商用车。在智能化方面,集团制定了"654"智能化战略。2016 年,集团还成功完成重庆—北京 2000km 无人驾驶测试,并已为旗下睿骋、逸动、CS75、CS35 等车型配备全景辅助系统、并线辅助、车道偏离预警、全速自适应巡航系统、自动紧急制动系统、前防撞预警系统、自动泊车辅助系统等一系列自动驾驶辅助系统。

按照动力 325 战略,集团除已推出的 1.5T 和 1.8T BlueCore 系列涡轮增压发动机外,由重庆长安动力研究院与英国研发中心联合设计开发出了代号 D20TGDI 的 2.0T 发动机。集团还将研发更小排量的 1.0T 发动机,形成 4 款自主开发的涡轮增压发动机,覆盖由小型到大型的所有级别车型。

在合资合作领域,集团与美国硅谷最大规模科技孵化器 PlugandPlay(PNP)签约,正式入驻硅谷，加速全球化布局。集团英国研发中心与Magnomatics、Romax科技有限公司、CMCL创新公司、谢菲尔德大学联合达成战略合作协议，共同投资3800万英镑，为其未来的汽车产品研发及评测MAGSPLIT混合动力变速器。集团还联合吉利控股、科力远股份和云内动力共同投资科力远混合动力技术有限公司（CHS），增资6.6亿元搭建国家级混合动力总成系统技术平台。在新能源方面，集团联手特来电新能源，在重庆成立了合资公司。在智能化方面，集团与百度正式签署智慧汽车战略合作协议。集团将规模化植入MyCar车辆私有云、百度CarLife手机—车机互联解决方案。同时双方将共同开发车辆语音控制技术，并利用百度高精地图信息展开无人车高速公路测试。集团与云南大理下关沱茶（集团）股份有限公司的跨界营销合作，是继着眼于长安企业本身的蹲地营销、关注用户利益的粉丝营销之外的又一次新的尝试。

海外经营方面，集团已在俄罗斯建立销售子公司，经销商体系遍布全球60个国家，根据公司“2020愿景”的规划，海外战略正逐步推进，到2020年集团的国际业务将达到40万辆左右的销售规模。

（5）北京汽车集团有限公司。

北京汽车集团“十三五”规划目标：到2020年实现年产销汽车450万辆，营业收入6200亿元、利润总额400亿元。战略目标：规模和实力居中国汽车行业第一梯队，跻身全球汽车行业前12位、世界500强前100位，职工人均收入比2015年翻一番。发展战略：由传统制造型企业向制造服务型和创新型企业转型。

2016年，集团收购福汽集团所持福建奔驰35%股权，成为福建奔驰最大的中方股东。北汽银翔与北京航天试验技术研究所合作成立“北京航天银翔汽车材料研究院”。北汽福田先后建立乘用车整车厂北京宝沃汽车有限公司和北京超级卡车创新中心。北汽新能源以战略投资人对公司增资，共募集资金30亿元，用于国内公司运营和海外研发基地的建设；还相继成立了底特律研发中心和西班牙巴塞罗那研发中心；并投资控股建设了B2B和B2C纯电动汽车分时租赁服务商，推出了出租车换电池运营模式并将集中组建一个充电汽车换电运营的股份制公司和电池运营公司。

2016年集团多个项目相继启动或投产。集团与常州常高新实业投资有限公司合资的北汽（常州）汽车有限公司正式揭牌，年产能4000辆客车，其中包括2000辆新能源客车。集团的“北汽新能源汽车动力电池”“北汽集团常州产业基地”两项目也落地常州，总投资80亿元。11月，集团零部件轻量化基地投产，并启动北汽江森自控合资公司的电池项目。12月，北汽云南产业基地瑞丽项目竣工，该项目总占地近134万m^2（2000亩），规划总产能15万辆，总投资36亿元。子公司北汽银翔及比速汽车扩能项目启动，北汽银翔将从年产能30万辆扩大到55万辆，比速汽车将从年产能15万辆扩大至25万辆，2017年底建成投产；此外，北汽银翔“三电”项目正式开工，预计年产10万套锂电池、驱动电机和整车电控系统。公司北汽昌河九江厂“三车两发”项目厂房主体工程于5月顺利竣工；同月，北汽昌河汽车研发中心奠基开工，总投资9.9亿元，建筑面积10万m^2。

2016年，子公司北汽福田先后验收了汽车工程研究院二期建设、客车分公司完善产品品种建设、新能源汽车动力总成模块产业化基地建设、怀柔重型机械工厂建设、山东轻型载货车基地诸城奥铃厂改造等竣工项目。未来,北汽福田将把山东潍坊打造成集产品工程研发、制造、销售、物流、金融等综合性的地区集团。到2025年,项目总投资将超过70亿元,将实现年销售收入2800亿元、利税超过100亿元。

集团与戴姆勒联手对北京奔驰投资40亿元,扩建北京奔驰发动机厂的产能;2016年末,北京奔驰发动机厂二厂区在北京经济技术开发区奠基。此外,北京现代河北沧州第4厂正式投产,占地面积192万 m^2,初始年产能20万辆。

产品技术研发方面,北汽福田计划在北京建立第Ⅵ阶段超低排放实验室,项目总投资约1.2亿元。北汽福田携手戴姆勒、康明斯、采埃孚、大陆电子、百度等企业,在欧洲成立了全球重型载货车行业的“超级卡车全球创新联盟”。欧曼EST超级卡车集成了“发动机智能管理、智能制动系统、智能车道辅助系统、智能电控空气悬架、智能换挡系统、智能稳定控制系统、超级车队管理系统”七项前瞻性智能技术应用的i-Telligent智能管理系统,实现由智能辅助主动驾驶逐步向自动驾驶升级。此外,北汽福田还将在与百度合作的基础上,建立智能网联商用汽车生态云架构——“云+网+端+内容”,形成基于大数据的业务应用、汽车价值链的业务拓展和车生活增值服务的车联网生态圈。北汽新能源与德累斯顿工业大学成立“中德汽车轻量化技术联合研发中心”。

2016年集团相继与昆明市政府、盘锦市大洼区政府、首开集团、国家体育总局航管中心等签署合作合资协议。北汽新能源先后与国际自然保护组织大自然保护协会、上海交大、协鑫集团、奥动新能源汽车科技有限公司、上海电巴新能源科技有限公司签署战略合作协议。北汽福田先后与国网电动汽车服务有限公司、中国平安财产保险股份有限公司、中华思源工程扶贫基金会、重庆瀚穹科技有限公司、洁蓝德新能源科技有限公司、传化物流集团有限公司和浪潮集团等达成战略合作。

海外经营方面,2016年,北汽福田与中非发展基金合作成立福田非洲业务投资平台,负责福田汽车对非洲投资项目的投资和运营。8月,集团第一座海外整车制造工厂——北汽南非工厂在伊丽莎白港奠基,该厂总投资8亿美元,规划产能为10万辆/年。工厂投产后,拟生产制造北汽旗下乘用车、越野车、轻型运载车以及其他适合市场的汽车产品,同时生产左舵和右舵汽车产品,有望成为覆盖南非及其他非洲主要市场的汽车生产制造基地。10月,北汽宝沃在德国不莱梅(Bremen)建设年产能1万辆的SKD厂,2018年投产,首款车型EV BX7 SUV计划在欧洲销售,还计划生产BX5系列的EV和PHV。另外,北汽幻速已在北非、南美、中东以及东南亚等地区开通相应客户,在伊朗、俄罗斯等国家开始销售产品。

(6)广州汽车集团股份有限公司。

广汽集团围绕“一个中心、两个不动摇、三个转变”的主线,积极实施“十三五”规划。集团提出“十三五”规划——“1513”发展战略,即在秉承“内部协同创新、外部开放合作”的发展原则基础上,完成1个目标、夯实5大板块、突出1个重点、实现3大突破。集团在新能源板块规划布局方面,计划在2020年超过20万辆。中国品牌发展规划是到2020年产销100万辆。集团将持续加强品牌建设,提升品牌力和企业软实力,到“十三五”期末,力争成为中国汽车行业的知名品牌,具有全球化影响力并具备高度社会责任感的国际汽车集团品牌形象。

2016年，集团财务公司获中国银保监会批准筹建。集团向特定投资者非公开发行7亿A股股票，募集资金总额约150亿元，支持新能源汽车和中国品牌汽车的发展。集团合资成立大圣科技股份有限公司，实现汽车互联网生态平台正式上线。广汽乘用车收购合资公司广汽吉奥汽车剩余的49%股份，使其成为全资子公司，更名为广汽集团乘用车（杭州）有限公司。广汽丰田、广汽三菱正式启用全新企业标识。广汽丰田启动"全体系构造改革"，在产销、研发、管理等领域进行战略变革，以品质提升为核心，破解发展过程中的深层次课题，着力建设一家具有全球顶尖运营效率，备受顾客青睐，并为员工缔造幸福感、承载梦想的企业。广汽本田全资的汽车销售有限公司在广州成立，负责Honda、理念品牌产品的销售及售后各项事业；即将设立的北京销售分公司，将负责国产Acura品牌产品的销售及售后各项事业，并接管尚由本田技研工业（中国）投资有限公司负责的Acura产品的进口销售业务。广汽三菱全资收购了进口三菱的股权，进口车业务全部由广汽三菱承接。5月，集团董事会宣布解散广汽日野（沈阳）汽车。

广汽本田增城厂产能扩大（新增24万辆/年）建设项目（首期）通过环保验收。广汽丰田第三生产线在广州南沙奠基，占地面积约96万m^2。新生产线将以年产10万辆为开端，未来根据需要可快速扩充至年产22万辆，届时，广汽丰田总产能可达到每年60万辆。投产后，第三生产线将主要用于生产中小型车产品。广汽菲克广州厂落成投产，该厂由广汽集团与菲亚特克莱斯勒汽车集团以50：50共同投资建设，规划年产能16万辆。至此，广汽菲克已拥有长沙及广州两个生产基地，能同时满足菲亚特品牌和Jeep品牌的车型生产。广汽三菱自2016年8月底开始生产国产SUV欧蓝德，强化在中国汽车市场增长明显的SUV的销售竞争力。

在技术研发方面，广汽传祺发布2.0时代全新动力总成Ti POWER"智擎力量"。广汽传祺以掌握核心技术为产业发展依托，实施"153"新能源发展战略，初步掌握整车控制、电机系统集成、电池管理、电池系统集成技术及燃料电池五大核心技术，已形成电机、电池、控制器三大产品制造能力，未来5年将推出7款以上新能源车型，涵盖混合动力、增程、纯电3大产品系列。规划到2020年形成传祺新能源产品技术系列及网络推广体系，产销突破10万～20万辆目标。

在合资合作方面，广汽乘用车与苏州博世签订战略合作协议，将在产品开发、质量管控、生产供应、市场拓展等方面展开更加全面、深入的合作。广汽乘用车与汽车之家网站合作，在京启动"高品质国民家轿普及计划"，创新"互联网+"时代汽车营销模式。广汽乘用车与世界自然基金会、三江源国家公园管理局共同启动"诞生在三江源—国家公园创行"，签署了战略合作框架协议，首开企业参与中国国家公园建设之先河。

为加速推进"有谋有动，整体布局，稳步发展，重点突破"的全球化战略，集团在海外市场加速布局，并以中东为重点突破。进一步开拓和深耕中东市场同时，并与经销商共同努力，在品牌建设、产品投放、市场定位、服务配件等方面加大力度，加速传祺进入国际市场。

（7）华晨汽车集团控股有限公司。

随着"十三五"规划的展开，华晨集团将围绕品牌、技术、规模效益的规划方向开拓出全新目标。品牌目标:强力推进品牌创新,实现从产品经营向品牌经营的转变。将“华颂”品牌打造成国际高端品牌,并以此带动,将“金杯”品牌打造成具有一定影响力的国际知名品牌,将“中华”品牌打造成国内轿车最优品牌,将“BSV”打造成世界级专用车品牌。技术目标:以宝马集团为榜样,以低碳化、信息化、智能化引导企业技术升级。重点以平台化、通用化、标准化为导向,掌握整车安全、节能和智能互联三大核心技术,开发出互联网时代的颠覆式极致产品。通过技术目标的实现,将华晨建设成为省属国有企业实行“中国制造2025”的标杆企业和领头羊。规模效益目标:到“十三五”期末,确保实现年整车产销150万辆(其中中国品牌100万辆,包括:客车40万辆,轿车40万辆,金杯载货车20万辆),发动机年产销160万台,年销售收入超过3000亿元,年利税总额超过500亿元。到“十三五”期末,在“非洲、西亚、中南美洲+东欧”等建立海外生产基地,初步完成海外布局,集团出口实现占整车销售20%以上的目标(其中海外基地生产占出口整车的40%)。

在产品技术方面,集团本着平台化、模块化、系列化的产品开发策略,整合平台资源,包括将乘用车现有的4个平台,整合成2个模块化平台(FX/M8X),商用车实现轻客、轻型载货车平台化共用。包括中华车在内的新旧平台车型均将搭载从宝马引进的4款发动机技术。近期研发的最新M8X平台也将搭载宝马的发动机。接下来集团或将在智能制造领域寻求宝马的进一步支持。

在新能源产品研发方面,目前集团已建立了纯电动技术平台和增程式插电混合动力技术平台,并全面掌握了核心技术,其中电动汽车在低温寒冷地区的应用处于国内领先、国际同期水平。集团依托自身专用车的资源,在新能源物流车及专用作业车方面,开发了包括纯电动微面、纯电动微卡、纯电动轻型载货车及各类纯电动专用作业车在内的多款新能源工具车。未来,集团将打造Bri-E新能源技术平台,并规划了多款新能源汽车产品。中华品牌方面,中华V3将推出纯电动版本,同时高端平台M8X将推出插电混合动力产品;金杯品牌方面,一款全新七座MPV新车型也将推出纯电动物流车的版本。

在智能网联方面,集团与惠普联合打造的Bri Air车联网平台主要由多媒体系统、车载智能终端、手机APP、数据中心、语音识别系统组成。未来Bri Air车联网平台将实现车辆远程控制、车辆监控、定位、故障提醒、防盗报警、语音控制、娱乐资讯、车载WiFi、实时交通等一系列功能。在平台后续车型开发过程中,集团将基于已有车联网云平台,通过DSRC技术、LTE-V技术研究和开发,建立完整的车联网生态系统,并融入智慧城市、智能交通,实现车与车、车与人、车与交通、车与智能家居、车与城市的无缝互联。目前Bri Air车联网平台的相关系统开发工作已经完成,后续主要集中于整车台架和实车的测试验证工作,以及功能和性能的优化,其已在2017年及2018年的量产车型进行应用。此外,集团电商APP上线。集团作为与数创信息互联网+汽车运营战略合作的汽车主机厂商,加入了互联网汽车运营平台。

在合资合作方面,集团先后与北京理工大学、中国民生银行签订长期合作协议,与申通快递合作成立新能源汽车租赁公司,向滴客(中国)公司提供中华、金杯牌车作为网约车和货运车。华晨专用车与港中旅华贸物流战略合作,共同发力房车露营产业链;专用车还与意大利福卡西集团正式签署合作协议,成为福卡西在中国地区的独家代理商,推进实现福卡西福祉类产品在中国进行 SKD 及 CKD 生产。集团所属陆金申华融资租赁(上海)有限公司携手新鸿基金融及 58 集团,成为业内领先的线上线下"齐头并进"的金融服务公司,同时打开了三方在新车、二手车等汽车产业链上的深入合作空间。陆金申华还与万国数据服务有限公司签署战略合作协议。

在海外运营方面,集团与伊朗塞帕集团共同签署了《战略合作备忘录》,2017—2019 年将在伊朗生产并销售 12 万辆中华轿车系列产品,2019 年达到年产 12 万辆中华轿车和 1 万辆金杯大海狮的产能规模。据巴西巴拉那州政府宣布,华晨汽车考虑在巴拉那州建厂。另外,集团计划在俄罗斯发售由切尔克斯 Derways 厂组装的 SUV Brilliance V5 和三厢车 Brilliance H530 的微改车型。

(8)奇瑞汽车股份有限公司。

集团发布了"十三五"战略规划:形成全新三大产品平台,开发 10 款全新传统燃油车和 5 款全新新能源汽车,力争到 2020 年新能源汽车产销规模达到 20 万辆。此外,集团还将涵盖自主研发智能无人车技术平台,实现城市工况自主跟车及主动避撞功能等。

在合资合作方面,集团与奥地利 Austro Engine 公司、中电科芜湖钻石航空发动机有限公司签署协议,为 Austro Engine 公司和芜湖钻石发动机公司开发并生产 AEC2.0L 高压共轨航空基础发动机,以取代 Austro Engine 公司原有的 AE300 航空发动机。集团与中国大型电信运营商中国联通签署全面战略合作协议,将在汽车新品上市活动、互联网 + 汽车产业链、汽车共享、新能源汽车等方面开展合作。集团还与日本安川电机签约合资成立奇瑞安川电驱动系统有限公司,合力开发和生产新能源汽车电机及控制系统。此项目与芜湖纯电动车厂项目一起,将成为奇瑞到 2020 年实现 20 万辆新能源汽车年产销目标的重要战略步骤。

产品技术开发方面,集团推出了四大动力总成,包括第二代 CVT 变速器、第二代涡轮增压缸内直喷技术 1.2TGDI 发动机、372F 发动机及 PHEV 混合动力系统。集团宣布旗下艾瑞泽 5、瑞虎 3、瑞虎 5 三款车型在车辆超过原厂 3 年/8 万 km 整车质保期后对其发动机核心部件保修服务延长至 10 年/100 万 km。

在海外运营方面,奇瑞伊朗汽车工业园扩建项目正式签约,将以现有 6 万产能的工厂为基础,建立新增 10 万整车及主要零部件配套的汽车产业园。该工业园致力于打造以整车为龙头,将吸引中国汽车零部件企业,以及装备、服务等相关企业进入,从而形成区域化制造产业集群。集团还联手埃及两大本土汽车集团 GB Auto 和 AF Auto 强势回归埃及市场,并携旗下 Tiggo 和 Envy 两款车型在开罗市 GB academy 举办了奇瑞品牌上市发布仪式。奇瑞汽车巴西公司开始销售在巴西生产的次紧凑车新款 QQ,而在突尼斯开始销售符合欧Ⅳ和欧Ⅴ的新款 QQ、风云 2、艾瑞泽 3、瑞虎 3、瑞虎 5 等车型。奇瑞艾瑞泽 5 首次在三国十八城同步上市,标志着奇瑞国际化发展逐步由"走进去"转变为"走上去",走出了由产品输出到品牌输出的道路,在产品研发、采购、生产和营销等全产业链上实现了全球化。

(9)浙江吉利汽车股份有限公司。

作为自主品牌的吉利集团 2020 年战略规划是:实现年产销 200 万辆目标,进入全球汽车企业前十强,同时成为最具竞争力和受人尊敬的中国汽车品牌。根据规划,未来 4 年将推出超过30款全新产品，覆盖从A0到B级的各细分市场。秉承安全、健康、新能源、互联网和自动驾驶的战略方向，致力成为引领技术潮流、满足市场需求的新型汽车公司。基于规划，对旗下的吉利品牌和新发布的LYNK & CO品牌进行了明确定位。集团新能源汽车发展战略——“蓝色吉利行动”：承诺提前全面实现2020年国四油耗标准，即车企平均达到5.0L/100km的燃油消耗限值；实现新能源汽车销量占集团国内汽车总销量的90%以上；在氢燃料及金属燃料电池汽车研发方面取得实质性成果；在智能化和轻量化技术方面达到行业领先地位。

沃尔沃全资子公司发布“Omtanke”（关爱）2025可持续发展战略，在企业、产品和社会三个层面做出了四项承诺：到2020年，将没有人因驾乘新的沃尔沃汽车而出现严重伤亡；到2020年，高层管理人员国际化比例达到35%，女性领导比例达到35%；到2025年，交付100万辆新能源汽车；到2025年，达到气候零负荷运营。在新能源方面，除交付100万辆新能源汽车外，还将每年推出一款车引入中国市场或由中国研发。此外，沃尔沃可持续发展目标还包括：成为车内空气质量领域的领跑者、发展更多的企业合作伙伴、分享知识以提升交通安全、建立合德的领导机构以保证负责任的商业行为等，继续深化沃尔沃汽车品牌的可持续发展。

沃尔沃还公布了最新全球生产战略：扩大中国的产能，面向美国、欧洲、亚太地区，将中国打造为全球生产·出口枢纽。大庆、成都、台州三大整车制造基地分别生产全新一代SPA 90系、SPA 60系和CMA 40系产品等8款车型。其中期目标是，到2020年实现全球80万销量，其中中国销量实现20万辆。

2016年集团多个项目投产或启动。吉利控股宣布计划出售宁海知豆电动汽车有限公司的股权。集团通过全资子公司LTC GB Limited成功发行离岸绿色债券，总额4亿美元，年利率为2.75%，为期5年。发行所得的资金将用于伦敦出租车公司设计、开发及生产具有零排放能力车辆所需的融资或再融资。集团科力远混合动力技术有限公司（CHS）年产100万台（套）节能与新能源汽车混合动力总成产业化项目首期工程在长沙正式开工，总投资36.85亿元，于2017年正式投产，设计年产能为30万台（套）。集团与浙江台州市政府签订了发动机厂建设项目，主要生产1.5L直喷涡轮发动机，投资总额51.2亿元，年产能40万台，预计2020年竣工。集团宝鸡基地竣工，该整车项目是响应国家“一带一路”倡议、“西部大开发”政策而建设的世界级工厂。集团英伦新能源整车项目在浙江义乌经济开发区举行开工仪式，该厂总用地47.72万m^2（715.8亩），于2018年建成投产，年产能10万辆，总投资72亿元。沃尔沃中国研发中心（上海）正式启用，一期工程建筑面积3.5万m^2，投资约4.2亿元；二期项目总投资额4.7亿元，将新建总部研发大楼、设计造型中心并扩建一期部分实验室。沃尔沃的张家口发动机厂已全线投产，年产能可达到32.5万台。

沃尔沃启动了“2020战略”——到2020年时，基于全新平台的新产品从定义到投产只需要20个月。沃尔沃宣布将成为首家为量产车提供虚拟钥匙技术的车企，计划通过智能手机app替代所有物理按键，包括完成打开/关闭车门、行李舱乃至远程点火发动汽车，2017年开始商业化，配备部分车型。沃尔沃卡车北美公司对其2017款车型搭载的动力系统进行了优化，主要的升级包括：沃尔沃D13发动机增加了涡轮增压技术、I－Shift手自一体变速器融入了爬行挡齿轮、应用了I－See可预测巡航控制系统和一体式尾气再处理系统。沃尔沃在汽车电池轻量化方面取得一项重大技术成果，可让当前的电动汽车质量减轻15%。智能驾驶方面，沃尔沃公布了自动驾驶目标，计划到2021年推出量产版自动驾驶车型。沃尔沃与共享出行公司优步（Uber）达成战略合作协议，将基于沃尔沃SPA平台共同开发下一代自动驾驶汽车与技术。沃尔沃还与福特汽车、Uber和Lyft两大租车公司以及IT谷歌，在美国建立"提升交通安全的自动驾驶联盟"。沃尔沃的Drive Me自动驾驶研究项目在2017年初进入英国，开展相关的测试工作。此外，还计划将Drive Me自动驾驶测试项目从瑞典扩展到中国，并在中国设立自动驾驶测试基地。沃尔沃正在研发一套新的自主安全系统，该系统可实现车与车之间的交流和联通，并且在2016年末被应用于全部90系列车型。

2016年在海外运营方面，集团投资3亿英镑，在英国安斯蒂地区新建研发中心和工厂，零排放的新一代TX5于2017年在英国上市，并于2018年登陆全球市场。集团还与伦敦出租车公司签署10年发展计划，将投资4400万英镑在澳大利亚和新西兰投放1000多辆英伦出租车。2016年4月，伦敦出租车位于曼彻斯特的经销商在特拉福德公园开业。2016年初，吉利博瑞在沙特及海湾地区正式上市，成为集团拓展中东及海外市场的第一计重拳。2016年末，集团向古巴出口吉利汽车675辆，其中包括吉利金刚自动挡以及128辆吉利博瑞，首次登陆美洲市场。

（10）长城汽车股份有限公司。

长城汽车集团将2016年视为发展新能源汽车的元年。新能源投资规划方面，计划"十三五"期间投资170亿元，用于新能源汽车、智能汽车以及关键零部件的研发、试验以及生产制造。新能源整车研发方面，确定纯电动汽车（BEV）、混合动力电动汽车（HEV）、并联式混合动力电动汽车（PHEV）三大技术平台，主要围绕新能源十大技术领域开展研发，其中在整车系统集成、电控开发、电池系统、电机系统四大核心技术领域具备了自主设计能力。新能源发展基本方向是，轿车方面发展纯电动汽车及48V－BSG（即轻混）；SUV方面应用插电式混合动力技术。其中纯电动轿车将开发两个版本，分别面向出租车和个人市场销售。新车将定位小型车市场，主要目的是满足城市出行。集团哈弗品牌将继续采用红蓝标双线产品战略，红标哈弗体现豪华、经典，覆盖主流家用市场，蓝标哈弗体现炫酷、时尚，针对年轻群体。未来，哈弗的销售渠道也将分为红标网络和蓝标网络。

在海外经营上，集团一直将具备售后服务实体作为合作伙伴选择的要求之一，并将海外售后服务建设作为长城汽车发展战略重点。此外，在零配件中心库、海外培训中心、技术人员输出等方面，成为长城汽车满足客户服务需求的基本保证。与出口规模相比，集团更看重出口质量，注重产品品质和企业在海外的经营质量，追求在海外品牌竞争力的逐步提升和可持续的国际化发展；从品牌整体国际化战略与全球汽车市场角度出发，以不同市场具体发展情况为依据，因地制宜地制定海外市场的品牌与市场发展策略规划。

2016年，集团在日本设立的长城日本技研株式会社正式开业，这是集团投入运营的第一个海外技术中心，在汽车可靠性、燃油经济性等领域进行深入研究，通过引进日本在新材料、新能源等方面的先进技术，研发更加安全、智能、环保的汽车产品。集团在俄罗斯投建的Tula厂于2018年投产，总投资额为5亿美元，年产规模15万辆，生产车型为哈弗H2、H6、H8、H9，本地采购率目标为70%～75%。

2016年哈弗品牌的海外拓展如火如荼，其在澳大利亚昆士兰州布里斯班、阿联酋迪拜和伊拉克巴格达等的4S专卖店相继开业。布里斯班专卖店是其在澳大利亚继悉尼、墨尔本、基隆和珀斯四地外成立的第5家专卖店。迪拜专卖店开业时首批上市车型包括哈弗H2、H6、H8和H9。巴格达专卖店为哈弗在伊拉克的首家专卖店，标志着哈弗在伊拉克市场品牌运营进入了新阶段。2016年3月，哈弗携旗下H9、H8、H6及H2车型亮相阿曼首都马斯科特，正式迈进阿曼汽车市场；5、6月，哈弗H2先后在马来西亚和乌拉圭正式上市；9月，哈弗H6 Coupe（澳洲版哈弗H6）继哈弗H2、H8、H9之后登陆澳大利亚。

实验或活动

举办一次以“中国汽车节能环保”或“汽车史话”为主题的个性演讲。

1. 熟练使用因特网，获取相关信息。

2. 加工整理相关信息，进行个性演讲。

思考与练习

一、选择题

1. 汽车是由发动机、底盘、车身及其附件和__________4部分组成，专用汽车还有其他专用设备。

A. 电气设备　　B. 制动系统　　C. 起动系统　　D. 蓄电池

2. 目前世界汽车制造业中最大的公司是________。

A. 丰田公司　　B. 大众公司　　C. 通用公司　　D. 雷诺—日产公司

3. 1956年7月，我国国产第一辆________牌4t载货汽车在第一汽车制造厂诞生。

A. 东风　　B. 解放　　C. 红旗　　D. 跃进

4. ________公司开创了汽车制造精益生产方式，用精益求精的态度和科学的方法来控制和管理汽车的设计开发、工程技术、采购、制造、储运、销售和售后服务的每一个环节，从而达到以最小的投入创造出最大的价值的目的。

A. 韩国现代　　B. 日本丰田　　C. 日本本田　　D. 韩国起亚

5. 汽车底盘由________、行驶系统、转向系统和制动系统4部分组成。

A. 冷却系统　　B. 传动系统　　C. 起动系统　　D. 润滑系统

6. DC7140汽车是指________。

A. 神龙富康皮卡　　B. 神龙富康轿车　　C. 东南轿车　　D. 东风小王子轿车

7. VIN车辆识别代号编码由一组字母和阿拉伯数字组成，共________位。

A. 7　　B. 17　　C. 11　　D. 21

8. VIN车辆识别代号编码分为三部分，即世界制造厂识别代号________、车辆说明部分

VDS、车辆指示部分 VIS。

A. MIN　　B. VIS　　C. WMI　　D. VIN

二、判断题（对的画“√”，错的画“×”）

1. 目前越来越多的乘用车采用发动机前置前轮驱动这种结构形式。（　）

2. 发动机后置后轮驱动是现在大、中型客车常采用的布置形式。（　）

3. 四个车轮的载客机动车辆为 N 类车辆。（　）

4. 四个车轮的载货机动车辆为 M 类车辆。（　）

5. 1675 年，英国人詹姆斯·瓦特（James Watt）研制出世界上第一台真正意义上的动力机械——蒸汽发动机。（　）

6. 戈特利布·戴姆勒制造的是四轮汽车，卡尔·本茨（Karl Benz）发明了三轮汽车，他们二人都被世人尊称为“汽车之父”。（　）

7. 世界汽车诞生日是 1886 年 1 月 29 日。（　）

8. 戴姆勒和本茨所发明的汽车都采用柴油机。（　）

9. 1895 年，法国的米其林兄弟制造出了用于汽车的充气轮胎。（　）

10. 1942 年，为了战时的需要，德国修筑了符合现代标准的高速公路。（　）

11. 汽车工业通常指发动机、底盘、车身等各种零部件设计与制造、营销等所涉及的企业和企业活动。（　）

12. 通用汽车公司生产的汽车，典型地表现了美国汽车豪华、宽大、内部舒适、速度快、储备功率大等特点。（　）

13. 大众汽车公司是德国最大、也是最年轻的汽车制造商，创始人是著名的汽车设计师弗迪南德·波尔舍，它以生产大众型小轿车和轻型货运车而著称于世。（　）

三、填空题

1. 在我国，汽车是指由自身装备的________驱动，一般具有 4 个或 4 个以上车轮，不依靠________或________而在陆地行驶的车辆。

2. 目前一汽大众汽车有限公司主要生产________、________、________、________、________等车型。

3. 1886 年德国工程师________发明了三轮汽车，1886 年________月________日被认为是世界汽车诞生日。

4. 1908 年，福特开发了举世闻名的________，并首创了汽车大规模________方式，极大地提高了生产效率。

5. 我国的三大汽车集团公司是指________、________和________。

6. 2002 年，德国________汽车公司和我国________汽车公司合资生产宝来汽车。

7. SQR7160 是指________汽车公司生产的________为 1.6L 的小汽车；XMQ6127 是厦门金龙联合汽车工业有限公司生产的车辆长度为________的大客车。

8. 汽车按用途分为________和________两大类。

9. 车辆识别代号 VIN，美国规定应安装在仪表板________，在车外透过风窗玻璃可以清楚地看到而便于检查，而 EEC 规定识别代码编码应安装在汽车________的底盘车架上或标写在厂家铭牌上等。

四、简答题

1. 技术规范与标准的制定与汽车技术发展之间有什么关系？

2. 2009 年 6 月 1 日，美国最大汽车生产商——通用汽车公司正式申请破产保护，当地时间 7 月 10 日通用完成向新通用的资产出售交易，新通用汽车公司已经诞生。美国财政部向新通用注资 600 亿美元，联邦政府将因此持有其 60% 的股权。请简述导致百年通用破产的原因及美国政府注入大量资金援助通用的利弊。

单元二 汽车与环境保护

学习目标

☞ 知识目标

1. 正确描述电动汽车、混合动力汽车的基本构造与原理；
2. 正确描述汽车排放污染物的生成和危害，简单描述汽车噪声及其危害；
3. 正确描述汽车排放与噪声的控制方法。

☞ 能力目标

会获取汽车环保、节能方面的最新动态与信息。

1 节能与新能源

1.1 节能环保新技术

为了应对能源短缺和环境污染对全球经济和人们生存环境的挑战，促进汽车产品技术进步、保护环境、推进能源节约和可持续发展，全球各大汽车公司均制订了其新能源汽车的发展战略，确定了发展新能源汽车的近期、中期和远期目标。

这些发展战略既凸显了各大汽车公司各自的技术特色，又与当今车坛新能源汽车的发展方向相吻合。

(1)优化内燃机。在今后数十年中，内燃机在汽车动力系统中仍将占据主导地位。当今，汽油机和柴油机的潜力尚未充分发挥，各大汽车公司正在进一步改良和优化传统内燃机，从而提升能效、降低油耗和减少排放。他们的目标是使汽油机如柴油机一样高效，并使柴油机像汽油机一样清洁。

①喷雾引导式汽油直喷技术。喷雾引导是第二代汽油直喷技术，它与第一代壁面引导直喷相比具有更好的节油和减排潜力。

“壁面引导”是利用缸内空气流动使燃油分层实现稀薄燃烧，而“喷雾引导”采用了压电式喷油器，只需将燃油喷射为雾状，使局部形成燃油较浓区域，通过这一区域附近设置的火花塞实现分层(稀薄)燃烧。

喷雾引导式汽油直喷技术已于2006年下半年应用于奔驰CLS350 4门车上,其燃油经济性提高了15%。NO_x和HC排放也相应降低。

②涡轮增压汽油直喷发动机。涡轮增压汽油直喷发动机融合了汽油直喷和涡轮增压技术的优点,实现了功率提升、油耗减少及排放降低。

2004年,大众旗下的奥迪公司将全球首款带涡轮增压的直喷汽油发动机2.0 TSI推向市场。随后,奥迪又研发出较小排量的1.8 TSI机型,该机于2007年批量生产,搭载在一汽大众迈腾和上海大众明锐轿车上。该发动机拥有电子节气门、双平衡轴和高压共轨等技术,其功率比1.8MPI发动机提升了7%,油耗下降10%。

在2007年9月的法兰克福车展上,大众展示了更先进1.4 TSI复合增压直喷汽油发动机,其升功率高达89.3kW/L。

福特研发的EcoBoost汽油发动机也采用了涡轮增压直喷技术,燃油经济性提升了20%,CO排放降低了10%。

③复合燃烧系统(Combined Combustion System,CCS)。复合燃烧系统是将汽油机和柴油机的优点集中在一起而开发的新一代发动机。CCS技术汇集了TSI涡轮增压汽油直喷和TDI涡轮增压柴油直喷的原理,是均质充量压缩点燃(HCCI)复合燃烧系统,即空气和燃油在发动机进气系统中预混合,形成均质混合气进行压燃。它与普通柴油机相比,可节省燃油5%,NO_x和PM排放也相应减少。

从天然气提炼而成的合成燃油或由生物质转化的阳光燃油等均能满足CCS发动机的要求。

在第九届必比登挑战赛上,大众展示的途安CCS轿车以及奔驰F700研究车搭载的DiesOtto发动机均装备了这一技术。

④柴油机Bluetec技术。Bluetec是戴姆勒开发的一种获得专利的模块化概念,也是全球最清洁的柴油机技术。它由几个完全协调的技术步骤构成。首先,发动机优化措施将未经处理的排放物降至最低。然后,采用微粒捕集器进行有效的废气后处理,并使用存储型催化转化器和SCR选择性催化还原装置,有效地降低NO_x排放物。得益于Bluetec技术,发动机NO_x排放量远低于欧Ⅴ标准,具有达到欧Ⅵ的潜力。

(2)替代能源。面对能源和环保两大挑战,全球汽车制造商和燃料供应商一起进行两方面的主要研究,一是改善传统化石燃料的硫化物和芳香烃含量,二是开发替代能源。在众多替代能源中,利用生物原料生产的生物燃料受到业界重视,产业前景光明。

①压缩天然气(CNG)。天然气是以甲烷为主要成分的无色、透明、高热值可燃气体。它不含硫,燃烧后不会产生SO_x,CO_2排放比石油燃料少20%~30%。CNG汽车具有污染少、抗爆震性能好、发动机使用寿命长、经济性好等特点,受到了业界的广泛重视,全球约有100多万辆CNG汽车在行驶。

帕萨特TSI CNG原型车装备了TSI双增压EcoFuel发动机,可以使用压缩天然气或汽油作为燃料。

吉利远景NGV双燃料车则可在行驶过程中随时任意切换两种燃料供给方式。

②天然气制油（GTL）。GTL（Gas To Liquid）是一种利用天然气制成的替代燃料（合成柴油），它几乎不含硫和芳香烃，其十六烷值高达75～80，而炼制柴油的十六烷值仅为45～55。

GTL是根据费托流程液化技术开发的优质液体产品，其环保性能优越（PM、CO、NO_x、HC的排放大大低于超低硫柴油），无需改进即可适用于各类柴油机。同时，GTL既可单独使用，也可与柴油混合使用。

由费托流程液化技术合成的燃料，其原料不仅可用天然气，也可用煤或生物原料。它们均能通过相同的气化、费托等工艺得到相同的混合燃料，并分别称作煤制油（CTL）和生物制油（BTL）。

③二甲醚（DME）。二甲醚是一种可再生能源，可从煤、天然气、煤层气和生物原料中制取，可作为柴油机替代能源，其十六烷值为50～60，较柴油（40～55）略高，其常温常压下为气态，可在一定压力下液化。DME不产生烟和硫氧化物，无微粒排放；无毒，对金属无侵蚀作用，动力性与柴油相当，排放达国Ⅲ标准。

上海交大、上柴和申沃合作开发的10辆二甲醚城市公交车，已投入示范运营。

④液化石油气（LPG）。LPG是指由天然气处理厂或炼油厂生产的以丙烷、丁烷等低分子碳氢化合物为主的混合物，是油田伴生气体和工厂的副产品，以液态形式储存和运输。

LPG辛烷值高达103～105，抗爆性好，可用于高压缩比发动机，也是清洁能源之一。与汽油相比，LPG排放CO可降低90%，HC下降50%，NO_x下降30%。

全球约有400多万辆LPG车在运行，其中欧、美占300多万辆，许多城市出租车部分采用（汽油/LPG）双燃料车，但由于受LPG加注站数量和政府对LPG扶植政策制约，LPG车在国内发展缓慢。

⑤乙醇汽油。乙醇含有较高的辛烷值，其性能接近汽油，世界各国一般采用乙醇和汽油混合使用。美国主要采用E85（乙醇85%、汽油15%）混合燃料，中国则采用90E（汽油90%、乙醇10%）混合燃料。全球大量采用乙醇汽油的是美国和巴西。其中，美国是最大的乙醇生产国，通常以玉米作为原料。巴西则是以甘蔗为主要原料，它已开发出可使用灵活燃料（任何比例乙醇和汽油混合）的FEV车。2007年3月，美国和巴西两国政府签署协议，决定扩大乙醇生产，粮食燃料化受到世界粮农组织的强烈反对。

巴西利用甘蔗生产的第一代乙醇燃料无论在CO_2减排，还是低成本方面都位居前列，而且它的发展未对食品生产造成阻碍。如果油价在60美元/桶时，只有巴西的乙醇模式具有成本优势和可持续性。研究显示，到2030年，生物燃料在全球整体交通业中将占17%，这意味着需要乙醇的产量为2005年的8倍。这样单靠第一代乙醇的制取技术无法实现，必须研发纤维素乙醇生产技术。

⑥生物柴油和阳光燃油。生物质能源是人类用火以来最早和最直接应用的能源，它也是大自然馈赠人类最好的可再生能源。它将替代化石能源，在未来能源体系中占据重要地位。

生物柴油是由植物或动物原料制成的可再生能源，它包括植物柴油和动物柴油。植物柴油主要指从农业原料中获得的柴油代用品，它包括大豆、油菜籽、玉米和葵花籽等。动物柴油主要由工业猪油、牛油、鱼油及非食用动物油制成的柴油代用品。

生物柴油对生态环境的保护作用体现在生产过程以及燃烧过程的各个层面。尤其是植物柴油，其 CO_2 吸收和排放保持平衡，因此，对于保护环境，维护生态平衡更有着积极作用。

植物柴油的生产一般只从种子油中提炼，而阳光燃油（Sunfuel，第二代生物柴油）的生产则可利用整个植物资源。许多生长快的易种植的农作物都可成为生物质资源。有机废料，如稻草、废木料和蔗渣等也同样可用于阳光燃油的生产，这有助于避免对单一作物的依赖。在 2007 年必比登挑战赛上，雷诺 eco_2 装备了兼容 B30 生物柴油 1.5Cdi 柴油发动机。Smart Fortwo Cdi 汽车发动机也使用阳光燃油。

（3）混合动力。当今车坛，混合动力作为新能源和可持续发展的一项重要技术，以及过渡到氢能源车的桥梁而蓬勃发展。从技术上讲，混合动力汽车是指使用两种动力源的汽车，涉及“机—电”和“电—电”两大技术领域。

多数混合动力装置是将内燃机、电动机和能量储存装置（蓄电池）结合在一起，称作机—电混合动力。随着氢能的开发和利用，出现了由燃料电池和蓄电池组成的电—电混合动力。近年来，也研发出使用内燃机和超级电容器、燃料电池和超级电容器、超级电容器和蓄电池、内燃机和液压蓄能器组合的混合动力车型。

在混合动力汽车系统中，根据电动机输出功率在整个系统输出总功率中占的比重（又称混合度），可细分为以下四类：

①微混合动力（Micro Hybrid）系统。该系统是在传统的内燃机上加装由皮带驱动的电动机（Best-alternator Starter Generator，BSG）。该电动机为发电机起动机一体式电动机，用来控制发动机的起动和停止，取消怠速，当车速低于一定值时，发动机停转，降低油耗和排放。代表车型为 PSA 混合动力版 C3 和 Smart Fortwo Mhd。

②轻度混合动力（Mild Hybrid）系统。该系统采用集成起动电动机（Integrated Starter Generator，ISG）。与微混合动力系统相比，除了能实现控制发动机起动和停止，还能实现：a. 在行驶过程中，发动机产生的能量可在车轮驱动需求和发电机充电需求之间进行调节；b. 在减速/制动工况下，进行能量回收。在此系统中，电动机输出功率占总功率的 10% 以下。代表车型是通用土星 Aura 和华普风尚混合动力轿车。

③中度混合动力（Medium Hybrid）系统。该系统同样采用 ISG 电动机，与轻度混合动力系统不同的是，它采用高压电动机。此外，在汽车处于加速或大负荷工况时，电动机介入辅助驱动车轮，其电动机输出功率为系统总功率的 10% ~30%。本田 Insight 和 Civic 混合动力车均属此范畴。

④重度/完全混合动力（Full Hybrid）系统。其混合度超过 30%，技术发展将使它成为混合动力系统的主要发展方向。

丰田 Prius、雷克萨斯 LS600h 以及通用的双模式混合动力系统都属于重度混合动力系统。

⑤双模式混合动力系统是通用公司首先研发的世界领先混合动力技术，它比普通的混

合动力系统具有更好的动力性、更高的燃油经济性和更低的排放。该系统采用两台电动机，一台为大转矩低转速（用于起步）电动机，另一台为小转矩高转速（用于加速）电动机，通过4套离合器来实现两种模式（分离/混合）间的无缝切换。

该系统适合不同驱动方式的车型，也适合不同类型的发动机，在当前混合动力研发领域，是通用性最强、性能最好的系统之一。

⑥内燃机和超级电容器混合动力。它是近期发展起来的新混合动力模式。超级电容器是一种介于蓄电池和静电电容器之间的储能元件，也称电化学电容器，其具有电容量大、充放电寿命长、可快速充放电、工作温度范围较宽等特点。

在汽车起步时，利用超级电容器大容量放电驱动车辆行进；在汽车正常行驶时，利用内燃机驱动；在加速时，两者共同工作；在减速、制动时，利用制动能量回收给超级电容器充电。同时，它也可以利用电网在停站时给超级电容器快速充电。

⑦插电式混合动力汽车可通过外接电源利用夜间低价电力进行充电，如果消费者住所至工作地点的往返距离在充满电后车辆续驶里程范围内，则可采用纯电动方式运行。它是混合动力汽车的发展方向，全球各大汽车公司均在积极开发此车种。

⑧内燃机和液压蓄能器混合动力。近年来，国内外研发了利用内燃机和液压蓄能器组成的混合动力货车和城市公交车，其液压蓄能器由液压泵、液压电动机、液压阀、蓄能器和电控装置等组成。

在车辆减速或制动时，将制动能量回收到液压蓄能器内，在车辆起步、加速时，液压蓄能器释放液压能，通过液压电动机驱动车辆行驶，可节能15%～30%。

（4）氢能源。氢是一种无味、无色的气体。在所有的分子结构中，氢的质量能量最高（是天然气的2.2倍、汽油的3倍）。氢气的全球年产量约为2250亿立方米，以能源等量计，其产量仅占全球基础能源的1.5%。因而，开发氢能源汽车（燃料电池汽车和氢发动机汽车）前景广阔。

①燃料电池汽车。燃料电池被国际业界认为是继蒸汽机和内燃机后的第三代动力系统，是汽车工业未来的发展方向，它是一种将化学能转变为电能的发电装置，具有能量转换效率高、零排放、噪声低、运动部件少等优点，被视为绿色汽车的终极技术解决方案。

在全球燃料电池的开发领域，戴姆勒公司处于先驱地位，从1994年以来已研制出20多款研究车和原型车，并有100多辆燃料电池汽车在全球各地试运行，这些车型涉及轿车、MPV、SUV和大型客车，其燃料电池汽车的行驶总里程已超过300万km。

为了参与新能源汽车竞争，全球各大汽车公司均在燃料电池汽车开发领域投入了大量的人力和财力，新产品层出不穷，它们中既有搭载通用第五代燃料电池的雪佛兰Volt、装备新一代燃料电池的奔驰F600 Hygenius汽车、福特插电式可实际驾驶燃料电池混合动力概念车、大众首辆途安Hymotion燃料电池SUV，还有装备燃料电池和超级电容器的现代途胜FCEV、米其林Hy-light等。

由于燃料电池汽车的发展受到电池堆成本、使用寿命、氢燃料生产、运输、储存和加氢站建设等诸多问题的制约，还不可能批量生产，目前仍处于示范运营阶段。

②氢发动机。在氢能源开发领域，当今国际车坛的主攻方向是燃料电池汽车，但由于受到诸多因素的制约，从氢能利用角度看，宝马则认为开发氢发动机更具现实意义。

宝马于1984年开始致力于氢发动机的研究，在2000年德国汉诺威世界博览会上，装有V12氢发动机的宝马750hL轿车首次亮相。之后，宝马又开发了更先进的745hL氢发动机轿车。2007年，宝马推出了小批量生产的Hydrogen7系氢动力轿车，它装备了可采用氢/汽油双燃料6.0L V12发动机，以及可储存$-253℃$液态氢储氢罐。与7×10^4kPa(700bar)气态氢相比，它所含能量高75%。

在氢能应用技术和发展历史上，福特和马自达也是最早研发氢发动机的厂商，它们与宝马是另辟蹊径、探索新路的伙伴。

在2003年1月的底特律车展上，福特展示了搭载全球第一台增压氢燃料发动机的U型车，该车将福特模块式混合动力系统(MHTS)、远程信息处理和先进的材料结合在一起，被称为“福特第二百年的创新车型”。之后，福特又在Focus旅行车基础上开发了H2RV氢混合动力研究车，该车以350bar压缩氢作燃料，一次注氢续驶里程达202km。

马自达是全球唯一转子发动机制造商，2003年它推出了氢/汽油双燃料Renesis转子发动机，并将其装备在RX-8跑车上。在2008年的北京车展上，马自达又推出了一款装备改良型氢能转子发动机和锂离子蓄电池的Mazda 5混合动力车，与RX-8搭载的氢转子发动机相比，输出功率提升了40%，一次加注氢的续驶里程为RX-8氢转子发动机车的两倍。

长安汽车公司在2008年北京车展上展示的“氢程”概念跑车，搭载了氢涡轮增压发动机和7×10^4kPa(700bar)的高压氢燃料均开创我国氢能利用的先河，其氢发动机效率较同排量汽油发动机高30%，且有良好的低温起动性能。HC、CO、CO_2排放为零，NO_x排放极低。

(5)纯电动汽车。纯电动汽车与燃料电池汽车一样，是当今最清洁的汽车，它由蓄电池供电、电动机驱动。与内燃机车相比，电动汽车具有结构简单、控制容易、无污染、振动小等特点。

目前，各国大多采用镍氢蓄电池和锂离子蓄电池作为动力源。镍氢蓄电池是取代铅酸蓄电池的第二代蓄电池，锂离子蓄电池具有体积小、比能量和比功率较高、循环效率高(90%)、充电时间短等特点，已成为最有发展前途的蓄电池。车用锂离子蓄电池有锰酸锂、磷酸铁锂、镍钴锂/镍钴锰锂三种。磷酸铁锂是第二代车用锂离子蓄电池，也是未来的发展方向。

特斯拉(Tesla)汽车公司成立于2003年，总部设在美国加州的硅谷地带。特斯拉电动汽车引以为傲的是续航能力，来自由七千多颗电池组成的电池包，电池采购自松下生产的18650锂离子电池，即使短路也不会着火，个别电池损坏不会影响其他的电池。这套电池控制系统是特斯拉自主研发的，到目前为止还没有出过电池故障。而且，这一模式还能保证它随时可以用到最先进的电池来装备特斯拉电动汽车。特斯拉Model S 2013年开始进入欧洲市场，特斯拉2014年在中国开售(图2-1)。2013年第一季度，特斯拉一共卖出了4750辆Model S，成为第一季度全世界最畅销的电动汽车。

图 2-1 特斯拉电动汽车

我国万向、吉利、比亚迪、长城也开发了多款电动汽车，它们均配备了锂离子蓄电池。

总而言之，新能源技术的适用性因市场而异，因此，唯有通过充分研究市场特点，加快技术开发，才能达到节能减排的目的，从而实现汽车工业可持续发展。

1.2 我国新能源汽车产业化发展技术路线

对于中国汽车行业，发展新能源汽车的意义更为重大。新能源汽车代表未来汽车发展方向，已成为市场新的经济增长点和战略调整的制高点，不仅有利于促进节能减排，保障能源安全，推动城市生态文明建设，也有利于促进汽车产业结构调整，促进我国汽车产业跨越式发展。同时，对于扩大国内需求，促进我国汽车产业加快结构调整、增强经济长远竞争力和发展后劲都具有十分重要的意义。

我国早在“八五”期间就启动了电动汽车的研究和开发工作，在“九五”期间，又进而启动了“空气净化工程”。到了“十五”，科技部提出了我国发展新能源汽车的实施方案，电动汽车重大专项被国家科教工作领导小组批准为国家“十五”期间重点组织实施的 12 个重大科技专项之一。国家“863”计划电动汽车重大专项，从国家汽车产业发展战略的高度出发，选择新一代电动汽车技术作为国内汽车科技创新的主攻方向，组织企业、高等院校和科研机构，以“官、产、学、研”四位一体的方式，联合进行攻关。

2006 年，在国家节能减排的宏观政策指导下，科技部在“十一五”启动了“863”计划新能源汽车重大项目。在“十一五”新能源汽车重大项目研发布局中，要在掌握整车动力系统技术平台后向整车产品开发转型；同时，驱动电机、动力蓄电池等关键零部件，也在向解决配套材料配件体系和建立产业化技术配套体系转变；另外，继续保持并加大了“十五”对电动汽车相关检测试验、技术标准、政策法规、示范运营和知识产权等产业技术创新环境类课题的支持。该项目在“十五”电动汽车重大科技专项和“十五”清洁汽车行动研发成果的基础上，通过继承发展，自主创新，优化管理，重点跨越，以市场为导向，重点突破关键瓶颈技术，推动节能与新能源汽车整车和关键零部件的研发和产业化。通过该项目的实施，到 2010 年，燃料电池汽车实现综合技术的跨越，燃料电池汽车有一定规模的示范运行；混合动力汽车在掌握产品开发技术的基础上，实现产业规模的突破；纯电动汽车技术满足产业化需求，并实现商业应用的市场开拓；代用燃料汽车实现技术的综合提升，进一步完善基础设施，并实现大规模推广应用。

在新能源汽车重大项目的不断推动下，以及汽车行业和相关产学研单位共同努力下，我国建立起了电动汽车"三纵三横"（燃料电池汽车、混合动力汽车、纯电动汽车三种整车技术为"三纵"，多能源动力总成系统、驱动电机、动力电池三种关键技术为"三横"）的研发布局，采取了整车企业牵头、关键零部件配合、第三方监理、"产、学、研"结合、政策法规技术标准同步研究、基础设施协调发展的创新研发体制。全国共有200多家大型汽车企业和相关零部件企业、高等院校和科研院所，以及3000多名中高级科技人员直接参加了电动汽车专项研发。在国家"863"连续两个五年计划的引导支持下，我国新能源汽车技术研发取得重大进展，基本掌握了新能源汽车的核心技术，建立了具有自主知识产权的新能源汽车技术平台、构成了比较完整的关键零部件体系，各大汽车企业相继开发出了具有自主知识产权的新能源汽车产品，实现了整车生产能力和商业化示范运行。

2009年，国家正式公布了《汽车产业调整和振兴规划》，其规划新能源汽车发展的短期目标为电动汽车产销形成规模，目标包括：建立电动汽车基础设施配套体系；到2011年，形成50万辆纯电动汽车、充电式混合动力汽车和普通型混合动力汽车等新能源汽车产能。

1.3 电动汽车

电动汽车是指以车载电源为动力，用电动机驱动车轮行驶，符合道路交通、安全法规各项要求的车辆。电动汽车的优点是：它本身不排放污染大气的有害气体，即使按所耗电量换算为发电厂的排放，除硫和微粒外，其他污染物也显著减少；电厂大多远离人口密集的城市，对人类伤害较少，而且电厂是固定不动的，集中污染物排放，清除各种有害排放物较容易，也已有了相关成熟技术；电力可以从多种一次能源获得，如煤、核能、水力等，解除人们对石油资源日见枯竭的担心。电动汽车还可以充分利用晚间用电低谷时富裕的电力充电，使发电设备日夜都能充分利用，大大提高其经济效益。有研究表明，同样的原油经过粗炼，送至电厂发电，充入电池，再由电池驱动汽车，其能量利用效率，比经过精炼变为汽油，再经汽油机驱动汽车的效率高，因此，有利于节约能源和减少 CO_2 的排量。正是这些优点，电动汽车的研究和应用成为汽车工业的一个热点。

电动汽车的困难是目前蓄电池单位质量储存的能量太少，价格较贵。至于使用成本，有些试用结果比汽车贵，有些结果仅为汽车的1/3，这主要取决于电池的寿命及当地的油、电价格。

电池是电动汽车发展的关键，要想在较大范围内应用电动汽车，首先需要依靠先进的蓄电池。经过10多年的筛选，现在普遍看好的有氢镍电池、锂离子和锂聚合物电池。氢镍电池单位质量储存能量比铅酸电池多一倍，其他性能也都优于铅酸电池，但目前其价格为铅酸电池的4～5倍。锂是最轻、化学特性十分活泼的金属，锂离子电池单位质量储能为铅酸电池的3倍，锂聚合物电池可达4倍，而且锂资源较丰富，价格也不很贵，是很有希望的电池。

我国在镍氢电池和锂离子电池的产业化开发方面均取得了快速的发展。电动汽车其他有关的技术，近年都有巨大的进步，如交流感应电动机及其控制、稀土永磁无刷电动机及其控制、电池和整车能量管理系统、智能及快速充电技术、低阻力轮胎、轻量和低风阻车身、制动能量回收等，这些技术的进步使电动汽车日见完善和走向实用化。我国大城市的大气污染已不能忽视，汽车排放是主要污染源之一，我国已有10个城市被列入全球大气污染最严重的20个城市之中。我国石油资源不足，每年需进口几千万吨石油。因此在我国研究发展电动汽车不是一个临时的短期措施，而是意义重大的、长远的战略考虑。

1.4 燃料电池电动汽车

燃料电池是把燃料中的化学能直接转化为电能的能量转化装置，它从外表上看有正负极和电解质等，像一个蓄电池，但实质上它不能“储电”而是一个“发电厂”。燃料电池也有多种类型，经过多年的探索，最有望用于汽车的是质子交换膜燃料电池。它的工作原理是：将氢气送到负极，经过催化剂(铂)的作用，氢原子中两个电子被分离出来，这两个电子在正极的吸引下，经外部电路产生电流，失去电子的氢离子(质子)可穿过质子交换膜(即固体电解质)，在正极与氧原子和电子重新结合为水。由于氧可以从空气中获得，只要不断给负极供应氢，并及时把水(蒸汽)带走，燃料电池就可以不断地提供电能，如图2-2所示。

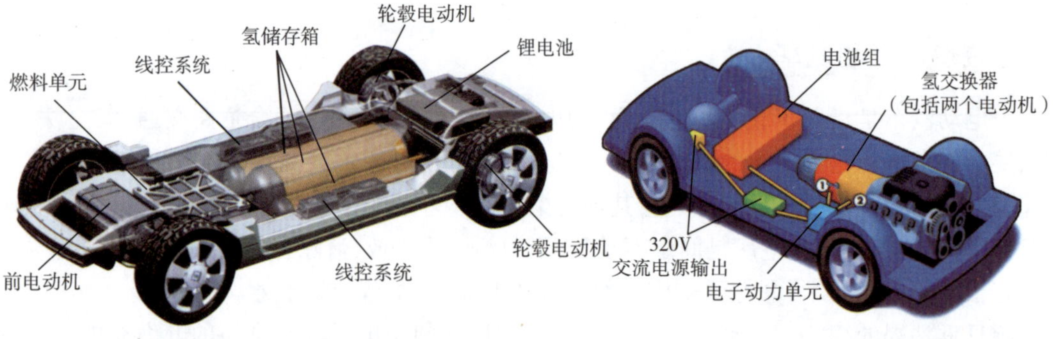

图2-2　燃料电池电动汽车

燃料电池的优点是能量转化效率高。燃料电池的能量转换效率可高达60%～80%，为内燃机的2～3倍；不污染环境。燃料电池的燃料是氢和氧，生成物是清洁的水，它本身工作不产生CO和CO_2，也没有硫和微粒排出，没有高温反应，也不产生NO_x。如果使用车载的甲醇重整催化器供给氢气，仅会产生微量的CO和较少的CO_2。燃料电池本身工作没有噪声，没有运动性，没有振动，其电极仅作为化学反应的场所和导电的通道，本身不参与化学反应，没有损耗，寿命长。

目前，燃料电池在汽车上的应用已取得重大进展，质子交换膜电池(简称PEM燃料电池)功率密度已大大提高。1990年时每升体积可产生140W电力，1995年提高至1000W，2001年已提高到2200W。质子交换膜的价格下降到540美元/cm^2，工作寿命可长达57000h。质子交换膜燃料电池工作温度为80℃。催化用铂量大大下降，过去用量是5mg/cm^2，一辆汽车燃料电池光铂就要3万美元，现在已下降到0.25mg/cm^2，甚至到0.10mg/cm^2。燃料电池的核心部件反应堆的能量转换效率,加拿大巴拉德公司已达到全速时为60%,满负荷时为40%。德国在额定负荷时为59%,20%额定负荷时为69%。各种供给氢气的方法,如高压储氢瓶、液化氢储存器、金属储氢技术都有明显进步,从甲醇和汽油经重整器获得高密度氢气的技术有很大进步,为利用现有加油站“加油”而保持汽车长距离行驶提供可能,尤其是从甲醇获取氢得到更多的重视,因为它的重整工作温度较低,耗能较少,伴生的CO等副产品较少。PEM燃料电池要在性能及价格方面达到与内燃机汽车有竞争力的水平还有大量工作要做。

1.5 混合动力电动汽车

混合动力电动汽车是一种折中产品,目的在于显著提高汽车的燃油效率,同时减少传统燃油汽车的尾气排放,克服纯电动汽车的缺点。对混合动力电动汽车概念的理解应该更广泛,任何拥有两种或以上动力源的汽车,都是混合动力电动汽车。混合动力电动汽车是指能够至少从可消耗的燃料或可再充电能/能量储存装置中获得动力的汽车。车载动力源有蓄电池、燃料电池、太阳能电池、内燃机车的发电机组等多种。当前混合动力电动汽车一般是指内燃机车发电机,再加上蓄电池的电动汽车。

1.5.1 混合动力电动汽车的特点

采用混合动力后可按平均需用的功率来确定内燃机的最大功率,此时处于油耗低、污染少的最优工况下工作。需要大功率而内燃机功率不足时,由电池来补充;负荷小时,剩余的功率可发电给电池充电。由于内燃机可持续工作,电池又可以不断得到充电,故其行程和普通汽车一样。有了电池,可以回收制动、下坡及怠速时的能量。在繁华市区,可关停内燃机,由电池单独驱动,实现“零排放”。有了内燃机,可以解决耗能大的空调、取暖、除霜等纯电动汽车遇到的难题。可以利用现有的加油站加油,不必再投资。可让电池保持在良好的工作状态,不发生过充、过放电等现象,延长其使用寿命,降低成本。

混合动力电动汽车的基本工作方式包括串联式、并联式和串并联(或称混联)式。混合动力电动汽车的缺点是有两套动力,再加上两套动力的管理控制系统,结构复杂,技术较难,价格较高。经过多年研究,混合动力电动汽车已开发出一些成功的例子。日本丰田汽车公司1997年12月宣布将混合动力电动汽车PRIUS投入小批量商业化生产,该车自重1515kg,装用顶置凸轮轴,四缸,1.5L排量汽油机,最大功率42.6kW/(4600r/min),带永磁无刷发电机,驱动电机(亦为永磁无刷)的额定功率30kW,采用氢镍电池,实现串并联控制方式,百公里油耗为3.4L,比原汽油车减少了一半,CO_2排量也相应减少了一半,CO、HC、NO_x仅为现行法规允许值的10%,售价每辆216万日元(约15000美元)。美国克莱斯勒汽车公司1998年2月在底特律展出第二代道奇无畏ESX2型混合动力电动汽车,该车装用1.5L排量直喷柴油机带发电机,采用铅酸电池,交流感应电机驱动,铝车架,混合材料车身,自重1022kg,百公里油耗降至3.4L。2000年通用、福特、戴姆勒—克莱斯勒已开发出100km油耗仅为3L汽油或接近3L汽油的样车,只是价格仍较贵。

1.5.2 混合动力电动汽车原理

(1)混合动力电动汽车的组成。尽管混合动力电动汽车有并联与串联之分,但其主要组成部分却相差不大。混合动力电动汽车主要由以下几部分组成，如图 2-3 所示。

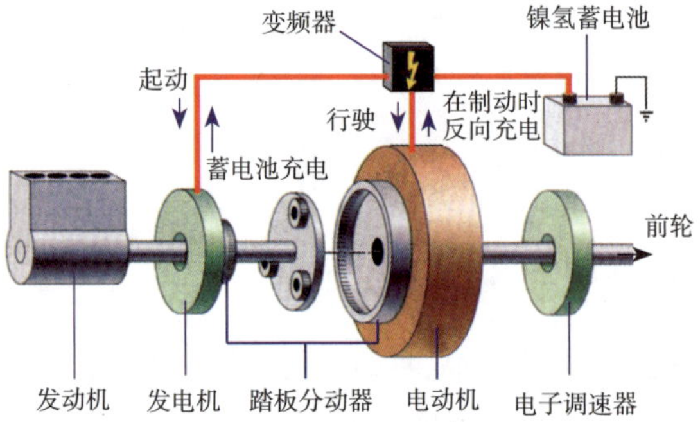

图 2-3　混合动力汽车系统工作原理

燃油发动机：混合动力电动汽车都装有一个燃油发动机，这与普通汽车发动机基本类似，但是其体积更小，并且采用了更新的技术以减少排放和提高燃油效率。

油箱：混合动力电动汽车上的油箱是燃油发动机的能量储存设备，汽油的能量密度要远远超过电池的能量密度。

电动机：混合动力电动汽车上的电动机是十分精密的。先进的电子技术使其既是发动机又是发电机。比如，需要时电动机就可以从电池组获取能量，加速汽车的前进，但是作为发电机的时候，它又可以帮助汽车减速，并同时将能量输入到电池当中。

发电机：混合动力电动汽车上的发电机类似电动机，但是它只能产生电能，并主要安装在采用串联方式的汽车上，也就是说它是串联和并联混合动力电动汽车的主要区别之一。

电池组：混合动力电动汽车上的电池组是汽车电动机的能量储备装置。与汽油只能为燃油发动机提供动力不同，汽车上的电动机可以根据不同情况，或向电池组内输送能量，或从电池组内获取工作的动力。

传动装置：混合动力电动汽车上的传动装置所执行的功能，与传统汽车上传动装置的基本功能是一样的。一些混合动力电动汽车甚至拥有跟普通汽车一样的传动装置，比如本田的 INSIGHT；当然有些混合动力电动汽车的传统装置与普通汽车的不太一样，比如丰田的 PRIUS。

（2）工作原理。

①车辆起步或极低速运行并在下陡坡时，发动机将在低效率区域工作，此时控制系统将切断燃油，使发动机停止。车辆低速行驶时，特别是在下坡道路上行驶时，发动机效率下降。故可以根据发动机发生空转信号进行燃油切断，利用电动机向车辆提供输出动力，如图 2-4 所示。电动机驱动车辆的路径如图 2-4 中路径 A 所示。

②在正常行驶时，发动机的动力通过动力分配机构分为两条输出通路，其中之一为驱动发电机使之发电，并用所发电能驱动电动机，从而增加车轮的驱动力（路径 B），另一方面是直接驱动车轮（路径 C）。这两条动力输出路径的关系，是由计算机进行控制，使之达到最优效率，如图 2-5 所示。

图 2-4　起步与小负荷时工作原理示意图

图 2-5　正常行驶时工作原理示意图

③全开加速时,除了上述正常行驶工况中所需的动力外,还要从蓄电池中输出电流,增加车轮的驱动力,如图 2-6 所示,车辆的动力来自图中的路径 A、B、C 三条。

④在减速与制动时,车轮驱动电动机(图 2-7 中的路径 D)。这时,电动机变成了发电机,利用减速或制动的能量进行再生发电。利用这一工作过程,把回收的能量存储在蓄电池中,如图 2-7 所示。

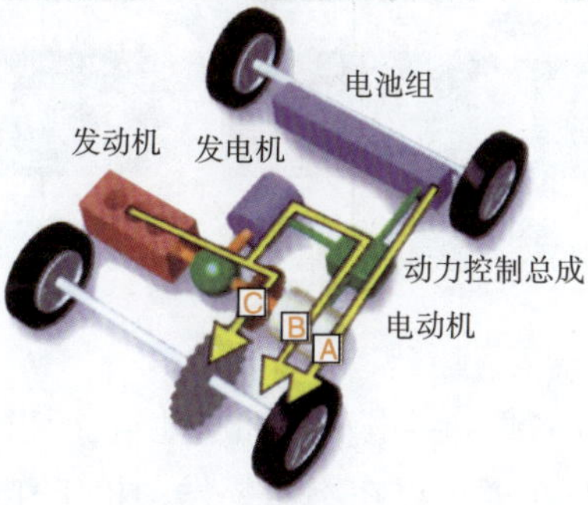

图 2-6　全开加速时工作原理示意图

图 2-7　减速与制动时工作原理示意图

⑤对蓄电池进行控制,使之保持一定的充电状态。所以,当蓄电池的充电量减少时,通过发动机驱动发电机进行充电,使之一直达到规定的充电状态,如图 2-8 所示。蓄电池被控制在规定的充电状态,当充电量降低时,则驱动发电机开始充电,如图 2-8 中路径 E。

⑥车辆停止时,发动机也自动停止。没有常规发动机那样的怠速,无有害物和 CO_2 排放,同时也节约了能源。当蓄电池没达到规定的充电状态时,即使停车,发动机也会驱动发电机,通过路径 E 给蓄电池充电。当汽车起步时,接通点火电源,发动机达到规定的热状态后会自动停止运转。如果和空调开关联动的话,停车后发动机也会运转。

图 2-8　蓄电池充电

1.5.3 节能原理

除了采用体积小、效率高的发动机外，混合动力电动汽车还采用了很多其他方法来帮助提高燃油效率。这些方法有的也适用于传统汽车，有些则只适合于混合动力电动汽车。混合动力电动汽车提高燃油效率的方法主要有：

(1)恢复和向电池储存能量。无论什么时候踩制动踏板，你都有可能从汽车的减速当中获得能量。车速越快，汽车拥有的动能越大。而制动会减少汽车的动能，并以热量的方式散发。混合动力电动汽车能够获取其中的一部分能量并将其存储到电池当中，以备将来使用。这种能量的获取，主要通过“再生性制动”来实现。这就是说，制动的作用不仅仅是将车速降下来，还有一重要作用就是通过车速的降低，让汽车的动能通过电动机转化成电能输入电池当中。这一过程中，电动机扮演的是发电机的角色，为电池充电。混合动力电动汽车行驶中节能原理如图 2-9 所示。

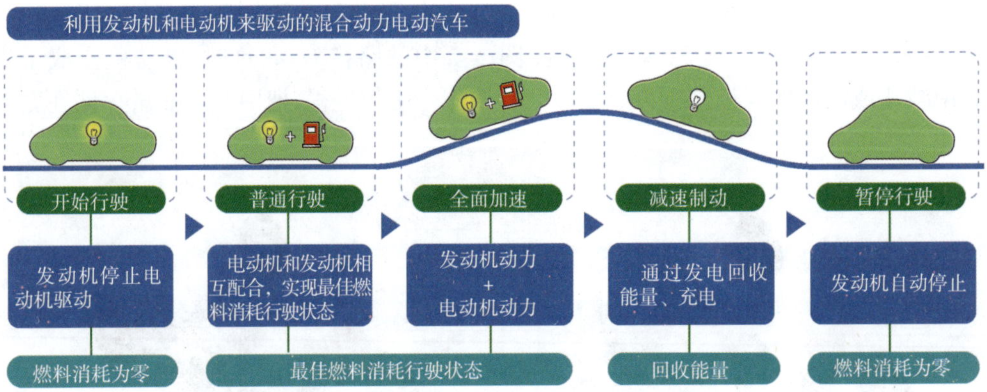

图 2-9　混合动力电动汽车节能原理

(2)适时关闭发动机。因为拥有替代性的动力来源——电动机和电池组，所以混合动力电动汽车并不时时刻刻都依赖发动机工作。因此汽车就可以在不需要发动机工作的时候将发动机停下来，比如说遇到红灯时，汽车就可以暂时将发动机关闭，从而实现省油的目的。

(3)利用空气动力学原理减少空气阻力。当汽车在高速公路行驶的时候，汽车发动机所做的大部分工作主要是克服汽车穿越空气时遇到的巨大阻力。减小空气阻力有很多方法，一种可靠的办法是尽量减小汽车迎风面的车身面积。车身大的汽车，行驶时遇到的空气阻力就大，而迎风面积小的汽车，遇到的空气阻力就小。如果理解了这一点，你就很容易理解为什么车身迎风面积大的 SUV 比小型运动型轿车更耗油。

另外，减少汽车行驶时遇到的空气湍流，也是一种很好降低空气阻力的方法。比如，将车身做得更加光滑，减少车身上突出部分的数量，因为这些突出部分很容易在汽车快速行驶时产生强烈的空气湍流，给汽车造成阻力。

(4)使用低阻力轮胎。传统汽车轮胎的设计，主要是保持汽车运行平稳，降低噪声，并适应不同的天气状况，但是它们的设计很少考虑效率问题。实际上，轮胎在汽车行驶过程中产生的摩擦阻力相当巨大，而混合动力电动汽车使用了很特别的轮胎，更坚硬且更饱满。其结果是，汽车行驶时的轮胎摩擦阻力比普通汽车轮胎减少一半左右。

(5)使用轻质材料。降低汽车质量是省油的主要方法之一。质量较小的汽车,在加速或爬坡时所需的能量,比质量较大的汽车做同样工作的能量需求要少得多。因此,混合动力电动汽车往往采用很多合成材料,比如碳化纤维、轻质的金属(如铝、镁)等,以减小车身质量。

1.6 国内汽车企业新能源汽车发展概况

1.6.1 新能源汽车发展简述

中国的新能源汽车保有量在全球排名第二,仅次于美国,占全球新能源汽车市场的15.7%。中国政府将充电汽车定义为新能源汽车,但是仅对纯电动汽车和插电式混合动力汽车实施补贴政策。

截至2015年9月,超过25万辆新能源汽车在中国实现销售,其中包括164137辆纯电动汽车和85951辆混合动力汽车。该数据也包含了重型商用车。

1.6.2 政府激励政策

中国政府在2009年做出了跳开现有车企技术,争取抓住新能源汽车市场的计划。

中国政府大力支持新能源汽车的发展主要是为了4个目的:①创造一个世界领先的产业,并借此提供更多的就业机会和出口贸易;②减少对中东地区石油的需求;③减少城市空气污染;④减少城市碳排放。但是,据麦肯锡的一项研究表明,通过将传统汽车替换成新能源汽车可以减少温室气体的排放,但是这一效果是有限的,仅能减少19%的排放量。因为中国的发电主要采用燃烧煤炭的方式(火力发电占总发电量的75%)。

2010年6月,中国政府颁布了对新能源汽车最多给予购置纯电动汽车车主6万元补贴(对购置混合动力汽车车主给予5万元的补贴)的试行政策。参加试点的城市包括上海、深圳、杭州、合肥和长春。补贴将不会直接支付给消费者,而是支付给生产厂家,但政府要求厂家在新能源汽车价格上对消费者进行优惠。

补贴的力度将在5万辆新能源汽车完成销售以后有所下降。与此同时,充电设备的布置也已经展开,分别在北京、上海和天津都有布置。政府希望这一系列优惠政策,能促使中国的新能源汽车年产销量从2008年的2100辆,到2011年提升至50万辆。

2012年6月,国务院发布了一项关于发展国内节能与新能源汽车产业的计划。这项计划为新能源汽车制订了2015年新车销量超过50万辆,2020年达到500万辆的目标。根据麦肯锡的报告,电动汽车在2009—2012年6月的市场占有率为0.01%。2013年9月中旬,国家发改委、财政部和工信部共同发布了中央政府对新能源汽车进行大力补贴的通知。每辆电动乘用车最高补贴6万元,每辆电动客车最多补助50万元。这一政策是中国政府积极解决空气污染问题的一系列政策之一。

由于新能源汽车的销售情况比预期的糟糕,政府开始将新能源汽车列入政府采购名单,新的刺激政策在2014年发布,2014年的销售目标改为16万辆。尽管2014年的销售目标并未完成,但是销量比2013年增长了324%。

2015年,新能源汽车的需求开始大幅增长,共有136733辆新能源汽车在2015年前9个月中卖出,同比上升230%。当时,中国汽车工业协会预测,2015年新能源汽车销量可能在

20 万～22 万辆之间；而到 2016 年，这一数字将达到 40 万辆。

在当前新能源汽车的技术水平下，新能源汽车实现长距离巡航比较困难。但是，在中国，这项劣势不太明显，因为中国的车主较少进行城际公路交通活动，这一劣势并不会造成太大的问题。所以，现阶段中国的电动汽车最高时速可达 100km/h，续驶里程可达 200km。截至 2010 年 5 月，中国的新能源汽车制造厂商投产了 10 种以上的高速充电车车型。

在“十三五”规划中，中国政府再次将推广新能源汽车计划的优先级调高，将新能源汽车的技术革新和宣传推广的任务列入“十三五”规划中。普华永道预计，中国新能源汽车销量将在 2020 年达到 140 万辆，在 2025 年达到 375 万辆。

作为推广新能源汽车的一部分，中国政府在 2015 年 9 月宣布，将在 2020 年以前建成能满足 500 万辆电动汽车使用的全国充电网络。该充电网络将覆盖居民区、商业区、公共用地以及城际高速。同时，这项计划要求新建的住宅区要建设或预留位置来建设充电装置，且停车位中带有充电装置的新能源汽车专用车位不少于总车位数的 10%。而且，国务院要求各地政府不要给新能源汽车的销售和推广设置障碍。

2015 年 10 月，特斯拉公司开始与中国政府商讨特斯拉电动汽车的国产化。如果能实现国产化，特斯拉电动汽车的价格就能下降 30%，从而挽救特斯拉 Model S 在中国的销售颓势。特斯拉在美国的售价是 76000 美元，但是在中国的售价为 106000 美元（包含税金及附加费）。

1.6.3 销售情况

截至 2015 年 9 月，中国已经累计销售 250088 辆新能源汽车，其中有 164137 辆为纯电动汽车，85951 辆为混合动力汽车。这 250088 辆新能源汽车中，超过一半（即 136733 辆）是在 2015 年前三季度完成销售的。截至 2014 年 12 月，总共有 83198 辆电动轿车和 365000 辆纯电动客车在中国注册登记。中国的新能源汽车也包含了几千辆重型车。这使得中国成为世界上电动重型车拥有量最大的国家之一。根据工信部的统计，截至 2013 年 6 月，80% 注册的电动汽车都是公交系统用车，包括公共汽车和出租车。电动客车的市场占有率从 2010 年的 2% 攀升到了 2012 年的 9.9%，而在 2013 年达到了 20%。截至 2015 年 8 月，中国的电动汽车保有量居于世界第二，仅次于美国。

2011 年，共销售 8159 辆新能源汽车，其中乘用车占 61%，客车占 28%。而在这 8159 辆新能源汽车中，纯电动汽车有 5579 辆，混合动力汽车有 2580 辆。2011 年，新能源汽车市场占有率为 0.04%。2012 年，新能源汽车销售量为 12791 辆，包括 11375 辆纯电动汽车和 1416 辆混合动力汽车，新能源汽车的市场占有率达到了 0.07%。2013 年，新能源汽车的销量为 17642 辆，同比增长 37.9%，占所有新车销量（约 2200 万辆）的 0.08%。其中，14604 辆为纯电动汽车，3038 辆为混合动力汽车。此外，2013 年还销售 20 万辆低速小型电动轿车，这些车大部分采用了铅酸电池，所以出于安全和环保的考虑，政府未将这一部分车辆纳入新能源汽车的统计范围。

2011—2013 年，中国市场上销量最好的新能源汽车是奇瑞的 QQ3 EV，这三年间的销量分别为 2167 辆、3129 辆和 5727 辆。销量第二的是江淮 J3 EV，在 2012 年销量为 2485 辆。

比亚迪 E6 以 1690 辆的成绩排名 2012 年电动汽车销量第三。2013 年，比亚迪 E6 销量为 1544 辆，排名第 6，其后为北汽的 E150，销量为 1466 辆。

2013 年 12 月，比亚迪推出了混合动力汽车——比亚迪·秦(图 2-10)。秦是世界上第一款量产的电动车——比亚迪 F3DM(2008 年在中国上市)的升级版。2014 年 4 月，东风日产宣布，日产聆风国产版——启程 e30 于 2014 年 9 月上市，这款车在 2014 年的销量为 582 辆。

图 2-10　比亚迪·秦汽车

2014 年 4 月 22 日，中国第一台特斯拉 Model S 在北京卖出。到 2014 年 9 月中旬，大约有 2800 辆特斯拉 Model S 进入中国，但是仅有 432 辆完成了上牌。据一名特斯拉员工透露，这个重大差异的原因首先是当时上海的注册政策没有对特斯拉放开；其次是很多消费者正在等待中国政府将 Model S 加入政府的免购置税名录，如果完成，消费者将少支出相当于车辆价格 10% 的购置税。到 2015 年 1 月，共有 2968 辆特斯拉 Model S 在中国完成注册。

2014 年中国新能源汽车的销量为 74763 辆，其中有 45048 辆纯电动汽车和 29715 辆混合动力汽车。这些新能源汽车中，71% 是乘用车，27% 是客车，还有 1% 是货车。纯电动汽车的销量同比增长 210%，而混合动力汽车同比增长更是高达 880%。新能源汽车在 2014 年的产量达到了 78499 辆，同比增长 350%。

新能源汽车的销量占新车销量的比例为 0.32%。比亚迪·秦的销量在 2014 年为 14747 辆，是当年也是中国历史上最畅销的插电式混合动力汽车。2014 年销售较好的电动汽车分别是康迪(14398 辆)、知豆 E20 (7341 辆)和北汽 E150(5234 辆)。

2015 年上半年销量最好的是比亚迪·秦混合动力汽车，销量为 16477 辆。随后是北汽 E150/160/200 电动汽车，销量为 5803 辆。从 2015 年前三季度看来，新能源汽车总共销售了 136733 辆，其中包括 87531 辆纯电动汽车和 49202 辆混合动力汽车，同比增长分别为 270% 和 180%。2015 年前三季度，电动汽车的市场份额达到了 0.64%，并在 2015 年 9 月达到电动汽车月销量最高峰，共有 20892 辆电动汽车实现销售。比亚迪汽车也在该月达到历史最好水平，当月销售 5749 辆混合动力汽车，包括 3044 辆唐、2155 辆秦、465 辆 E6S 和 125 辆 E5。到 2015 年 10 月，新能源汽车销量达到了 34316 辆，再次刷新了销售纪录。2015 年前 10 个月中，新能源汽车累计销售了 171145 辆。截至 2015 年 10 月，比亚迪·秦继续占据畅销车榜首，从 2013 年 12 月起累计实现销售 43254 辆。

2 汽车公害

2.1 汽车排放与大气污染

目前，大气污染已逐渐发展成为世界性的问题，尤其是在一些大中城市，随着汽车保有量的增加，汽车的生产、销售、使用、报废还带来了环境大气危害和城市的空气污染，如图2-11所示。如汽车排放的二氧化碳CO_2、硫化物SO_x（指一氧化硫SO和二氧化硫SO_2）、氮氧化物NO_x（指NO和NO_2）、氟氯烃等，使温室效应、臭氧层破坏和酸雨等大气环境问题变得更为严重；汽车排出的CO、NO_x、SO_x、未燃碳氢化合物HC、颗粒物PM和臭味气体等污染了空气，对人类和动、植物危害甚大；汽车行驶过程产生的噪声和驻车用防盗器的误鸣，不仅能引起人体的生理改变和损伤，导致对心理、生活和工作的不利影响，还会使人的听力减弱、视觉功能下降、神经衰弱、血压变化和胃肠道出现消化功能障碍，影响人的睡眠、学习、工作和情绪等。又如，报废汽车对环境的污染。在发达国家，报废汽车已成为重要的垃圾源；残留在报废汽车中的燃油、润滑剂、空调制冷剂和铅等有害金属，一旦进入水系和土壤，其危害不堪设想。汽车排气污染物造成的环境污染情况将日趋严重，所以对汽车排气污染物的监控与防治，已到了刻不容缓的地步。

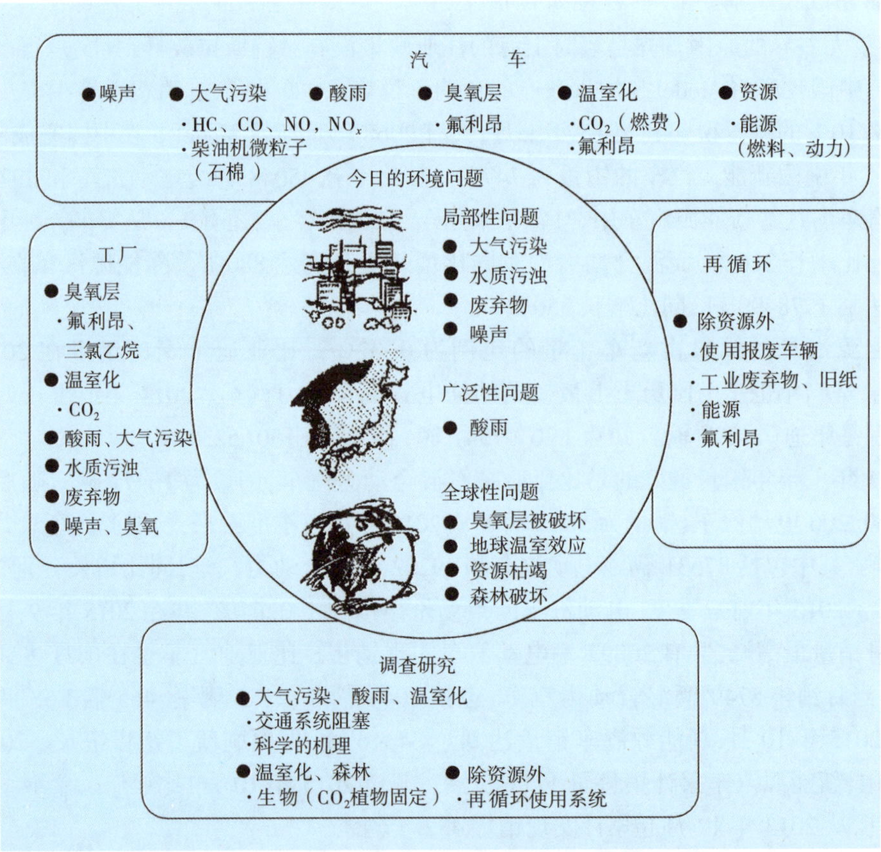

图2-11　汽车与环境

2.2 排气污染物的主要成分与危害

汽车排放的主要污染物有一氧化碳（CO）、碳氢化合物（HC）、氮氧化物（NO_x）、二氧化碳（CO_2）和颗粒物（PM）。

2.2.1　一氧化碳(CO)

在内燃发动机中,CO 是空气不足或其他原因造成不完全燃烧时,所产生的一种无色、无味的气体。CO 吸入人体后,非常容易和血液中的血红蛋白结合,它的亲和力是氧的 300 倍。因此,肺里的血红蛋白不与氧结合而与 CO 结合,致使人体缺氧,抑制思考,使人反应迟钝,引起头痛、头晕、呕吐等中毒症状,严重时可能导致死亡。

2.2.2　碳氢化合物(HC)

HC 是指发动机废气中的未燃部分,还包括供油系统中燃料的蒸发和滴漏。单独的 HC 只有在含量相当高的情况下才会对人体产生影响,一般情况下作用不大,但它却是产生光化学烟雾的重要成分。

2.2.3　氮氧化合物(NO_x)

NO_x 是发动机在一定负荷时大量产生的一种褐色的有臭味的废气。发动机废气刚一排出时,气体内存在的 NO 毒性较小,但 NO 很快氧化成毒性较大的 NO_2 等其他氮氧化合物。这些氮氧化合物,我们统称为 NO_x。NO_x 进入人肺泡后能形成亚硝酸和硝酸,对肺组织产生剧烈的刺激作用。亚硝酸盐则能与人体内的血红蛋白结合,形成变性血红蛋白,可在一定程度上导致组织缺氧。

NO_x 与 HC 受阳光中紫外线照射后发生化学反应,形成有毒的光化学烟雾。当光化学烟雾中的光化学氧化剂超过一定浓度时,具有明显的刺激性。它能刺激眼结膜,引起流泪并导致红眼症,同时对鼻、咽、喉等器官均有刺激作用,能引起急性喘息症,导致呼吸困难、眼红喉痛、头脑晕沉,造成中毒。光化学烟雾还具有损害植物、降低大气能见度、损坏橡胶制品等危害。1943 年美国发生的洛杉矶烟雾事件,1952 年伦敦的烟雾事件,都是最有代表性的光化学烟雾事件。在这些大气污染事件中,受害和死亡的人数以千计。1995 年,我国的成都、上海发生了光化学烟雾,北京和南宁分别于 1998 年和 2001 年也产生过光化学烟雾事件。

2.2.4　颗粒物(PM)

由燃烧室排放出的颗粒物(Particulate Matter,PM)有三个来源,其一是不可燃烧物质,其二是可燃的但未进行燃烧的物质,其三是燃烧生成物。燃烧过程排出的颗粒物质组成中大部分是固态炭,火焰中形成的固体炭粒子称为炭黑。炭黑可以在燃烧纯气体燃料时形成,但更多地则是在液体燃料燃烧时形成。颗粒物质组成中除炭黑外还有碳氢化合物、硫化物和含金属成分的灰分等。含金属成分的颗粒物主要来自于燃料中的抗爆剂、润滑油添加剂以及运动产生的磨屑等。

柴油发动机燃料燃烧不完全时,其内含有大量的黑色炭颗粒,形成的炭烟能影响道路上的能见度,并因含有少量的带有特殊臭味的乙醛,往往引起人们恶心和头晕。炭烟不仅本身对人的呼吸系统有害,而且炭烟粒的孔隙中往往吸附着二氧化硫及有致癌作用的多环芳香烃等物质。PM10 和 PM2.5 分别指的是空气动力学直径小于等于 10μm 和 2.5μm 的颗粒物(人类纤细头发的直径大约是 50 ~ 70μm)。PM10 又称为可吸入颗粒物,PM2.5 又称为可入肺颗粒物,或细颗粒物,是表征环境空气质量的两个主要污染物指标。

2.2.5 二氧化碳(CO_2)

世界工业化进程引起的能源大量消耗，导致大气 CO_2 的剧增，其中约 30% 来自汽车尾气。CO_2 为无色无毒气体，对人体无直接危害，但大气中的 CO_2 大幅度增加，因其对红外热辐射的吸收而形成的温室效应，会使全球气温上升，南北极冰层融化，海平面上升，大陆腹地沙漠趋势加剧，使人类和动植物赖以生存的生态环境遭到破坏。因此，近年来对 CO_2 的控制也已上升为汽车排放研究的重要课题，提高汽车的经济性和使用低排量汽车是减少 CO_2 排放的重要措施。

2.2.6 温室效应

汽车污染已成为世界性公害，其对于温室气体浓度增加的"贡献"不容忽视。汽车的内燃机实际上是一座小型化工厂，消耗大量石油资源。汽油燃爆后产生驱车动力，同时也产生了许多复杂的化学反应，排放出大量温室气体，加剧了温室效应。

汽车每燃烧 1kg 汽油排出 3.08kg 二氧化碳。当二氧化碳含量升高时，会增强大气对太阳光中红外线辐射的吸收，阻止地球表面的热量向外散发，使地球表面的平均气温上升。这就是所谓的温室效应。

地球上接连出现的"厄尔尼诺"和"拉尼娜"现象都与温室效应加剧有关。城市因人口密集、高楼密集、公路密集，导致"城市热岛效应"更为严重。温室气体像毯子一样把热束缚在低层大气里，城市年平均气温比郊区高 1℃，甚至更多。城市热岛效应已经改变了地方天气形势，特别是雨量分布形势已经发生改变。这是全球变暖在城市的反应。

汽车排放造成的大气污染还会破坏臭氧层，而臭氧损耗与气候变化通过某些机制相互联系。一些专家认为，臭氧层的破坏造成太阳辐射过强，也会导致高温天气。

大气环境是人类赖以生存的可贵资源，因此，减少温室气体排放、防止全球气候变暖是世界各国共同关注的问题。为了 21 世纪的地球免受气候变暖的威胁，1997 年 12 月，149 个国家和地区的代表在日本东京召开《联合国气候变化框架公约》缔约方第三次会议，会议通过了旨在限制发达国家温室气体排放量以抑制全球变暖的《京都议定书》。该议定书规定，在 2008—2012 年期间，发达国家的 CO_2 等 6 种温室气体排放量要在 1990 年的基础上平均削减 5.2%，其中美国削减 7%、欧盟削减 8%、日本削减 6%、加拿大削减 6%、东欧各国削减 5% ~8%。

2.2.7 非甲烷烃(Non-methane Hydrocarbon，NMHC)

NMHC 是指除甲烷以外的所有碳氢化合物(烃类)。因为与甲烷不同，有较大的光化学活性，是形成光化学烟雾的前体物。其种类很多，其中排放量最大的是由自然界植物释放的萜烯类化合物，约占 NMHC 总量的 65%，而其中最主要的是异戊二烯和单萜烯，它们会在城市和乡村大气中因光化学反应而形成光化学氧化剂和气溶胶粒子。NHMC 的人为源主要有汽油燃烧、焚烧、溶剂蒸发、石油蒸发和运输损耗及废物提炼，这五类占碳氢化合物人为排放量的约 96%。

2.2.8 总烃(Total Hydrocarbons，THC)

THC 指排放的气体中含有碳氢化合物的总量，又称总烃，一般指含有 1 ~8 个碳原子的烃类物质。目前对光化学烟雾生成机理的研究表明，总碳氢化合物中的烯烃是引起光化学烟雾的重要因素。因此，常用气相色谱法分别测定总碳氢化合物和甲烷烃，然后求得两者之差，作为烯烃的含量。

2.3 减少汽车排放的措施

减少汽车大气环境公害的基本方法可以归纳为两类。一是从源头着手的降低技术，称为源头控制法；二是采取一些措施减少已产生的汽车环境公害，通常把与此相关的技术称为后治理法。

2.3.1　源头控制法

源头控制法是把燃烧污染物消灭在燃料化学能转化为机械能的过程之中的有关技术，因为发生在发动机的汽缸之内，故这种方法以前被称之为机内净化。源头控制法主要包括四个方面的内容。其一是对现有的车用发动机进行改造，如丰田公司的1~4缸内直喷发动机根据负荷的不同而采用的“分层燃烧、弱分层燃烧、均质燃烧”、三菱汽车公司采用的“两段燃烧法”、五十铃公司的“一个循环五次喷射”等技术，这些都使污染物的排放得到了大幅度降低。人们还在不断地寻求降低排放的新技术，如被各厂家和研究人员看好的集压燃式发动机和点燃式发动机优点集于一身的HCCI技术等。其二是设法使发动机始终工作在低排放工况，各种混合动力汽车的上市即为这种方法的成功范例，混合动力汽车可以减少CO_2的排放，如图2-12所示。其三是电动汽车技术，包括燃料电池和各种电动汽车。其四是在汽车使用中控制污染物的排出，主要有使汽车保持良好技术状况和采用合理的驾驶方法，采用“自动停止怠速和起动”技术等。

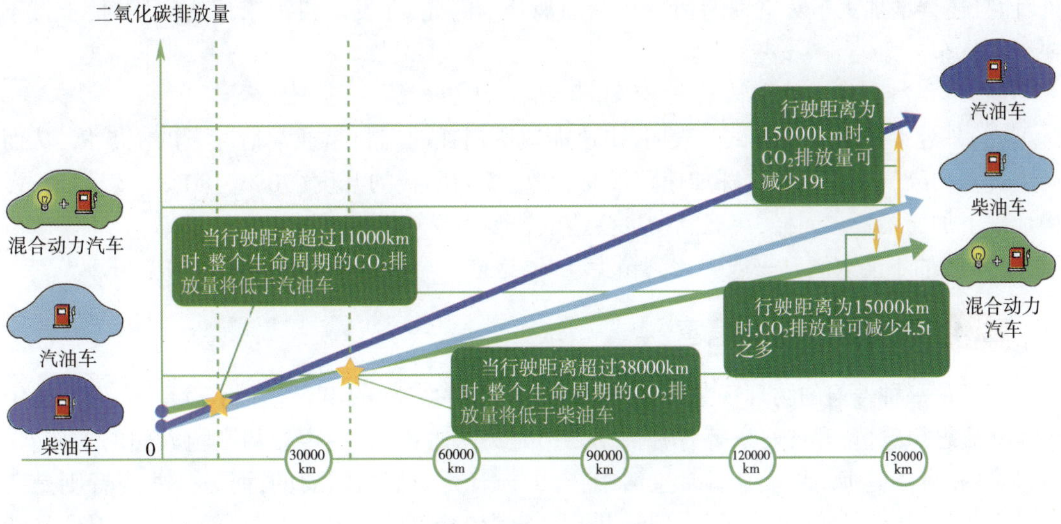

图2-12　常见燃料汽车CO_2排放比较

2.3.2　后治理法

由于源头控制的效果是有限的，并不是所有的问题都可以在源头解决。后治理法降低发动机排出的有害物的技术主要有各种催化转换器和过滤器等。汽油车使用最多的是三元催化转换器和吸附还原(NO)催化净化器。柴油车使用最多的是颗粒捕捉器 DPF(Diesel Particulate Filter)等,其原理是把排出的颗粒物 PM(Particulate Matter)过滤捕捉起来,使其燃烧变成 CO_2 排出。此外,还有利用氧化催化剂使 CO、HC 和 PM 变为 H_2O 和 CO_2 排出的氧化催化法等。近年来,在柴油机燃料中添加尿素,可以使排放达到欧Ⅳ标准。其中的原理是利用尿素中的氮元素(氮元素在尿素中呈 -3 价)与尾气中有毒的一氧化氮和二氧化氮(氮元素分别为 +2 价和 +4 价)进行氧化还原反应,排出无毒的氮气。

在实际的汽车排放控制措施中,都是源头控制和后治理并用的。

2.3.3 使用中减少排放的措施

汽车在使用中减少排放,有时更加重要,具体措施如下:

(1)汽车渗漏的润滑剂和其他渗漏的液体对空气的污染极大,因此,应每天进行检查,及时发现汽车的渗漏现象并立即修复故障。

(2)每年应对车内空调进行一次彻底的检查,这是预防制冷剂渗漏的最好方法。在不使用空调的季节,也应偶尔打开空调,这样有利于更好地密封和防止渗漏。

(3)避免燃烧机油。如果从排气管中排出的是蓝色或蓝白色的烟,则表明汽车是在燃烧机油,这样对空气的污染很大,应立即检修发动机。

(4)使用清洁的滤清器。污染的滤清器将迫使发动机燃烧更多的油料,从而造成污染。因此,应该按照汽车生产厂家的要求,按行驶里程进行更换。

(5)按期更换机油。磨合前期,汽车行驶 500km,应换一次机油。当汽车正常使用后,按行驶里程(或期限)更换机油。

(6)不要冷起动就开动汽车。在发动机尚在冷却时开动汽车,不仅对汽车本身毫无益处,而且还会增加汽车对空气的污染和燃油消耗。因此,在发动机尚未预热完毕时,千万不要开动汽车。

(7)尽量减少发动机空转。汽车停止运动,产生更多的污染气体。

(8)加速要谨慎。有关试验表明,快速加速所消耗的燃料是通常情况下的 1.5 倍,从而产生过多的废气。因此每次踩加速踏板时,都应控制踏板的开度(70% ~80%),轻轻地、慢慢地踩下加速踏板。同样,突然制动也会造成过多的废气排放。

(9)装油不能太满。一般要比满箱少几升,这样不至于在汽车开动时有油溢出。

2.4 汽车噪声及其危害

声音是一种普遍的物理现象,自然界中充满了各种各样的声音。有了声音,人们才能用语言交流思想感情,开展娱乐等各种活动。但是另一方面,有些声音却影响人们的工作、学习、休息和身体健康。可见在日常生活中,有的声音是我们所需要的,而另一些声音则是我们不需要的,甚至是厌恶的。从生理学和心理声学的观点,把这些不需要的声音,不论是什么样的声音,统称为噪声。

噪声污染与大气污染、水源污染不同。噪声污染是局部的、多发性的,除飞机噪声等特殊情况外,其特点是从声源到受害者的距离很近。以汽车噪声污染来看,是以城市街道和公路干线两侧为最严重。

汽车噪声是汽车的第二公害，它随着汽车发动机功率、汽车速度及汽车流量的增加而增大，约占城市噪声的75%。噪声对人的影响是一个很复杂的问题，不仅与噪声的性质有关，而且还与每个人的心理、生理状态以及社会生活等多方面的因素有关。经过长期的研究表明，噪声确实会危害人的健康，噪声级越高，危害性越大。即便噪声级较低，如小于80dB(A)的噪声，虽然不致直接危害人的健康，但会影响和干扰人们的正常活动。

汽车噪声一方面对环境产生噪声污染，影响人们的工作和生活；另一方面使驾驶员反应时间加长，进而影响行车安全。

2.5 汽车噪声的控制

汽车的噪声源有多种，如发动机、变速器、驱动桥、传动轴、车厢、玻璃窗、轮胎、继电器、喇叭、音响等都会产生噪声。这些噪声有些是被动产生的，有些是主动发生的(如人为按动喇叭)。但是，其主要来源只有两个方面，一个是发动机，另一个是轮胎。它们都是被动发生的，只要汽车行驶就会产生噪声。

在发动机产生各种噪声中，发动机表面辐射噪声是主要的。发动机表面辐射噪声由燃烧噪声和机械噪声两大类构成，是发动机内部的燃烧及机械振动所产生的噪声。燃烧噪声是指汽缸燃烧压力通过活塞、连杆、曲轴、缸体等途径向外辐射产生的噪声；机械噪声是指活塞、齿轮、配气机构等运动件之间机械撞击产生的振动噪声。一般情况下，低转速时燃烧噪声占主导地位，高转速时机械噪声占主导地位，两者是密切相关、相互影响的。实践表明，减少振动是降低噪声的根本措施。增加发动机结构的刚度和阻尼，是减少表面振动从而达到降低噪声的目的的主要方法(图2-13)。

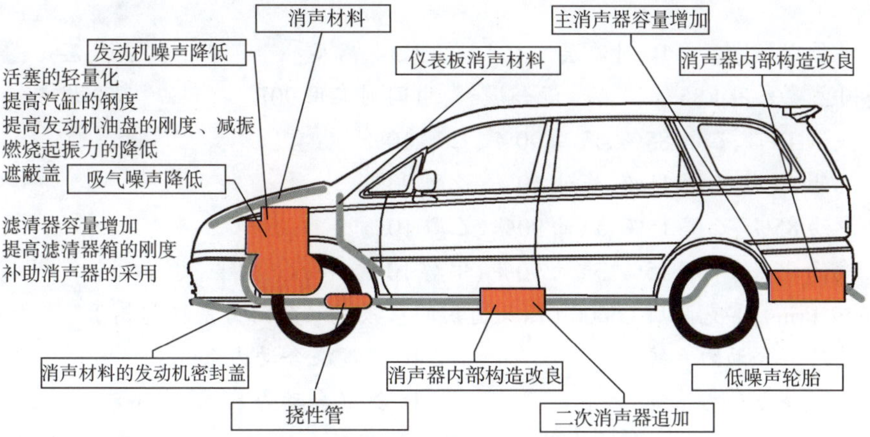

图2-13　汽车主要噪声控制对策

轮胎在路面滚动产生的噪声也是很大的。有关研究表明，在干燥路面上，当汽车时速达到100km/h，轮胎噪声成为整车噪声的重要噪声源。而在湿路面上，即使车速低，轮胎噪声也会盖过其他噪声成为最主要的噪声源。轮胎噪声来自泵气效应和轮胎振动。所谓泵气效应是指轮胎高速滚动时引起轮胎变形，使得轻胎花纹与路面之间的空气受压挤，随着轮胎滚动，空气又在轮胎离开接触面时被释放，这样连续的“压挤释放”，空气就迸发出噪声，而且车速越快，噪声越大；车辆越重，噪声越大。轮胎振动与轮胎的刚度和阻尼有关，刚度增大（例如轮胎帘布层数目增加），阻尼减少，轮胎的振动就会增大，噪声也就大了。要降低轮胎的噪声，胎面可采用多种花纹节距，采用高阻尼橡胶材料，调整好轮胎的负载平衡以减少自激振动等。

为了防止发动机噪声和轮胎噪声窜入乘员厢，工程师除了尽量减少噪声源外，也在车厢的密封结构上下功夫，尤其是前围板和地板的密封隔音性能。

解决汽车的噪声是一项涉及整车方方面面的技术问题，包括发动机的结构、材料质量分布、工艺水平、装配密封性等。实际上，汽车噪声的大小已经反映出这辆车的质量和技术性能的高低了。汽车噪声的大小是衡量汽车质量水平的重要指标，因此，降低汽车噪声也是世界汽车工业的一个重要课题。

思考与练习

一、选择题

1. 混合动力汽车是一种________，目的在于显著提高汽车的燃油效率，同时减少传统燃油汽车的尾气排放和克服纯电动汽车的缺点。

A. 成型产品　　B. 过渡产品　　C. 折中产品　　D. 替代产品

2. 炭烟是柴油发动机燃料燃烧________，其内含有大量的黑色炭颗粒。

A. 不完全的炭　　B. 不完全的产物　　C. 完全的产物　　D. 完全的炭

3. 汽车排放造成的大气污染还会破坏________，而臭氧损耗与气候变化通过某些机制相互联系。

A. 臭氧层　　B. 对流层　　C. 电离层　　D. 大气层

4. 美国主要采用E85 ________混合燃料，中国则采用90E ________混合燃料。

A. 汽油15%、乙醇85%，汽油90%、乙醇10%

B. 汽油85%、乙醇15%，汽油10%、乙醇90%

C. 汽油85%、乙醇15%，汽油90%、乙醇10%

D. 汽油85%、甲醇15%，汽油90%、甲醇10%

5. 丰田Prius、雷克萨斯LS600h以及通用的双模式混合动力系统都属于________。

A. 重度混合动力系统　　B. 轻度混合动力系统

C. 中度混合动力系统　　D. 微混合动力系统

6. ________是指以车载电源为动力，用电动机驱动车轮行驶，符合道路交通、安全法规各项要求的车辆。

A. 氢能源　　B. 电动汽车　　C. 混合动力　　D. 燃料电池

二、判断题（对的画“√”，错的画“×”）

1. 燃料电池能量转化效率高，燃料电池的燃料是氢和氧，利用化学反应同样对环境有污染，但不大。（　　）

2. 汽车排放造成的大气污染还会破坏臭氧层，而臭氧损耗与气候变化通过某些机制相互联系。臭氧层的破坏造成太阳辐射过强，也会导致高温天气。 （ ）

3. CO_2 为无色无毒气体，对人体无直接危害，但大气中的 CO_2 大幅度增加，因其对红外热辐射的吸收而形成的温室效应，会使全球气温上升，南北极冰层溶化，海平面上升，大陆腹地沙漠趋势加剧，使人类和动植物赖以生存的生态环境遭到破坏。 （ ）

4. 汽车的噪声源有多种，但是主要来源只有两个方面，一个是发动机，另一个是喇叭。

（ ）

5. 减少汽车大气环境公害的基本方法可以归纳为两类：一是从源头着手的降低技术，二是经常采取一些措施减少已产生的汽车环境公害。 （ ）

6. 混合动力电动汽车是指能够至少从可消耗的燃料或可再充电能/能量储存装置中获得动力的汽车。 （ ）

三、填空题

1. 未来数十年，________、________和燃料电池电动车市场份额将以稳定的速度增长，而燃油汽车的市场份额将会逐渐减少，未来的汽车时代将属于绿色环保汽车的时代。

2. 电动汽车是指以________为动力，用________驱动车轮行驶，符合道路交通、安全法规各项要求的车辆。

3. 混合动力电动汽车是指能够至少从________获得动力的汽车。

4. 混合动力电动汽车有两种基本的工作方式，即________、________和________式。

5. 汽车的噪声源有多种，多数噪声是被动产生的，有些是主动发生的，如________。

6. 混合动力汽车，在减速与制动时，车轮驱动电动机，________变成了发电机，利用减速或制动的能量进行再生发电。

7. “三纵”是纯电动汽车、混合动力汽车、________。

8. PM10 和 PM2.5 分别指的是空气动力学直径小于等于________和________的颗粒物。

四、简答题

1. 汽车节能与环境保护是什么关系？为什么？

2. 从环保角度出发，汽车应该如何发展，为什么？

3. 在提倡节约型社会的今天，汽车可从哪些方面进行节能，为什么？

4. 混合动力汽车怎样节约能源和降低污染，试用一实用汽车说明。

5. 电动汽车使用中的注意事项有哪些？

单元三　汽车娱乐

学习目标

☞ 知识目标

1. 简述赛车运动的种类；
2. 正确叙述F1方程式赛车；
3. 正确描述汽车商标及其含义；
4. 正确描述汽车俱乐部的运作及作用；
5. 正确描述汽车展览会的意义。

☞ 能力目标

1. 会欣赏赛车运动；
2. 会欣赏电影中的汽车演员；
3. 能熟知汽车品牌。

1　赛车风云

汽车运动是指汽车在封闭场地内、道路上或野外，体现比赛速度、驾驶技术和车辆性能的一种运动。汽车运动是集人、车为一体的综合较量，不仅是车手个人技艺、意志和胆量的竞争，同时是汽车设计、产品质量的角逐，体现人与科技最完美的结合，以及人类对自然的征服能力。

“赛车”一词来自法文（Grand Prix）。在国外，汽车比赛几乎与汽车具有同样长的历史。今天，各式各样的汽车比赛被统称为现代汽车运动，它是世界范围内一项影响较大的体育运动。多姿多彩的汽车运动，使汽车这一冷冰冰的钢铁机器充满了柔情蜜意，同时，汽车运动的激烈、惊险、浪漫、刺激，不仅使成千上万的观众为之痴迷，还使汽车技术的发展日新月异。

1.1　赛车运动的起源

赛车运动是速度与技术的比赛，回顾汽车发展的历史，汽车速度记录的每一次改写，都成了汽车技术发展的里程碑。

世界上最早的车赛是在1887年4月20日由法国《汽车》杂志社主办的，只有乔乐基·布顿1个人参赛，他驾驶四人座的蒸汽机汽车从巴黎沿塞纳河畔跑到了努伊伊。1888年，法国《汽车》杂志社再次举办了车赛，路程为努伊伊到贝尔塞，全长20km，结果驾驶迪温牌三轮汽车的布顿获得冠军，第二名也就是最后一名为驾驶塞尔波罗蒸汽汽车的车手。世界上最早使用汽油车进行长距离汽车公路的车赛，是在1895年6月11日由法国汽车俱乐部和《鲁·普奇·杰鲁瓦尔》报社联合举办的，路程为从巴黎到波尔多的往返，全程达1178km(732英里)。获得此次比赛第一名的埃末尔·鲁瓦索尔，共用时48h45min，平均车速为24.55km/h。由于比赛规定车上只许乘坐一人，但他的车上却乘坐了两人而被取消了获奖资格，结果落后很远的凯弗林得了冠军。此次参加比赛的总共有23辆车，跑完全程的有8辆汽油车和1辆蒸汽机车。

在此后的车赛中，为避免汽车在野外比赛时扬起漫天尘土而影响后面车手的视线，造成伤亡事件，车赛逐渐改为在封闭的道路赛场和跑道上进行，这就是汽车场地赛的雏形。

最早的汽车跑道赛于1896年在美国的普罗维登斯举行。为了吸引更多的人参加汽车比赛，使比赛更富刺激和挑战性，法国的勒芒市在1905年举行了第一次真正意义上的场地汽车大奖赛。从此，汽车大奖赛成为世界体育舞台上一项非常重要的赛事，小城市勒芒也因此闻名于世。

每一次车赛都是速度的追求，都是高科技在汽车上的体现，都是人类对自身的挑战和超越。从下面所列举的历史上汽车比赛的速度记录，我们可以清楚地明白这一点。

1894年7月，法国：巴黎—鲁昂，狄安伯爵驾驶蒸汽汽车获得第一名，参赛的汽油车均名落孙山，榜上无名。

1895年6月，法国：巴黎—波尔多，全程长1178km，这是一次真正意义上的汽车比赛。结果第一名至第七名全被汽油车垄断。鲁瓦索尔创下平均速度24.55km/h的纪录。

1903年，美国的福特汽车公司制造了一辆装有4缸60kW汽油机的"999"号赛车，在汽车比赛中一举夺魁，创下146.9km/h的时速。

1909年，汽车速度突破200km/h大关，德国的奔驰车创下了202.7km/h的纪录。20世纪30年代，汽车的最高速度达到500km/h。

1964年，美国人创造性地将一台喷气发动机装在一辆后轮驱动的"蓝鸟二号"赛车上，车速达到了令人难以置信的"危险速度"——648.6km/h。1965年11月13日，在美国的犹他州，这一记录被改写成658.53km/h。从那以后到现在再也没有人用汽油发动机或车轮驱动的汽车将此记录改写。

1970年10月23日，一辆用喷气发动机推进的"蓝焰"号特别车在美国犹他州的盐湖跑道上，创下了历史性的1001.63km/h的速度纪录，首次突破1000km/h大关。

1983年，还是在犹他州的盐湖跑道上，用喷气发动机推动的英国"推力2号"特制车速度达到了1018.5km/h，这是至今世界上得到正式认可的最高车速纪录。

1904年6月10日，在赛车运动兴盛的法国成立了国际汽车联合会(法文缩写为FIA，当时不是用此名，1946年改为现称)，由它负责管理全世界汽车俱乐部和各种汽车协会的活动。国际汽车联合会有一个下层机构叫国际汽车运动联合会(缩写为 FISA),成立于 1922 年,其任务主要是制定有关参赛的车辆、车手、路线和比赛方法等相应规则,对比赛记录进行认可,并在各地举行汽车赛时做必要的调整或协调。中国汽车运动联合会(FASC)于 1975 年在北京成立,1983 年加入国际汽车联合会。

1.2 赛车运动的类型

赛车运动的类型很多,按照比赛路线划分,主要类别有长距离比赛、环形场地赛和无道路比赛。汽车长距离比赛即从甲地到乙地的长距离比赛,包括拉力赛和越野赛。

汽车拉力赛的“拉力”来自英语 Rally,意思是集合,表示参赛车辆必须严格按照比赛规定的行驶路线,在规定的时间内到达分站点目标,并在规定时间内完成车辆的维修检测。

锦标赛通常是在世界各地确定若干站,最后一站比赛结束后,根据车手和车队各站比赛的总积分,排定年度的世界冠军车手和冠军车。

越野赛是在人工修建道路的条件下进行的比赛。其中,比赛距离超过 10000km 的又称马拉松汽车越野赛。越野赛的比赛形式与拉力赛大致相同,不同的是,越野赛是在荒山野岭、沙漠戈壁等条件艰苦的地域展开,增加了比赛的难度。越野赛虽规定了比赛路线,但参赛需根据确定的方向自己择路而行。

迄今为止最有名的拉力赛莫过于达喀尔拉力赛和世界汽车拉力锦标赛了,这两大赛事赛制不同,各有特色。

赛车运动按照场地分为两大类,即场地赛车和非场地赛车。场地赛车顾名思义,就是指赛车在规定的封闭场地中进行比赛。它又可分为方程式赛、轿车赛、运动汽车赛、GT 耐力赛、短道拉力赛、场地越野赛、直线竞速赛等。非场地赛车比赛场地基本上不是封闭的,主要分拉力赛、越野赛及登山赛、沙滩赛、泥地赛等。

1.2.1 达喀尔拉力赛

图 3-1 达喀尔拉力赛场景

达喀尔拉力赛是世界上行程最长的汽车拉力赛(图 3-1),是以非洲沙漠为舞台,以严酷的大自然为对手,驱使人类自身的全部智力、体力和毅力进行挑战的“世界上最艰巨的充满冒险精神的汽车赛程”。

达喀尔拉力赛于 1979 年开赛,起初比赛是由法国巴黎出发,乘船过地中海在利比亚登陆,在非洲干旱的沙漠、潮湿的热带雨林和各种崎岖路段比赛,全程 10000km 左右,途经 10 个国家,最后回到塞纳加尔的达喀尔。历经 30 年的更迭,除了比赛精神不变,很多规则和举办方式都随时空有所更改。1992 年,巴黎—达喀尔大赛首度改变了起点,车队从巴黎出发,终点设在非洲南端的开普敦;1993 年再度回到传统路线,但此后的比赛有三次从西班牙的巴格达出发;1997 年的比赛起点和终点均设在达喀尔;2000 年则从达喀尔出发,到埃及开罗结束,比赛路线越来越多样化,由于不再限于从巴黎出发,比赛的名称也慢慢改为“达喀尔拉力赛”。

至今赛程的全程跑完率只有38%，故“跑完全赛程者均为胜利者”。

达喀尔拉力赛的特征是：无论专业选手还是业余赛车爱好者都可自由参赛，共同竞技；参赛车辆分为摩托车组、汽车组和卡车组；参赛车辆每天采用移动式前进，定点补给、维修的比赛方式，每天的行进路程中也都包含一般路段和特殊路段，基于安全因素，主办单位于1992年首度引进GPS导航系统。近年来，为了保留传统拉力赛的定位挑战精神，在比赛中会指定几个路段限制GPS的使用，以考验副驾驶的导航能力。

1.2.2 环形场地赛

环形场地赛是指起点和终点都在同一地点的环形场地赛，主要是公路赛。公路赛分为方程式汽车赛、运动原型车赛等。

方程式汽车赛是指参加该类比赛所使用的赛车必须依照国际汽车联合会制定颁发的车辆技术规则规定进行制造，包括赛车的车体结构、长度、宽度、最低质量、发动机工作容积、汽缸数量、油箱容量、电子设备、轮胎的大小等。方程式赛车不注重汽车的舒适、经济、外观或费用，注重的只是性能。方程式汽车赛项目有F1、F3、亚洲方程式、卡丁车方程式等。

运动原型车赛使用的汽车与通常的汽车外观相似。它是在规定的时间内看谁完成的路程长或看哪辆车行驶的圈数多来决定名次。运动原型车赛中最著名的是勒芒24小时世界汽车耐力锦标赛。

勒芒（Le Mans）位于法国巴黎西南约200km处，这个小城市之所以能够闻名于世界，主要是因为每年6月举行的勒芒24小时耐力赛（法文为24 Heures du Mans）。勒芒24小时耐力赛同世界一级方程式锦标赛（F1）、世界汽车拉力锦标赛（WRC）并称为世界最著名和最艰苦的三大汽车赛事。自从首届比赛于1923年举行以来，除了第二次世界大战前后的几年以外（1936年，1940—1948年未举行），勒芒耐力赛从未间断过。

在勒芒大赛创办初期，参加比赛的都是非常普通的赛车。但随着赛事的推进，参赛者越来越意识到，不仅是动力性和可靠性，赛车的空气动力学设计、轻量化和燃油经济性也对比赛的结果产生影响。因此，他们逐步对赛车作针对性的设计。可以说，勒芒24小时耐力赛历来就是汽车技术的一个实验场，现在一些常见的汽车技术，从涡轮增压器、ABS防抱死制动系统到双离合器变速器，都与勒芒大赛有着密切的联系。

为了检验赛车在长距离比赛中的可靠性，勒芒24小时耐力赛除了赛程超长外，还有一些与其他汽车赛事不同的地方。比如赛车在进站加油时必须先熄火，待燃料补充完毕后方可重新起动，这意味着一辆赛车在整场比赛中要经历多次重新起动，这对于发动机来说也是一项严酷的考验。此外，勒芒的赛道有着超长的Mulsanne大直道，长时间的高转速运转考验着发动机本身的制造工艺以及润滑、散热系统的可靠性。

勒芒赛事被公认为世界上最艰苦的汽车比赛，对汽车的性能和车手的耐力都是极大的考验，而且比赛的危险性也很高。赛道是将当地的高速公路和街区公路封闭成一个环行路线，单圈长为13.5km的沥青和水泥路面。比赛一般从第一天的下午四点开始，一直持续到次日的下午四点，历时24小时。每部赛车由3名赛车手轮流驾驶（1980年中期以前为2名赛车手），以最高将近400km/h的速度连续奔跑，换人不换车，所有的加油、换胎和维修时间都包括在24小时以内。最后，行驶里程最多的赛车将获得冠军。一般一昼夜下来，成绩最好的赛车行驶大约5000km。

勒芒24小时耐力赛比的就是速度与耐力，从纯粹的技术角度来看，勒芒大赛甚至比F1更加刺激。由于不像F1那样对汽车技术进行严格限制，参赛厂商们不惜血本，将发动机、悬架、材料等各个方面最先进的技术应用于赛车之上。勒芒赛道上的最高速度已经达到390km/h，甚至比世界上速度最快的客机——协和飞机的起飞时速还要快30km/h。

勒芒大赛对车手是个极大的考验，每辆赛车只准3名车手轮番驾驶，每人连续驾驶时间不超过4小时，主车手总驾驶时间不超过14小时。尽管勒芒汽车大赛危险重重，但是由于它是世界上最重要的汽车赛事之一，而且该项赛事给车手们的分数相当于其他世界锦标赛的3倍，勒芒总是吸引着越来越多的顶尖赛车好手。

由于勒芒耐力赛是全球各种耐力赛时间最长的比赛，而且选手驾车在同一环行赛道上要不停地转上360多圈，不论车手、维修人员还是观众，在下半夜的时候都会感到疲惫。大多数观众是带着宿营车或帐篷前来观战的，赛场旁的30个大型停车场每次比赛都停满了10万部汽车。赛场周围还有设施齐备的餐饮、娱乐和休闲场所，以及销售仿制的各大车队服装、帽子的铺位，让车迷们在这里如同过节一样。观众可以在餐厅里一边吃着可口的食物，一边观看窗外的赛车飞驰而过，这也是堪称赛车界里独一无二的情景。

纵观勒芒大赛历史，前58届的冠军均被欧美车手垄断。1991年的第59届比赛中，装有转子发动机的黑马——马自达一举夺魁。但随后国际汽车运动联合会的新规定却将冠军马自达排斥在比赛之外。标致曾经两度登上这项赛事的冠军领奖台：1992年，冠军被标致905夺走；1993年标致的三辆905包揽三甲，尽显雄风。2006年，实力雄厚的奥迪车队夺得冠军。

法国勒芒当地时间2009年6月13—14日，第77届勒芒24小时耐力赛正式举行，经过三年多的努力，标致908终于在与奥迪的较量中占据上风。最终，三辆不同圈的标致908 HDi FAP赛车（图3-2）列队通过终点线，以庆贺标致在这项传统赛事中的又一次胜利。

图3-2　标致908 HDi FAP

1.2.3 方程式汽车赛

这是汽车场地比赛的一种。赛车必须依照国际汽车联合会制定颁发的车辆技术规则规定进行制造，包括车体结构、长度和宽度、最低质量、发动机工作容积、汽缸数量、油箱容量、电子设备、轮胎的距离和大小等。

各级方程式赛车的制造程式不同。属于方程式汽车比赛的项目有：F1、F3000、F3、亚洲方程式、无限方程式、福特方程式、雷诺方程式、卡丁车方程式等。

（1）三级方程式汽车赛（F3/Formula 3）。三级方程式汽车赛是方程式汽车场地比赛项目之一。使用的赛车是四轮外露的单座位纯跑道用方程式赛车，外形与一级方程式赛车相类似，但体积较小，最低质量为455kg，配备4汽缸、工作总容积为2L的自然吸气式汽油发动机,输出功率约124kW(170马力)。

(2)方程式3000(F3000/Formula 3000)。3.0L方程式汽车赛是方程式汽车场地比赛项目之一,设有国际大奖赛等比赛。使用的赛车是四轮外露的单座位纯跑道用方程式赛车,装备8汽缸、工作总容积为3L的自然吸气式汽油发动机,输出功率约349kW(475马力)。

(3)雷诺方程式(Formula Renault)。雷诺方程式2000是世界上著名及最普及的一种方程式赛车,该项赛事是由法国雷诺集团推广发展起来的。方程式赛车由意大利TATUUS公司制造,该类单座赛车的马力为14.9kW(200马力),最高时速可达到260km/h。雷诺方程式2000赛车的良好性能和价钱的完美结合保证了其在全世界的普及程度,这种2000型的赛车每年制造超过700辆。雷诺2000方程式赛车给全世界热衷赛车运动的年轻人提供了一个驾驶技能和身体心理状态适应的学习及提高的环境,为他们走向该项运动的顶级赛事F1,成为未来之星做下铺垫。雷诺方程式2000赛事从2000年起举办至今,已经成功地把雷克南(迈凯伦车队)、马萨(索伯车队)及克莱恩(美洲虎车队)等推向F1的大舞台。

(4)亚洲方程式(Formula ASIA)。亚洲方程式是方程式汽车场地比赛项目之一,限在亚洲地区开展。使用的赛车是四轮外露的单座位纯跑道用方程式赛车,车身规格与三级方程式相似,配备1台福特4汽缸、工作总容积为2L的自然吸气式汽油发动机,输出功率约118kW(160马力)。近年来出现了宝马亚洲方程式,也是亚洲比较流行的方程式赛车。

1.2.4 A1世界杯方程式汽车大奖赛

A1世界杯方程式汽车大奖赛是国际汽联正式批准的高水平场地汽车系列大赛之一(图3-3),于每年9月至次年3月为一个赛季,每年至少举办14场国际系列比赛,举办时间基本上与F1赛事错开。

图3-3 A1世界杯汽车大奖赛

A1世界杯方程式汽车大奖赛的理念是由阿拉伯联合酋长国王室成员Sheik MA1dollm提出,并与南非矿业巨商Brian Merle11和Tony Teixeira共同组建A1国际汽车大奖赛有限公司。

该公司委托英国罗拉(Lola)赛车公司生产统一规格、高水平的单人单座方程式赛车60辆,发动机为V8/90级/3400ml/382kW(520马力),速度可达300km/h。

(1)A1属于纯驾驶技术比赛。A1世界杯方程式汽车大奖赛有限公司(简称A1GP)斥巨资委托英国罗拉公司生产统一规格、高水平的赛车60辆,旨在使各国家队之间使用完全相同的车辆,进行纯驾驶技术的比赛,故称之为“世界杯方程式汽车大奖赛”。

其他车赛的五花八门的队名常常都是各大汽车制造商的品牌,所以“车赛”在很大程度上其实是“车与车的较量”,而A1由于使用完全相同的车辆,使其真正成为车手与车手的争风、国家与国家的对决。

(2)A1将激发汽车赛事的国家荣誉感。首届A1世界杯方程式汽车大奖赛计划首选30个国家参赛,每个国家为一席位,迄今已有23个国家的主办商报名参加。其中英国、南非、葡萄牙、中国、墨西哥、澳大利亚、马来西亚、瑞典、印度、巴基斯坦和黎巴嫩等国家,成为首批获得A1世界杯方程式汽车大奖赛有限公司(A1GP)批准其主办商席位资格的国家。英国、南非、黎巴嫩、巴基斯坦、澳大利亚等已相继完成组队和交车仪式,南非总统姆贝基、黎巴嫩总统埃米尔—拉胡德和巴基斯坦总统穆沙拉夫均出席了本国A1队的成立与交车仪式。

A1GP规定各参赛国只准组建一个车队代表该国家参赛,每个队只允许一辆赛车参赛,车手必须拥有该国国籍,各队赞助商也只能为该国家企业。

这一规则使A1不再是普通意义上的车赛,而是国家荣誉的象征和体现。观众在享受速度刺激的同时,内心涌动的将是国家之爱的激情。因此,A1是第一次打造出速度、激情、荣誉都真正与观众血肉相关的车赛。

(3)关注人口基数最大的赛车运动。A1世界杯方程式汽车大奖赛车队将代表世界总人口的80%以上,故首选参赛国的国家等于直接进入决赛。随着赛事的发展和越来越多的国家参赛,届时将采取洲际区域选拔赛进入决赛。另外在赛车主体颜色选择上也将根据交车仪式的举办时间依次获得优先选择权。

2005年9月25日,首届A1世界杯方程式汽车大奖赛在伦敦拉开第一赛季的首场比赛战幕。由于本次报名参加的23个国家代表着全世界将近80%的人口,这些深爱着自己祖国的、世界总人口80%的人民,使A1无可置疑地成为关注人口基数最大的赛车运动。

"促进世界和平"向来都是体育运动最高宗旨的题中之意。A1不仅让来自不同国家、不同肤色、不同种族的车手角逐车技,同时也意味着他们代表的全世界将近80%的人口加深了彼此的交流和理解。推动世界和平与发展,一直都是A1大奖赛的最高目标。

(4)商业模式与高速竞技刺激完美结合。A1世界杯方程式汽车大奖赛的组建理念是将汽车竞技运动和商业相结合,以体育竞技为主的国际性汽车赛事。所谓以体育竞技为主是体现在各国家队均使用由A1GP统一提供的相同规格的赛车进行比赛,这样既省去了像F1各队巨大的车辆投入和车队开销,也使A1世界杯方程式汽车大奖赛之参赛车手之间成为纯驾驶技术的体育竞技。

所谓与商业结合是指各国家队的组建均采用主办商方式。各主办商需按照A1GP根据其所代表国的综合经济水平向A1GP缴纳不同金额的入会费(一次性)和年费,以支持大赛的运作。原因是"A1世界杯方程式汽车大奖赛"规定每个国家队的赞助商只能为该国家企业,不允许跨国赞助,故各国主办商之入会费和年费不同。如"A1世界杯方程式汽车大奖赛有限公司"对"中国队"的入会费定为500万美元,年费为2000万美元。各主办商的资格认定权为A1GP独自拥有。

A1的商业模式对发展中国家具有特殊价值——同为世界顶级车赛,较之F1商业赞助的过高门槛,A1"赞助商只能为该国企业"的规定,使发展中国家的赛车将本国品牌标志带入世界顶级赛事,在全世界观众面前闪亮登场,从而为发展中国家的民族企业、民族品牌进入国际市场打开大门。因此,A1车赛势必对参赛国经济发展提供强劲动力。

1.2.5 全球方程式冠军赛

Champ Car World Series(CCWS)全球方程式冠军赛车,简称CHAMP CAR(冠军赛车),原名CART(Championship Auto Racing Teams),中文曾译为卡特大赛,成立于1978年11月25日,是世界上最早的方程式赛车系列。2004年2月17日,卡特大赛被美国的Open Wheel

Racing Series(OWRS)收购,正式更名为 Champ Car World Series(CCWS),即全球方程式冠军赛车。

CHAMP CAR 是世界上唯一同时可以在椭圆赛道、复杂赛道(如上海国际赛车场的 F1 赛道)和街道式赛道上进行比赛的方程式赛车。为了适应这种需要,Champ Car World Series 全球方程式冠军赛车所使用的赛车不但要具备在椭圆赛道上长时间高速行驶和减速的功能(CHAMP CAR 比赛时的直线速度超过 F1),又必须适应在一级方程式(F1)的复杂或街道式赛道中的各种急转弯处频繁地加速和减速的特点。对于众多对 F1 赛车已经熟悉得感觉趋于麻木的赛车迷们来说,CHAMP CAR 能带给他们更多的视觉刺激和惊险感受,使这项赛事变得更加眼花缭乱。

在比赛中,无论是在一条椭圆形赛道上比赛,还是在复杂赛道或街道式赛道上进行比赛,CHAMP CAR 与 F1 相比都具有独特的魅力。在 F1 中,一位车手通常在领先 30s 后,不出意外的话可能基本上就可以领先到终点。而在 CHAMP CAR 大赛中,宽阔的赛道让超车机会更多,而转弯处的倾斜赛道令 CHAMP CAR 赛车的平均速度甚至比 F1 还快,你可以看到 3 辆赛车几乎是从始至中肩并肩地奔驰在赛道上,而领先车手一直在不停地改变,谁都有机会冲到最前面。任何赛车手都不可能像在 F1 那样在 CHAMP CAR 赛里占尽优势,一些故意阻挡的战术在 CHAMP CAR 赛里根本就不可能发生。

同时,与 F1 相比,CHAMP CAR 是唯一可以在多种不同赛道上进行比赛的赛事,而且对多种电子辅助设备和自动装置有比 F1 更严格的限制,所以 CHAMP CAR 车手就成为比赛中极为重要的因素。相对耗资千万美元打造车队,被称为是车队比赛的 F1 赛事,CHAMP CAR 更能衡量车手的驾驶经验和水平,它被称为是车手的大赛,是车手之间的较量——再加上 CHAMP CAR 的整个赛场气氛更加摄人心魄,给车迷们带来更大的享受。因此,近年来 CHAMP CAR 越来越受到世界各国车手和成千上万的国际车迷的青睐。

同 F1 一样,CHAMP CAR 全年分为 14 ~ 16 站比赛,在世界各地,主要是在北美地区巡回比赛。在美国著名的加州长滩、拉斯维加斯、克里夫兰赛道,在久负盛名的墨西哥城、加拿大的多伦多、蒙特利尔和澳大利亚的著名旅游地——黄金海岸的大堡礁等著名的赛道上,都进行着这项比赛。

2004 年,CHAMP CAR 在北美和亚太地区的 4 个国家和 14 个城市进行比赛,通过欧洲、美洲以及澳洲等国的各大媒体和主要电视网络、体育频道以及互联网向数十亿的车迷进行了直播和转播。美国的 CBS、FOX 和体育专业电视 SPEED CHANNEL 向 152 个国家进行了 CHAMP CAR 2004 赛季的全程转播和报道;在欧洲,近 9300 万家庭的 2.5 亿观众通过 EUROSPORT TV、SKY SPORTS 以及娱乐专业电视 DISCOVERY CHANNEL 和 MTV 享受着 18 种不同语言进行的现场播报。

这些传媒在报道该赛事进展的同时,也通过电视屏幕和其他的传媒工具将举办国/城市的形象和赞助商的品牌推广到世界各地。此外,互联网上的即时传送,更吸引了难以计数的网络赛车迷们。

激烈的 CHAMP CAR 在吸引了众多的赛车车迷眼球的同时,也引起了众多国际著名企业和品牌的青睐,如 FORD 汽车、BRIDGESTONE 轮胎、MOTOROLA 摩托罗拉、麦当劳等,他们纷纷把赛事作为宣传企业形象、扩大企业知名度的一个理想平台。

自2003年开始，CHAMP CAR一直谋求向美洲以外的海外市场，特别是亚洲市场发展。2005年的一个新的CHAMP CAR的赛事热点就是在韩国开创亚洲CHAMP CAR的第一次大赛。

同时，CHAMP CAR也非常希望能够进入世界上汽车生产和消费增长最快的中国市场，以中国为中心，逐渐建立起它的亚太区市场。

1.2.6 GP2系列赛事

GP2就是"轻型F1"的意思，这项建立不久的系列赛是专门为F1准车手打造的一项赛事，因此该赛被圈内称为"F1小联赛"。

2005年，F1赛事推广人伯尼·埃克莱斯顿与雷诺经理布里亚托利联手打造了GP2比赛。但这个赛事不是国际汽联主管的赛事。伯尼想把它办成F1规则修改的试验田，并为未来的F1减负做准备，同时在技术规则上也有更大的空间。

GP2赛车使用统一的雷诺发动机，动力在441kW(600马力)。单圈速度比F1慢14s，但也是仅次于F1的最快的方程式赛车。最关键的是GP2采用了F1的一些科技。此外，因为GP2的赛道与F1相同，所以车手也能很快适应F1比赛，因此GP2车手更容易得到F1车队的青睐。

GP2赛事是年轻车手的舞台，现役F1车手中，汉密尔顿是2006赛季GP2的总冠军，小罗斯伯格是2005年总冠军，科瓦莱宁是2005年总亚军。

另外，像前F1总冠军皮奎特的儿子小尼尔森·皮奎特、老车王尼基·劳达的儿子马蒂亚斯·劳达，也都参加过GP2比赛。法拉利总裁让·托德的儿子尼古拉斯·托德也以车队经理的身份参加GP2赛事。

目前，GP2已经成为一个真正的国际赛事，2007年参赛车手来自日本、马来西亚、土耳其、意大利、德国、英国、阿根廷、西班牙和荷兰。参赛车队12支，法国有2支、西班牙有3支、意大利有2支。

1.2.7 WTCC世界房车锦标赛

WTCC(World Touring Car Championship)即世界房车锦标赛，是FIA国际汽联于2005年新推出的一项全球性汽车赛事，它的前身即为ETCC(Europe Touring Car Championship)欧洲房车锦标赛。WTCC延续ETCC的Super 2000车辆规则，每站比赛分两回合(每回合8圈)进行，并颁发冠军车手和冠军车厂两个奖项。参赛的车辆为Super 2000级别，必须以量产房车为基础，发动机排量不能超过2000mL，采用自然吸气方式，功率在183～198kW之间。

图3-4 WTCC世界房车锦标赛

长久以来，FIA(国际汽联)旗下的F1和WRC一直是全球车迷瞩目的两大世界级别汽车赛事，范围涵盖了方程式和拉力赛。无论是赛事组织、车迷人气还是商业运作都堪称赛车运动的巅峰之作。2005年，国际汽联又推出了WTCC世界房车锦标赛(图3-4)，意在将场地赛提升到一个新的高度,在全世界范围内掀起新的关注热点。

提起房车赛,大多数车迷心中首先想到的可能是德国 DTM、英国 BTCC 等这些熟悉的名字。由于房车赛的参赛车辆均是市场上保有量较大的量产车型,参赛费用也相对低廉,因此,房车赛在汽车工业较为发达的欧洲、北美和日本开展的时间较为久远,基础十分深厚。其中,欧洲作为房车比赛形式的起源地,这些年来一直将其作为贯穿全年的主要赛事,并分开不同的组别,满足车厂、车手、车迷的不同需求。比较著名的赛事如 DTM、BTCC 不仅在欧洲大陆可与 F1、WRC、GT 等全球性赛事分庭抗礼,还吸引了许多欧洲以外的车迷关注,可谓盛名远扬。

与 F1 等赛事不同的是,以上的房车赛均是由本国汽联主办的"地方性质"赛事。虽然每年的分站赛都会在欧洲各个国家之间辗转轮回,但是比赛的级别始终不是最高。事实上,作为有资格举办最高级别赛事的 FIA 也有自己旗下的房车赛,那就是 ETCC。但是由于历史不及 DTM、BTCC 等传统房车赛久远,虽然开办得也是有声有色,但车迷人气始终要略逊于后两者。也许是酝酿已久,也许是趋势所致,2005 年,国际汽联终于将 ETCC 欧洲房车锦标赛更名为 WTCC 世界房车锦标赛,并且在保留原有欧洲系列分站的基础上,增加中美洲的墨西哥、欧亚交界处的土耳其和亚洲中国的澳门三个分站,成为真正意义上的世界级房车赛事。

作为房车赛的发源地,欧洲拥有多项著名的房车赛事,从年初到岁末,几乎每个月都有多场赛事,举办地点更是基本上覆盖了整个欧洲大陆。这样密集的赛事虽然为房车赛打下了坚实的基础,也发展了不计其数的车迷,但欧洲并不代表整个世界,局限在欧洲圈子内只会在未来形成房车赛事进一步发展的桎梏。ETCC 变成 WTCC,不仅使自身的魅力倍增,也成为世人眼中勇于迈出第一步、旨在将欧洲成熟浓厚的房车赛文化向全世界传播的"文化大使"形象。在赛车赛事日益普及、赛车文化日渐升温的今天,走出欧洲的 WTCC 必将率先赢得其他地区车迷的人气,抢先占领赛事文化和商业运作的市场先机。

对于各大车厂来说,这样的变革无疑也是他们最希望看到的:第一,赛事的国际汽联名义就是最好的金字招牌,这点已在原 ETCC 中就可以看出,吸引了包括宝马、菲亚特、西亚特、标致等世界著名厂商参加;第二,由于参赛车辆均为各车厂的主力畅销产品,自然能博得更多车迷的关注和喜爱,而赛事升级为全球性质之后,更是一次自我亮相、宣传推广的大好机会,这样的机会是每间车厂都不愿放弃的;第三,低廉的比赛费用也是各大厂商全力支持 WTCC 的一大动力。而后两者因素也是导致通用和福特这两大巨头分别退出 DTM、F1,移情别恋 WTCC 的原因所在。

此外,各支车队的赞助商们也憧憬着全新的 WTCC 系列赛事:借助比赛宣传自我的范围由欧洲扩大到全世界,观众人数(包括观看电视转播人数)将会翻几番甚至更多,还有机会在亚洲这样经济繁荣、市场潜力巨大、商机无限的地域抛头露面,这样的益处对于他们来说不支持 WTCC 都不行!

2004 年 9 月,当久负盛名的英国银石赛道因缺乏资金、难以维持而苦恼不已时,上海 F1 的成功举办让全世界看到了什么是中国市场。任何人都无法忽视社会稳定、经济繁荣的中国对于汽车赛事的巨大推动作用。除了最具影响力的 F1,2004 年,中国还迎来了 DTM、GT 耐力赛等全球影响力巨大的赛事,因此想在全球施展拳脚的 WTCC 是没有理由跳过如今这一炙手可热的地方。对于 WTCC 比赛组织者来说,比赛收入的最大来源是电视节目的收视率。原 ETCC 的比赛是由欧洲体育频道 Eurosport 直播至欧洲 1 亿个家庭,并通过 13 个卫星地面和有线电视台于欧洲、北美和亚太地区播送。杂志式节目 Gilette World of Sports 与 Trans World Sport 更为赛事带来额外 5.5 亿观众。新的 WTCC 增加了中国澳门站的比赛,并将其作为全年的收官之战,把拥有 4 亿个家庭,覆盖 13 亿人口的中国消费者拉入赛事的观众队伍中,毫无疑问这是赛事组织者的核心战略所在。此外,华晨汽车组队参加 WTCC 也是这一战略的部分体现,有了中国自己的车队,使用的是具有自主知识产权的轿车参赛,一定会吸引更多中国观众的关注,看来 WTCC 组织者的中国情结还挺深厚。

赛事规格的升级加上车厂赞助商的支持,还有广阔的市场前景和巨大的世界范围商机,WTCC 的前途似乎一片光明。然而,究竟能否成功,关键还是要看赛事本身的精彩程度是否足够吸引到新的目光。对于欧洲以外的观众来说,原 ETCC 采用的特殊比赛规则,如每轮比赛两回合、两回合发车前八名次序颠倒、排名前四的赛车需负重以及房车赛特有的挤压碰撞是新鲜而刺激的;各种知名量产车型的赛车也会令他们倍感亲切;而享誉赛坛的澳门东望洋街道赛的加入将会为这项赛事带来一场盛大的年终大狂欢,此乃全世界车迷的一大幸事;尤其要说的是,作为中国的车迷,第一届 WTCC 便有中国本土的车厂和赛车参赛,这样的赛事也是非关注不可的。

当然,WTCC 也有不尽如人意的地方。首先,大多数的分站赛还是聚集在欧洲大陆,有些过于拥挤,也使得“W”字眼有些勉强;其次,过低的门槛虽然加入了更多的个人参赛队,也给了更多有潜质的年轻车手锻炼机会,但会使比赛水平有所降低,不利于才诞生不久的 WTCC 树立形象。

由于升级为 2005 年 FIA WTCC 国际房车锦标赛的压轴赛事,2004 年的澳门东望洋房车赛吸引了众多 ETCC 车队和车手前来一试身手。其实他们之中一些人对于一年一度的澳门格兰披治大赛车已是非常熟悉,曾经在这块熟悉的街道赛上屡创辉煌让他们此时更多的是甜蜜的回忆。而对于初次踏足澳门的车手来说,著名的东望洋赛道可不像它的名字那样好听。

对于 WTCC 来说,增加了中美洲的墨西哥、欧亚交界的土耳其以及亚洲中国的澳门三站比赛更将为 WTCC 在世界范围内赢得更多车迷支持,要知道这些新的比赛地点都是近些年赛车运动蓬勃发展的地域,也是国际上各种赛车赛事争夺资源的热点地区。此外,纵观国际赛车赛坛,还没有一项真正意义上的全球房车系列赛事,而 WTCC 的出现正是冲着这一空白而去的,其目标也是早日与 F1、WRC 一起形成三足鼎立之势。

1.2.8 CRC 中国汽车拉力锦标赛

CRC 是中国汽车拉力锦标赛的简称,是由中国汽车运动联合会及举办地人民政府联合主办的全国性汽车拉力赛事。

世界汽车拉力赛在国外已有近百年的历史,中国拉力赛的历史则是从 1985 年港京拉力赛开始的,这也是中国汽车运动史的开端:中国第一批明星车手和汽车运动爱好者是从这个比赛里诞生的,中国第一批汽车运动官员也是在此锻炼成长的,这个赛事还培养了中国最早的汽车运动记者和观众。

拉力赛是汽车道路比赛项目之一。在有路基的土路、砂砾路或柏油路上进行,是在一个国家内或者跨越数国举行的既检验车辆性能和质量,又考验驾驶员驾驶技术的长途比赛。比赛在规定日期内分若干阶段进行,每阶段内设置由行驶路段连接的数个测试速度的赛段交替进行,每个赛段的长度不超过30km。比赛采用单个发车方法,每个车组由1名驾驶员和1名副驾驶员(领航员)组成。以每个车组完成全部特殊路段比赛的时间和在行驶路段所受处罚时间累计计算最终成绩,时间短者名次列前。比赛对行驶路段的行驶时间有严格限制,车组必须按规定的时间依次到每个时间控制点报到,迟到或早到都会受到处罚。

全国汽车拉力锦标赛是经过国家体育总局和国际汽车运动联合会批准的一项国家级汽车赛事,它的最高管理机构是中国汽车运动联合会。CRC从1999年开始正式举办,从最初的每年2、3站比赛到现在每年约4~5个分站赛,并且有超过20支车队参加,每场约有70台赛车参赛,其中国外车手约10~20人,是国内最高级别、最大规模、最大影响力的汽车赛事。全国汽车拉力锦标赛的每站赛事分两天举行,行程约500km,其中将近200km为竞赛速度的“特殊赛段”。车手只有历尽艰辛、长途跋涉才能到达终点,是技能和意志的双重考验。图3-5是2008CRC长白山站长安铃木车队。

图3-5 2008CRC长白山站长安铃木车队

而在中国的汽车运动项目中,中国汽车拉力赛始终拥有无与伦比的地位——政府重视、媒体关注、民间认可、行业基础雄厚、商业模式成熟等。近年来,由于不少敢于创新的地方政府看到拉力赛在赛事搭台、经济唱戏方面独树一帜的魅力和影响力,往往会投入大量的人力物力财力给予大力支持,拉力赛由地方政府协办已成为现阶段中国拉力一大特色。

经过多年的发展,中国拉力赛已经成为中国最主流、竞赛水平最高的汽车运动项目之一。在很多方面,中国拉力赛的水平已经超越了日本,而整体的比赛规模也比亚洲太平洋地区顶级赛事——亚太拉力赛要大。中国拉力赛无疑蕴涵着巨大的能量和潜力。

1.2.9 中国场地锦标赛CCC

中国汽车场地锦标赛的理念浓缩为CCC,即挑战(Challenge)、信心(Confidence)和合作(Cooperation)。CCC把历时百年的国际汽车运动的理念和规则引入中国,并按照国际汽车运动的运作方式,行全方位、多层次、市场化的汽车赛事组织、运行和品牌经营。全国汽车场地锦标赛CCC在中国的三个国际标准赛车场——上海国际赛车场、北京金港国际赛车场和珠海国际赛车场进行。

CCC在2004年正式启动,在此之前,国内的场地赛也并非一片空白,全国性的房车赛也定期举办,只是发展一直缺乏系统和规划,以挑战、信心和合作为理念的CCC就在这样的历史背景下诞生,中汽联在其中倾注了不少心思和资源,所以CCC的起步较其他国内赛事,如CRC、场地越野赛等得到了更多政策上的扶持,在国内赛车还存在严重“政策式”局面下,委以重任的CCC无疑是占了一些先机的。

2004年的首个赛季并没有一炮而红,更多是从“非正式”到“正式”的一个过渡期。采取限位(置)的1600mL组别虽然名义上有十支车队,但竞争和受重视程度均不是很高,而

2000mL 组别赛事更像为港人而设的,数量不多的几支车队,香港人和香港车队占了大半,车队报名参赛条件比较宽松,反倒是 2000mL 组别在近两年受到追捧的重要原因之一。

2005 年与 2004 年的状况有点类似,表现出当时 CCC 竞争程度不足。总的来说,CCC 在前两年的比赛都有点平淡,厂家和赞助商的参与程度不高,更多是一些私人车队为了兴趣而参赛。

这种情况到了 2006 年开始有了改善和变化,突出表现在一些厂家(赞助商)经过前两年的观望后开始挺进 CCC,其中尤以东风日产、长安福特为代表,两者分别在 1600mL 组和 2000mL 组带起了一股技术革命风,并做出广泛的媒体宣传,对 CCC 原有的格局冲击很大,不少厂家(赞助商)开始重视这个尚没被完全开发的赛事资源,像东风悦达起亚、北京现代、海马汽车等不同程度加大了对赛事的投入,令 CCC 曝光率大增,而与之相比,汽联方面的调整和规则上的变化与现实状况有点脱节,CCC 热闹的场面背后其实有不少隐忧。图 3-6 为 2006 年 CCC 第三场珠海站。

图 3-6　2006 年 CCC 第三场珠海站

转到 2007 年,CCC 发生了两件大事:1600mL 组别赛车改装风波。中汽联为了平息纷争,做出 2009 赛季开始施行新规则的决定。CCC 找到华赛(现更名为格兰披治体育策划有限公司)推广商,这是 CCC 史上第一次有了专门推广商,在合作的初期,华赛的确为 CCC 在宣传推广方面带来了一些改变,但因其缺乏经验和资金上出现问题,使得 CCC 下半个赛季在宣传推广上再次陷于困局,CCC 推广没达到当初的预期,随后华赛更名格兰披治,后者依然是 CCC 合作推广商。

1.3 F1 方程式赛车

F1 中文称为“一级方程式锦标赛”(图 3-7),是英文 Formula 1 Grand Prix 的简称,正式全名为“FIA Formula 1 World Championship”一级方程式赛车世界锦标赛。“方程式”是“规则与限制”的意思,因为 F1 比赛是在国际汽车协会 FIA 所制定的规格与规则下来制造赛车以及进行比赛,所有参加的队伍都必须遵守这套如方程式般的准则。

除了 F1 之外,还有其他不同等级的方程式比赛,像 F3、F3000、Formula Ford、Formula Renault 等,它们都属于方程式赛车的一种,只是各自的规范不同,而 F1 是 FIA 所制定的方程式赛车规范中等级最高的,因此以 1 命名。

图 3-7　F1 方程式赛

首届世界一级方程式汽车大赛,于 1950 年 5 月 13 日在英国的银石赛车场举行,只有 7 场比赛,后来场次逐渐增加,再后来被限制为 16 场。1996 年重新规定最多为 17 场,现在一般为 16

场，所有比赛均由国际汽车联合会（FIA）安排，赛场遍布全球。一级方程式赛车的车队由三部分组成：一是赛车由著名汽车制造厂家研制，一般每个车队有1～2辆参赛车辆；二是拥有FIA颁发的“超级驾驶员驾驶执照”的车手，全世界拥有这种执照的每年不到100人；三是维修人员，一流的汽车维修人员负责赛车的维修。

1.3.1 F1赛车——高科技的结晶

根据FIA规则，F1赛车被定义为一种至少有四个不在一条线上的轮子的车辆，其中至少有两个车轮用于转向，至少有两个车轮用于驱动。

F1赛车主要出自德国保时捷和宝马公司、意大利法拉利公司、美国福特公司和日本丰田公司等几家大公司。目前，由车队制作车架、车壳，由车厂制作发动机已成为赛车制造的主流，只有法拉利是一家既生产发动机又生产车架、车壳的公司。F1方程式赛车是生产厂家创造力、想象力、技术水平和经济实力的结晶，价值不亚于一架小型飞机。

发动机是汽车的心脏，F1赛车的发动机是车赛取胜的最关键因素。F1赛车走过了几十年的历程，变化最大的也是发动机的技术。20世纪50年代，F1赛车曾采用过增压发动机；1977—1989年，则流行涡轮增压发动机。从1989年起，FIA规定禁止使用涡轮增压器，一律使用排量不大于3.5L（1995年又限定为3.0L）、汽缸数目不超过12个的自然吸气式发动机（禁止使用转子发动机），并且限制进排气门的尺寸。发动机采用高标号汽油作燃料，并且采用非常先进的计算机控制点火装置。机油和水的冷却均靠行驶时产生的气流进行“空冷”。在某些赛车的发动机上，为防止受热后尺寸变化影响进、排气量，每缸均采用了3个进气门、2个排气门。目前，雷诺V10、法拉利V12、奔驰V10、标致V10、雅马哈V10、福特V8、本田V10等都是著名的赛车发动机。

F1赛车外形是综合考虑减小车身迎风面积和增加与地面附着力以及赛车运动规则而成型的。车身酷似火箭倒放于四个轮子之上，发动机位于中后部。底盘材料采用航空航天设备用的碳素纤维板，内夹铝制蜂窝状结构板，比传统铝板密度小一半而强度高一倍。赛车疾驶时，迎面会遇到极大的空气阻力，为了减小空气阻力，赛车外形要尽可能呈流线型，以获得较小的迎风面积。通过减小迎风面积并采用扰流装置，借以减小空气阻力，提高速度。另外，当赛车高速前进时会产生向上的升力，使车轮与地面之间的附着力减小，导致赛车“发飘”，影响加速和制动。在赛车尾部安装后翼板后，可以增加向下的压力，使赛车行驶时的附着力增大。

轮胎也是赛车的关键技术。为了使发动机的动力能可靠地传递到路面，轮胎制作得相当宽大（前轮约为290mm，后轮约为380mm），用以增加与地面的接触面积。根据天气的不同，赛车选用不同的轮胎：干地胎或湿地胎。在无雨时选用干地胎，这种胎表面光滑，无任何坑纹，以利于与地面良好贴合；在湿滑条件下则要选用湿地胎，这种胎具有明显的坑纹，以利于排出轮胎与地面之间的积水，保持必要附着力。比赛前，地面工作人员还要用特制的轮胎毯套对其进行加热或保温，使橡胶具有黏性和韧性，以获得较大的附着力，避免起动或转弯时打滑。比赛中的高速行驶及频繁的强力转向和紧急制动使轮胎磨损极快，经常需要在中途换胎。车赛就是时间的比赛，因此，赛车轮胎只有一个紧固螺栓，便于迅速拆装。

正是因为F1赛车具有如此先进的结构和装备，才使它具有普通汽车所难以达到的良好性能。

1.3.2 F1 赛车手

据国际汽车联合会(FIA)规定,参加 F1 比赛的选手,必须持有“超级驾驶执照”。而每年,全世界有资格驾驶 F1 赛车的车手不能超过 100 名。因此,为了跻身 F1 赛场,每名车手必须过五关斩六将,先是小型车赛,然后是三级方程式,接着是二级方程式,这一切都通过了,才能获得“超级驾驶执照”,成为 F1 车手。

F1 车赛不仅是车速的比试,同时也是车手体能和意志的较量,所以 F1 车手必须集身体素质、车技、经验和斗志于一身。比赛中,高速行驶的赛车在转弯时产生巨大的离心力,这种离心力使人感到非常恶心,感觉五脏六腑都与身体骨架脱节。车手首先就必须适应这种难受的反应。为了减少离心力对颈部造成的高血压,车手们在比赛时都戴着护脖套以防头部前冲撞在转向盘上。车手们的肌肉应该是细腻而有耐力,特别是上体颈部和肩部的肌肉要格外强壮,才能承受高速比赛时所产生的离心力和惯性力的巨大作用。

F1 大赛在某种意义上说是对车手身体的摧残。由于车手一直处于神经高度紧张的状态,且赛车内温度极高,所以车手的水分、盐分和矿物质消耗得都极快。据统计,在比赛过程中,车手的脉搏达 140 ~ 160 次/min,并且持续 5h 左右,在比赛高潮中,脉搏甚至高达 200 次/min。虽然 F1 大赛非常消耗体力,但车手们却不能随意补充营养、增加体重,原因在于过多的肌肉会消耗体内的能量,比赛时易感到疲劳。

图 3-8　埃尔顿・赛纳

在 F1 大赛中要取得好成绩必须具有娴熟的驾驶技术和丰富的赛车经验。掌握拐弯时的各种战术可以说是车手取胜的法宝。在赛车拐弯前,各车手都会做好超前的准备,比较常用的方法是掌握赛车的制动以超过对方。由于 F1 赛车的车速极高,拐弯时最容易出现危险。车坛王子埃尔顿・赛纳(图 3-8)就是在弯道处转向器转向不足,赛车以极高速度撞上水泥防护墙而车毁人亡的。

F1 赛事已走过了半个世纪的历程,涌现出了众多的著名车手,其中以巴西车手埃尔顿・赛纳 (Aryton Senna)和德国车手迈克尔・舒马赫(Michael Schumacher)(图 3-9)尤为出色。

埃尔顿・赛纳以其勇敢、智慧,奔驰在赛场上 10 年,创造出了不平凡的成绩,成为当时世界上最优秀的赛车手,被誉为“赛车王子”。1960 年 3 月 21 日,赛纳出生于巴西的圣保罗市。1973 年,年满 13 岁的赛纳首次参加在家乡举行的小型赛车比赛,初战告捷,从此节节胜利,17 岁时便夺得了南美冠军。20 世纪 80 年代末至 90 年代初是赛纳赛车生涯的辉煌时期,他每站比赛排位几乎总是最前,最先冲刺的也几乎总是他;他三次夺得了世界一级方程式车赛年度总冠军,成为年薪最高的车手,赛纳一时间几乎成了 F1 赛事的代名词。

图 3-9　迈克尔・舒马赫

1994 年 5 月 1 日,在意大利的伊莫拉赛道开始了第三站的比赛,赛纳还是排位第一。当赛车行至第7圈时悲剧发生了,在坦布雷罗弯道上,赛纳驾驶的2号赛车以约300km/h的高速撞上了水泥防护墙,赛纳之死震撼了全世界,许多国家的新闻媒体都进行了大量报道。在巴西,赛纳不仅仅是一名超级车手,他还是国家的象征、民族的骄傲。

德国车手迈克尔·舒马赫(Michael Schumacher)1969年1月3日出生于德国赫尔斯—赫尔姆海姆,父亲是一名砖匠,也是一个卡丁车场的负责人,这种条件使他自幼便有机会从事卡丁车运动,他4岁就开始参加卡丁车比赛,1984年、1985年他连续两年取得德国青少年卡丁车总冠军,1987年更获得了欧洲卡丁车总冠军。

1991年在比利时斯帕赛道舒马赫代表乔丹车队首次参加了F1大奖赛,1992年他在比利时获得了第一个分站冠军,并在那个赛季获得了总成绩第三名。1994年他第一次夺得世界冠军,并于次年卫冕成功。1996年他加盟法拉利车队,虽然赛车问题不断,但他还是获得了第三名。2000年,舒马赫为法拉利车队夺得车队与车手双料冠军,成为三届世界一级方程式冠军车手,也是法拉利车队21年来的首个冠军车手。2001年,舒马赫再为法拉利车队夺得车队与车手双料冠军。

截至2006赛季巴西分站,舒马赫F1大奖赛参赛次数多达250次,91次获得F1大奖赛分站冠军,76次创F1大奖赛最快圈速,F1大奖赛累计积分1369分(F1历史上唯一一位积分超过1000分的车手),13次单赛季分站最高冠军(2004赛季开局5连胜和7连胜以及铃鹿大奖赛冠军),并创纪录地获得七次年度车手冠军(1994年、1995年、2000年、2001年、2002年、2003年、2004年)。

2006年,舒马赫在意大利蒙扎赛道夺冠后,宣布2006赛季结束后退役,舒马赫宣布退役时几乎打破了F1的所有的记录,2006年巴西站后舒马赫退役。2009年7月30日,舒马赫宣布将在巴伦西亚大奖赛复出,开始顶替马萨参加本赛季余下的F1赛事。2009年8月11日,舒马赫因2月的摩托车赛发生事故造成的颈伤未愈,无法承受F1的高强度,宣布取消复出。

1.3.3 F1车队

一支F1车队拥有近500名员工,分别效力于不同部门。如果把F1车队比作一棵树,那么在最顶端的就是车队主管,有些车队主管就是车队持有者,另外一些纯粹是车队管理者,车队主管的任务就是带领团队上演一出精彩F1大戏;大多数F1车队都有一位技术总监(有些车队拥有两位技术总监),他负责监督赛车的设计和研发;比赛团队是一个独立的部门,由比赛团队经理负责,比赛团队经理的职责包括许多实际操作,例如将团队和设备送达赛道,监控许多事情:如比赛规则、与国际汽联联络、了解圈速,除此之外,比赛团队经理还需要负责进站演练,确保车队一切正常运营。首席工程师在比赛周末密切关注两辆赛车。每辆车有一位比赛工程师、一位数据工程师、一位控制系统工程师和一位发动机工程师,当然还有机械工作人员。比赛工程师、数据工程师和他们的车手之间的关系非常重要。两辆车的团队之间会共享数据,但是一旦比赛开始,每个团队都有自己的程序,每个团队必须做到最好。比赛团队还要负责管理轮胎。F1车队还有财务部和商业活动部为车队带来经费,为车队的各个赞助商服务,而联络部则负责车队的公关活动。

由于美国次贷问题所带来的信用危机和世界经济萎缩,全球汽车工业运营环境迅速恶化。2008 年，法国马尼库赛道率先宣布退出 F1（据悉，马尼库赛道每举办一场比赛就会亏损 2000 万欧元以上）；2008 年 12 月，本田车队宣布退出 F1；2009 年 7 月，宝马公司正式宣布宝马 F1 车队将在 2009 赛季结束后退出 F1 赛事；2009 年 11 月初全球第一大汽车制造商丰田汽车公司在东京召开新闻发布会，丰田车队正式宣布立即退出 F1，从 2010 年开始不再参加 F1 大奖赛。经济危机中离开 F1 的不仅仅是 3 支车队，已经与 F1 合作 13 年的普利司通轮胎公司宣布，在 2010 赛季结束后终止与 F1 的合作协议。同样，丰田公司下属的富士赛道也宣布从 2010 赛季开始不再承办 F1 比赛。

F1 的参赛车队为十支，传统的 F1 三大车队是指：意大利的法拉利车队、英国的迈凯伦车队、法国的雷诺车队。2009 年 F1 的十支参赛车队为：布朗、红牛、迈凯轮、法拉利、丰田、宝马—索伯、威廉姆斯、雷诺、印度力量、红牛二队。2013 年 F1 参赛车队为：红牛、法拉利、迈凯轮、路特斯、梅赛德斯 AMG、索伯、印度力量、威廉姆斯、红牛二队、卡特汉姆、玛鲁西亚共十一车队。

（1）法拉利车队（Ferrari）。法拉利车队成立于 1929 年，是 F1 历史上最具历史传奇色彩的车队，红色是法拉利车队的标志色（图 3-10）。

总部	意大利马拉内罗
首次参赛	1950 年 5 月 22 日
车队冠军	16
车手冠军	15
参赛次数	776
分站冠军	209
杆位次数	203
单圈最快	218
车队总分	4023.5
第一车手	马萨
第二车手	莱科宁
官方网站	www.ferrari.it

图 3-10　法拉利车队赛车

从 1950 年 F1 大奖赛创办时起就开始参赛的法拉利车队，无疑是 F1 车坛的一块活化石，在半个多世纪时间里，法拉利人见证了 F1 大奖赛的兴衰变迁。恩佐·法拉利亲手创办的这支车队，在最初的那段日子里，虽然充满活力，却不幸地与伟大的胡安·曼纽尔·方吉奥（阿根廷车手，51 次参加大奖赛，5 次世界总冠军，22 次分站赛冠军数）和他的阿尔法·罗密欧车队成为对手。在巨人的阴影下不断抗争，直到 1961 年，法拉利人才终于拿到了他们的第一个年度总冠军。

此后，经历了起伏不定的 20 世纪 60 年代，1974 年尼克·劳达的加盟，使法拉利真正成为一支超级车队，从 1975—1983 年的 9 年时间里，他们包揽了 6 届 F1 大奖赛年度冠军。但那之后整整 15 年里，法拉利人没有拿到一个冠军。

1996 年，迈克尔·舒马赫来到这里，经过 3 个赛季的磨合，德国人开始显示出他的王者风范。从 2000 年开始，意大利这匹红色烈马腾飞上了车队参加 F1 锦标赛历史上的巅峰，法拉利车队与车王迈克尔·舒马赫蝉联了 2000 年、2001 年、2002 年、2003 年、2004 年度的车手与车队世界冠军。

值得一提的是，2002 赛季在 F1 大奖赛 17 站的比赛中，法拉利势如破竹地获得了其中

15 站的冠军,这次迈克尔·舒马赫是第 5 次夺得 F1 锦标赛车手冠军。特别是在 2003 年度的赛季中,迈克尔·舒马赫更是第 6 次荣登 F1 世界冠军的宝座。迈克尔·舒马赫这一辉煌的战绩,不仅让所有 F1 的车手望冠兴叹,而且也为车王迈克尔·舒马赫本人以及充满传奇色彩的法拉利车队,写下了 F1 历史上最辉煌灿烂的一页。2004 年是法拉利获得丰收的一年,舒马赫连续获得了 6 个分站冠军,舒马赫和法拉利车队的积分一直遥遥领先,巴里切罗获得了车手亚军。

2005 年,法拉利仅获得 1 个分站冠军,是车队历史上最差的 1 个赛季;2006 年最后一年参加 F1 比赛的舒马赫夺取了 7 个分站赛的冠军,在最后阶段法拉利赛车的稳定性出现了问题,导致舒马赫在关键一战中发生爆缸事故,这次事故直接导致车队和舒马赫丢掉了夺取冠军的机会,最终车队落后雷诺 5 分获得车队亚军。

2007 年,芬兰车手莱科宁加盟法拉利车队,并在收官站巴西站比赛中夺冠,以 110 分夺取个人职业生涯首个年度车手冠军,队友马萨获得年度第 4 名,总积分 94 分。法拉利车队以总积分 204 分获 2007 年度总冠军,这也是车队的第 15 个车队总冠军和车手总冠军;2008 年再获车队年度总冠军;2009 年在车队积分榜上名列第四。

(2)迈凯轮车队(McLaren)。迈凯轮 F1 车队历史悠久。1963 年,迈凯轮由新西兰人布鲁斯·麦克拉伦(Bruce McLaren)创建。此公司曾称作麦克拉伦赛车有限公司(Bruce McLaren Motor Racing Limited),初期以制造 F1 赛车为业务,三年后,车队在 1966 年的摩洛哥 GP 大赛上首次亮相参赛。车队在 1968 年初次报捷,当时麦克拉伦驾驶一辆 McLaren-Ford 获胜。

迈凯轮车队是 F1 车坛的老牌强队,如图 3-11 所示。赛纳是曾经在迈凯轮车队效力的最著名的车手,他在迈凯轮夺得了三个世界冠军。现在的迈凯轮车队是在 1980 年 9 月,由迈凯轮车队与英国 Project Four 公司合并而成的。

总部	英国沃金(Woking)
首次参赛	1966 年 5 月 22 日
车队冠军	8
车手冠军	12
参赛次数	648
分站冠军	162
杆位次数	141
单圈最快	136
车队总分	3310.5
第一车手	汉密尔顿
第二车手	科瓦莱宁
官方网站	www.mclaren.com

图 3-11　迈凯轮车队赛车

(3)布朗车队(Brawn GP)。布朗 GP 车队由前车队领队罗斯—布朗收购前本田 F1 车队改组而来。车手阵容维持了老组合:巴顿 + 巴里切罗,尼克—弗莱留队担任 CEO,来自宝马—索伯的詹德尔(Jorg Zander)出任车队代理技术总监,车队的首款新车命名为

BGP001，如图 3-12 所示。

总部	英国
首次参赛	2009 年 3 月 29 日
车队冠军	1
车手冠军	1
参赛次数	17
分站冠军	—
杆位次数	—
单圈最快	—
车队总分	—
第一车手	巴顿
第二车手	巴里切罗
官方网站	www.brawngp.com

图 3-12　布朗 GP 车队赛车

首次参赛的布朗 GP 车队获得了 2009 年度车队总冠军，同时英国车手简森—巴顿荣获年度车手总冠军，巴西人鲁本—巴里切罗名列第三，可谓表现不俗。

（4）红牛车队（Redbullf1）。2004 年 9 月，福特公司为自己的 F1 时代画上了句号，他们宣布将停止所有有关 F1 赛事的活动。奥地利能量饮料制造商红牛公司购买了美洲虎车队及车队设在 Milton Keynes 的工厂。很快红牛对车队管理层进行了大换血，克里斯蒂安 · 霍纳接任了赛事总监，前美洲虎车队的雇员冈瑟 · 斯特纳重新担任了车队技术总监一职。

2005 年，红牛车队首次参加 F1 世界锦标赛，为了在赛场上争取出色成绩，车队力邀老牌车手大卫 · 库尔特哈德加盟，同时车队也与克里斯蒂安 · 克里恩和维托尼奥 · 鲁伊兹签下了车手合约，车队使用的新型赛车 RB1 实际上是美洲虎车队专门为 2005 赛季设计的，如图 3-13 所示。

总　部	奥地利	单圈最快	29
首次参赛	2005 年 03 月 06 日	积分总计	1864.5
参赛次数	146	参赛车型	RB9
车队冠军	4	第一车手	维泰尔
车手冠军	4	第二车手	韦伯
分站冠军	34	官方网站	www.redbullracing.com
杆位次数	46		

图 3-13　红牛车队

自 2012 赛季起，英菲尼迪将更为醒目的品牌形象使用在红牛车队的 F1 战车上，包括在新一代红牛赛车的底盘侧面以及驾驶舱顶部突出显示品牌 LOGO。英菲尼迪的品牌名称及 LOGO 还会出现在车手比赛服以及车队装备等更多新的位置。英菲尼迪红牛车队连续四年在世界一级方程式车队锦标赛中蝉联冠军。

（5）梅赛德斯 AMG（Mercedes AMG）车队（图 3-14）。德国汽车厂商梅赛德斯—奔驰，第一次以"Mercedes Benz"作为制造商名称参加F1大奖赛，是在1954年。当时的车队全名为戴姆勒—奔驰汽车集团（Daimler Benz AG），参赛车型名为W196。1955年，"戴姆勒—奔驰汽车集团"车队的车手阵容竟扩展到6名，而W196赛车的速度依旧所向披靡。1956年，如日中天的德国汽车制造商退出了F1。

总　部	英国
首次参赛	1954年
参赛次数	70
车队冠军	0
车手冠军	2
分站冠军	10
杆位次数	9
单圈最快	12
车队积分	521
车手积分	660.14
参赛车型	W04
第一车手	尼科—罗斯博格
第二车手	路易斯—汉密尔顿
官方网站	www.mercedes-amg-f1.com

图3-14　梅赛德斯AMG车队

2010年重新参赛的新车队的全称为"梅赛德斯GP—马石油F1车队"，仍由罗斯—布朗领导，车手阵容是迈克尔—舒马赫搭档尼科—罗斯伯格，车队全年积214分排名年度第四。2011年，三叉星继续由舒马赫与罗斯博格搭档出赛，积165分位居年度第五。从2012年开始，车队对名称进行了调整，现更名为"梅赛德斯AMG马石油车队"。2012年，梅赛德斯AMG车队由尼科—罗斯伯格在中国站赢得了重新建队以来的首个分站冠军。三叉星年终积142分排名制造商积分榜第五，F1七冠王迈克尔—舒马赫在赛季结束后宣布退役，来自迈凯轮车队的路易斯—汉密尔顿成为尼科—罗斯伯格的新队友。

1.3.4　F1赛程与车队积分

每年F1赛事由FIA（国际汽车运动联合会，简称"国际汽联"）安排，2017年F1赛程安排见表3-1。2016年、2017年前十名车队积分见表3-2。

2017年F1赛程安排　　表3-1

场次	时　间	国　家	赛　道	圈　数
1	3月23日—3月26日	澳大利亚 澳大利亚大奖赛	阿尔伯特公园	57
2	4月6日—4月9日	中国 中国大奖赛	上海国际赛车场	56
3	4月13日—4月16日	巴林 巴林大奖赛	萨基尔	57
4	4月27日—4月30日	俄罗斯 俄罗斯大奖赛	索契（Sochi）	52
5	5月11日—5月14日	西班牙 西班牙大奖赛	加泰罗尼亚赛道	66
6	5月24日—5月28日	摩纳哥 摩纳哥大奖赛	蒙特卡罗	78
7	6月8日—6月11日	加拿大 加拿大大奖赛	吉尔—维伦纽夫赛道	70
8	6月23日—6月25日	阿塞拜疆 阿塞拜疆大奖赛	巴库赛道（Baku）	51
9	7月7日—7月9日	奥地利 奥地利大奖赛	红牛赛道（RedBullRing）	71

续上表

场次	时　间	国　家	赛　道	圈　数
10	7月14日—7月16日	英国 英国大奖赛	银石赛道	51
11	7月28日—7月30日	匈牙利 匈牙利大奖赛	亨格罗林赛道	70
12	8月24日—8月27日	比利时 比利时大奖赛	斯帕—法荣科尚	44
13	8月31日—9月3日	意大利 意大利大奖赛	蒙扎赛道	53
14	9月14日—9月17日	新加坡 新加坡大奖赛	滨海湾市街赛道(MarinaBay)	58
15	9月28日—10月1日	马来西亚 马来西亚大奖赛	雪邦国际赛道	56
16	10月5日—10月8日	日本 日本大奖赛	铃鹿赛道	53
17	10月19日—10月22日	美国 美国大奖赛	奥斯汀赛道	56
18	10月27日—10月29日	墨西哥 墨西哥大奖赛	赫尔曼诺斯—罗德里格兹	71
19	11月9日—11月12日	巴西 巴西大奖赛	英特拉格斯赛道	71
20	11月23日—11月26日	阿拉伯联合酋长国 阿布扎比大奖赛	亚斯码头赛道(Yas Marina)	55

F1 前十名车队积分　　表3-2

排名	2016年		2017年	
	车　队	得　分	车　队	得　分
1	梅赛德斯	765	梅赛德斯	668
2	红牛	468	法拉利	522
3	法拉利	398	红牛	368
4	印度力量—梅赛德斯	173	印度力量—梅赛德斯	187
5	威廉姆斯—梅赛德斯	138	威廉姆斯—梅赛德斯	83
6	迈凯伦—本田	76	雷诺	57
7	小红牛—法拉利	63	小红牛	53
8	哈斯—法拉利	29	哈斯—法拉利	47
9	雷诺	8	迈凯伦—本田	30
10	索伯—法拉利	2	索伯—法拉利	5

1.3.5 F1 大赛规则简介

(1)F1 赛道。F1 大赛的准备工作由 FIA 安排。近年来,随着赛车运动的风靡,申请主办 F1 大赛的国家越来越多。FIA 规定:F1 专用赛道均为环形,每圈长度为 3 ~ 8km,每场比赛距离为 300 ~320km。为安全起见,赛道两旁一般铺设宽阔的草地或沙地,以便将赛道与观众隔开,同时也可作为赛车出道之后的缓冲区。FIA 规定赛场不允许有过多过长的直道,目的在于限制高速,以免发生危险。这些赛场地理环境迥然相异:有的建在高原上,那里空气稀薄,用以考验车手的身体素质;有的则是街道串成的赛场,路面相对狭窄曲折;有的赛车场显得路面宽阔,但有上下坡考验车手的技术;还有的赛场建在树木葱郁的树林中,那里跑道起伏大,车手很难控制赛车。FIA 要求各赛场的救护人员必须分布在全场的每个角落,争取在出事后尽快跑进现场,进行抢救。英国银石赛道如图 3-15 所示。

赛道中文名：银石　赛道英文名：Silverstone　分站赛名称：英国大奖赛　所在国家：英国

单圈长度：5.141km　总长度/圈数：308.355km/60圈　最快圈速：1′ 18″ 739——迈克尔·舒马赫

图 3-15　F1 著名赛道——英国银石赛道

(2)F1 赛程。F1 的比赛赛程分为三天，一般第一天是自由练习(不计成绩)，第二天是自由练习(不计成绩)和测时排位赛，第三天是正式比赛。

第三天的正式比赛当然是最刺激的部分。比赛之前，在现场仍有其他的活动，像开幕仪式、车手绕场，还有一些附属赛事，但那部分是电视机前的观众看不到的。

正式比赛前有一圈的暖胎，然后在起跑前有 30s 的倒数，由 5 个一组的灯号所控制，5 个红灯同时熄灭时，比赛开始。正式比赛距离约为 300km，差不多需要一个半小时，如有状况必须延误，也不得超过 2h。比赛结束后随即进行颁奖。正式比赛过程中，选手必须视轮胎的磨耗及油耗的状态进入维修站(Pit)换胎及加油，这称为 Pit Stop。F1 赛车使用的是经过特殊设计的加油系统，平均每场比赛大约加油两次，每次约加油 60L。通常花 6 ~ 12s 来为赛车加油及换胎。

想要在正式比赛当天的起跑线上占有一席之地，必须经过测时排位赛的考验，在为时 1h 的测时赛内，每位车手以其中最快的一圈成绩来比较作为决定决赛的出发排位顺序。单圈成绩最快的车手可排头位，又称为“杆位”。在一些路面较狭窄、超车困难的跑道，排位顺序对于比赛的结果将有直接的影响。

(3)F1 比赛旗语。在精彩刺激的 F1 比赛中，红、黄、白、黑、蓝各色旗帜飘舞在赛场上，担当信息传递的工具。车手和裁判之间的信息通过不同颜色的旗帜来表达和传递。五颜六色的旗帜表达的具体含义如下。

红旗:表示比赛开始或是赛段提前终止,当车手看到红旗出现,必须在完成当圈后进入修理站,等待命令看比赛是否要重新开始或终止。

白旗:表示前方赛道有慢车,可能是救护车、吊车。当白旗出现时,车手必须小心,并且准备放慢速度。

黑旗:表示被警告的车手在赛道上的行为不规范,必须在当圈完成之后马上回到维修站,黑旗将伴随着车号在起终点处出现,被警告车手将可能受到加时处罚,严重者要取消比赛资格。

黑底红圈旗:此旗常伴随一个号码牌。警告该车手赛车有机械故障(有时车手不知情),可能会造成危险,车手必须在当圈完成后立刻进入修理站。这面旗将会伴随车号在起终点处出现,除非将车辆修复,否则被警告车手将不得回到场上。

蓝旗:表示后方有较快的车辆接近,并且准备超越。假如看到是摇动的蓝旗,前方的车手必须让路给后方较快车手超越。假如不理会蓝旗的警告达三次,不让路的车手将会被判以进站罚停 10s 的处罚。蓝旗在修理站出口摆动,告诉自修理站回到跑道的车手,出口处有车接近,小心驶出。

黄底红条旗:表示前方赛道表面滑溜,路上可能有油,当这面旗出现时,车手必须小心通过。

黄旗:F1 比赛中经常出现的旗帜,意为赛道外有事故或危险。黄旗摆动时,告诫车手赛道上有事故或危险应放慢速度,禁止超车,小心行驶。若是车手遇到黄旗摆动时,有意超车,将立即被判黑旗。

双黄旗摆动时,除告诫车手前方赛道有事故或危险外,还意味着赛道因事故被部分或全部阻挡。双黄旗摆动时,通常会伴有安全车或红旗出现。

绿旗:绿旗出现时,表示黄旗摆动时存在的潜在危险已解除,车手可以恢复正常速度及赛道。

黑白相间旗:挥动的方格旗表示比赛或赛段终结,这面旗一挥,车手必须随即返回维修区,并且进入围场。这面旗将只对冠军车手挥舞,对其他通过终点的车手固定不动。

(4)F1 成绩计算。1961—1990 年,经过 10 年的比赛之后,F1 的积分规则首次开始进行调整,这一套规则规定,每个分站的前 6 名车手可以获得积分,依次分别为:9 分、6 分、4 分、3 分、2 分、1 分,冠军与亚军之间的积分被拉开了,而另一方面,取消了最快圈速的积分奖励,但总成绩仍然不是计算所有分站的成绩,继续采取只选取最好成绩的几个分站进行统计,这一套积分规则是 F1 历史上沿用得最长的积分规则。到了 20 世纪七八十年代中的某几个赛季,同一支车队,只有成绩较高的一辆赛车积分会被计入车队成绩。

1991—2002 年,与之前相比,这一次应该是 F1 历史上积分规则最大的一次修改,在这段时间,每场比赛仍然会有前六位车手获得积分,但积分的分配有了很大的差距,从冠军到第六名依次得分为:10 分、6 分、4 分、3 分、2 分、1 分。如果比赛只进行了一半,那么就只能获得一半的积分,但车队的积分方面有了很大的改变,所有车手获得的积分都会算到车队积分之中。

2003—2009 年,F1 积分规则又进行了一次大改革,由以往只有前六位车手有积分变成了前八位的车手都可以获得积分，从冠军到第八名的得分分配依次为：10 分、8 分、6 分、5 分、4 分、3 分、2 分、1 分。但冠军谁属的先决条件不再是积分多，而是分站冠军次数多，只有在有车手分站冠军次数相同的时候，积分才扮演着决定最后胜负的角色。

（5）F1 规则解说。自从 1950 年开展这项运动以来，国际汽车联合会曾对规则进行过无数次的修改。F1 比赛规则是由国际汽车联合会技术委员会制定的。国际汽车联合会技术委员会的 14 名委员是由国际汽车联合会的最高权力机构世界理事会（World Council）选出的。由这些资深技术人员、工程师中的一位起草规则，然后提交世界理事会批准。

F1 赛车基本规则如下。

①鼻锥：赛车前段与前轴中心线间的距离不得超过 1200mm，宽度限制在 1400mm 以内。

②双管路制动系统：制动系统分为两条独立的管路。当一条管路发生故障时，另一条仍能继续起作用。

③耐冲击车身：每种新款赛车的样车都必须经受破坏试验。

④安全油箱：油箱必须是可变形又刺不破的，用凯夫勒（KEVLAR）强化橡胶制成，油箱的出油管必须是自动断油式。

⑤最多为 12 缸：发动机排量限制为 3000mL，汽缸数不超过 12 个，不允许采用涡轮增压，只允许用往复活塞式发动机，此条款禁止使用旋转（即转子发动机）技术。

⑥四轮：一级方程式赛车必须有四个轮子，其宽度不能超过 360mm，车身不能盖住轮子。

⑦后翼板：后悬不能超过 1000mm，宽度限制在 500mm 以内，而高度不超过 800mm。

⑧变速器：前进挡至少有 4 个，最多为 7 个，必须要有倒挡。

⑨悬架：不允许采用镀铬的悬架横臂和拉杆。

⑩座位与全装备安全带：六点安全带是法定必备的，并须经国际汽车联合会（FIA）的批准。

⑪减重的限度：一级方程式赛车规定最小质量（包括车手）为 595kg。没有长度限制，但规定前悬和后悬的最大值。宽度不得超过 1800mm。从车架最低部分算起的总高度不得超过 950mm。

F1 比赛规则一直在不断变化。20 世纪 50 年代：装备前置发动机，大梁式车架，“雪茄”状流线型车身、窄轮子、车手坐得笔直。20 世纪 60 年代：车手开始戴头盔和穿防火套装，坐姿向后倾斜；发动机移至后部并采用承载式车身；为安全起见，最小质量第一次被提高到 450kg，然后又到 500kg。20 世纪 70 年代：前部的散热器被移到两边。20 世纪 80 年代：限制利用地面效应，而且为使赛车底部产生低压区的裙状结构也在 20 世纪 80 年代初期被禁用。为提高赛车的速度，车队转而采取其他措施，主要是采用功率高达 882kW（1200 马力）的增压式发动机。

1994 年在 F1 赛场所发生的几起恶性事故，促使国际汽车联合国开始重新审议 F1 安全规则，并于 1994 年下半年实施改良措施，主要改动有如下十项：赛车进出维修站时车速应小于 80km/h；除了为赛车在比赛中更换轮胎及加油的必要工作人员外，所有其他人员不得进入维修站；车身底部定风翼全部除去；后定风翼的底部需要缩小；改造前轮及其附属结构以防止前轮因意外而撞到车手头部；全车总质量（包括车手在内）升至 515kg；采用普通燃料；

把因发动机及排挡系统而产生的撞击力效果消除；一般在早上练习赛进入维修站时，车速也不能超过80km/h；发动机最大功率降至441kW(600马力)。

1995年，国际汽车联合会规定只准使用自然吸气式3L发动机。从2005年开始，Fl的规则又有了很大改动：必须使用1台发动机参加2站赛事；整个排位赛、决赛只允许使用一套(4个)轮胎；在第2次排位赛开始后，直到决赛开始为止不得加油，因此，各队在排位赛前的加油战略显得尤为重要。2006年，国际汽车联合会规定使用8缸发动机。

2009赛季的新规则变化包括空气动力学、光头胎、赛车发动机、安全车规则和私人车辆测试及风洞使用等，其中备受关注的是赛车发动机使用规定。与旧规则相比，新规则限制了全年赛车发动机的总数。同时新规则中明确了车队自主研发设计赛车预算开支的上限最高不能超过3000万英镑(约合3300万欧元/4200万美元)。

1.3.6 F1广告与赞助商

2004年9月26日，当巴里切罗驾驶的红色法拉利战车率先冲过终点，上海F1赛车场上十几万名观众纷纷举起手中的旗帜，向F1英雄们欢呼、致敬。然而，当观众们尖叫、鼓掌的时候，巨资赞助F1的商家们却在偷偷地笑着。

在这场近乎疯狂的速度赛上，F1战车只是一个广告载体，它承载的不仅仅是车主们的冠军梦想，更寄托着商业帝国们的企图。在国际汽车界，有这样一种说法：星期日赢得比赛，星期一好卖车，这里比赛是指F1大赛。所以，各大汽车厂家都把进军F1大赛当成展示品牌形象和技术实力的最佳平台，无不全力以赴组织车队参赛，或者赞助有潜力的车队参赛，奔驰、宝马、法拉利、雷诺、本田等汽车厂家都是F1赛道上的常客。

作为与世界杯足球赛、奥运会并列的三大体育赛事，F1大赛是最赚钱的商业机器，在每年18站比赛中，通过电视观看比赛的观众有几十亿甚至上百亿人次，远远超过每4年才举办一次的奥运会和世界杯足球赛。对那些想把产品卖到全球各地的企业来说，最简单、最有效的办法就是将自己的品牌LOGO印在F1战车上。

中国的F1大赛拥有十三亿人口的巨大市场，面对如此的诱惑，众多跨国企业当然不愿意错过，惠普、壳牌、耐克、沃达丰等巨头按国外F1大赛的标准来应对中国F1大赛；中国的企业更不愿意错过这次难得的良机，中石化、CCTV、红牛、泰康人寿、联想集团、爱国者等企业纷纷在F1赛场树起了自己的巨幅广告牌。国内的汽车企业也不甘示弱，在F1赛道上发动了一场品牌传播战。

(1)第一大赞助商：万宝路(Marlboro)。说到万宝路，大家不会陌生，这是全球最大的烟草公司，也是赞助法拉利车队时间最长的公司之一，但是随着近几年欧洲在开展禁烟活动，所以在欧洲各站我们看不到万宝路的英文出现在法拉利车队身上，取而代之的是白色条纹。不过走出欧洲，例如在中国大奖赛上，我们就能看到那些以前是白色条纹的地方会再次出现万宝路英文标志。

(2)第二大赞助商：菲亚特(Fiat)。菲亚特是法拉利的第二大赞助商，虽然是排在第二，其实准确得来说应该和万宝路一样，并列第一，因为菲亚特是意大利最大的汽车制造商，而法拉利则是菲亚特旗下的一个品牌，所以准确得说，菲亚特公司可是法拉利车队的后台。

(3)第三大赞助商:壳牌(Shell)。壳牌是世界上最大的石油公司,全称为荷兰皇家壳牌集团公司,成立于1907年,是拥有百年历史的老公司。

(4)其他赞助商。

Alice:意大利电信部门旗下的品牌。

Bridgestone:普利司通是法拉利车队指定轮胎供应商,目前是F1赛事指定轮胎供应商。

AMD:与英特尔公司竞争激烈的世界最大CPU生产商之一。

Martini:马天尼酒业,老牌的赛车赞助商,时隔30年重返F1赛场。

Acer:宏碁集团的英文标志。

Mubadala:一个阿布扎比酋长国拥有的投资公司,Mubadala Development 公司从意大利的Mediobanca银行手中收购了法拉利5%的股份。

magneti marelli:玛涅蒂·马瑞利,一家总部设在意大利(米兰 Corbetta),在汽车零部件和高技术系统设计与制造领域处于领先地位的全球性集团公司。

Mahle:德国玛勒集团是世界上最大的过滤器制造商之一,作为拥有万名以上员工的企业集团的一部分,德国mahle(玛勒)过滤器公司以其精湛的工艺和广泛的应用领域,在欧美制造业素有盛名。

IIR:国际制冷协会的英文缩写,其英文全称为International Institute of Refrigeration。

SKF:瑞典最大的轴承生产商,也是法拉利车队指定轴承生产商。

Europcar:德国大众旗下的一个汽车租赁的子公司。

Iveco:依维柯,国人耳熟能详的名字,专门制造卡车,也是菲亚特汽车公司旗下的汽车子公司。

NGK:法拉利指定工业材料赞助商。

Infineon:英飞凌,世界上最大的半导体公司。

HN Meccanica:某服装品牌,法拉利车队的赛车服就是由他们提供的。

Puma:彪马是世界最大的运动服装生产商之一,法拉利车手的鞋就是他们提供的。

Tata:印度塔塔汽车集团,其实塔塔是个印度最大的钢铁家族集团,历史悠久、资金雄厚,涉足钢铁、计算机、汽车等行业,目前已把捷豹汽车品牌收入囊中。

Brembo:改装发烧友都知道的品牌,意大利最大的制动系统生产商之一。

BBS:德国最大的轮毂生产商,其作品全部面向改装车与赛车。

Selex:该通信公司隶属芬梅卡尼卡(Finmeccanica)旗下,是一家军用和民用通信系统供应商。

Sabelt:意大利著名运动服装生产商,萨波尔特(Sabelt)已经正式与车队签署赞助协议,成为车队的比赛训练服装特约提供商。

TRW Automotive:TRW Automotive(美国天合汽车集团)是全球最大的汽车安全系统供应商之一,集团总部设在美国密歇根州利沃尼亚市,在全球26多个国家和地区拥有63000多名员工,2005年销售额达126亿美元。TRW生产制动、转向、悬架、乘员安全方面的高科技主、被动安全产品及系统并提供售后市场作业。

Microsoft:微软公司,是世界PC机软件开发的先导。

1.4 卡丁车运动

卡丁车(图3-16)运动兴起于20世纪五六十年代的欧美国家。由于卡丁车具有尺寸小、安全性强、易于操作、价格便宜的自身特点,又兼有大型赛车速度快、惊险刺激的特点,所以卡丁车既可以从事竞技比赛,又可作为娱乐活动,因而现已成为全世界参与人数最多的汽车运动项目。

图3-16 卡丁车

卡丁车赛(Karting)是汽车场地比赛项目的一种,分方程式卡丁车,国际A、B、C、E级和普及级六类。车赛采用轻钢管结构,操纵简单,无车体外壳,装配有100mL、125mL或250mL的汽油发动机的4轮单座位微型赛车,该车重心低,在曲折的环形路线上行驶,比赛速度感强。卡丁车是世界方程式赛车的最初级形式,始于1940年。由于许多著名的一级方程式赛手都是从驾驶卡丁车起步的,因此卡丁车被视为F1的摇篮。

卡丁车的英文名称ARTING是指"有车厢或无车厢的微型汽车,车轮独立持久地接触地面,后两轮驱动,前两轮导向"。卡丁车是诸多赛车种类中的微型赛车,外形小巧、结构简单,是赛车运动中最低的起步运动,是进入F1方程式赛车的摇篮。在欧洲也称为"迷你方程式"。

最早的时候,卡丁车是一些父母设计出来供子女在后花园或大型停车场玩耍的玩具,最初是用剪草机改装而成的,设备及发动机均非常简单。渐渐地,卡丁车在性能及场地安全方面不断地改良及转型,再加上可供标准比赛用的场地纷纷落成,基于其入门技术及费用要求不是很高,所以迅速地发展为一项老少皆宜的运动项目。世界各地大大小小的卡丁车国际性赛事更是应运而生,其中最具代表性的赛事是全欧洲卡丁车锦标赛和日本世界杯锦标赛。安全性方面,由于卡丁车的重心非常低,易于操控,所以,卡丁车可算是赛车运动中最安全的一种车型。

开卡丁车是一项没有太大危险性的活动,也不是项很高难度的运动,但是,要想真正开好卡丁车,还真不是简简单单随便开几圈就可以学成出师的,它要求车手自身必须有良好的敏捷反应并进行不断地训练,才能对小小的卡丁车形成很好的操控感觉。

在准备实践上场之前,安全措施必须准备妥当,并要听从在场工作人员的指挥。在进行卡丁车实战练习的时候,不妨先选择一条直线跑道,在跑道的两端中间可以各放置一个路障,开车后,要尽量在这条直线上以控制加速踏板收放的方式进行180°的转弯,以此来训练自身的反应程度。这里要着重强调的是,在卡丁车行进的过程中,必须采用的是以加速踏板收放并搭配把握转向盘的形式来控制车辆达到转弯的目的,而不能选择脚踩制动踏板的方式。于是,这要求我们在转弯前就必须判断入弯的路线,只有清楚掌握接下来前进的路线,才能在弯道中尽可能地不使用制动踏板。因为轮胎在弯道中已经承受了侧向离心力,所以难免会影响轮胎本身对地面的附着力,倘若在这个时候增加踩制动踏板的动作,就只会减少轮胎工作的最大限度。当然,也只有当我们学会用控制加速踏板和把握转向盘的方式来代替踩制动踏板进行转弯驾驶的情况下，我们才可以体会到作为后驱设计的卡丁车所带来由底盘传达上来的对身体背部及臀部的强烈路面感。通过这样的甩尾方式，并且适时反打方向借以修正车辆拐弯时的路线与角度，可以训练车手的眼、脑、手、脚同时对转弯做出适当动作的反应，如果能够经常性地练习，将可增加驾驶者的敏锐度，这对于在一般街道上驾驶房车（不论是新手或者是老手），也有着显著的功效。

成立于1940年的国际汽车联合会（FIA）在1962年成立了世界卡丁车联合会。中国汽车运动联合会FASC于1995年加入国际汽车联合会世界卡丁车联合会，完成了中国卡丁车运动与国际的接轨工作。为了推广、普及卡丁车运动，加强青少年的素质教育和培养我国赛车运动的后备人才，1998年全国少工委和国家体育总局联合成立了全国青少年卡丁车运动委员会，作为在中国广大青少年中组织开展卡丁车运动的专门机构。1999年，全国青少年卡丁车运动委员会与中国汽车运动联合会联合举行了"99全国少年卡丁车锦标赛"。

中国第一家卡丁车场于1985年出现在深圳。10年后，北京的顺义才建起一座卡丁车场，接着是沈阳、天津、唐山、上海、贵阳、太原、西安、武汉、三水、珠海等地相继建成了卡丁车场。一时间，卡丁车场兴建非常踊跃。以上海为例，1996年，出现了全国首家专业室内卡丁车场，而在短短的两年间，就由一家发展到31家颇具规模的赛场，成为投资和消费的热点。到了世纪之交的时候，中国已有200多家各种级别的卡丁车场，而卡丁车场生意也非常火爆。

1997年，首届卡丁车全国锦标赛举办时，全国参加比赛的注册俱乐部只有4个，1998年第二届时，就激增至7个俱乐部，26支参赛队伍，比赛扩大到6个地区。程丛夫、江腾一、马青骅等一批车手就是从这个年代开始赛车生涯的。

中国卡丁车运动的发展，仿佛从一开始就如沐春风，进入一个中兴期，除了热烈的外部环境，与国家主管机构的大力推动也有关。1997年，全国卡丁车锦标赛列入国家体育总局赛历，并成为全民健身项目之一，各省市体委都成立专门机构管理卡丁车运动的各项活动。1998年初，国家教委、团中央及国家体育总局联合下文，把卡丁车运动作为青少年素质教育科目，在全国定点城市开展普及卡丁车运动。中央少工委下文号召各省市少工委把辖区内的卡丁车运动场作为"青少年文化活动基地"的首选场地。1999年，全国卡丁车锦标赛及大奖赛成绩同足球、乒乓球等奥运会项目载入中国体育史册，获奖车手也颁发奖牌及体育总局的证书。这些措施让卡丁车运动成为一个"全民的""提高青少年素质的""能与奥运项目相提并论"的非奥运项目。

但赛车，作为一个在世界范围内商业化程度都很高的非奥运项目，注定不会长久地搭上国家培养运动员的班车，商业化、市场化是唯一的选择。

市场的反应就是，在车迷尝过新鲜之后，热度消退，经营难以为继而关门大吉的卡丁车场为数不少。对于有志于继续下去的人来说，卡丁车不便宜的费用和越来越少的车场都成为不利因素。而随着大家对卡丁车运动的了解，发现它存在一定危险性，并且也不再有通过参赛在升学时得到优待的政策，青少年参赛的热情也随之降低。迅速火爆的卡丁车走入低谷的速度也很快，最惨淡的时候，连找举办全锦赛的场地都成了问题。

伴随着2003年CCC全国汽车场地锦标赛开赛和2004年F1中国大奖赛的到来，国人对于赛车的认知又进了一步。卡丁车也走过了最低点，开始复苏，速度虽不惊人，但比较稳定。

中国卡丁车锦标赛（China Kart Championship，CKC）是中国汽联于1997年创立的全国卡丁车锦标赛，每年一届。2007年，华赛接手全国卡丁车锦标赛CKC推广后，在全国范围内举办过卡丁车夏令营，并在卡丁车推广方面作出尝试。2008年，一些依托赛事推广公司组建的车队出现在CKC里，他们既有资金支持，又为自己品牌做长远建设。

作为初级赛事，卡丁车手的数量会制约参与方程式及其他赛事的车手数量，受惠于大众对卡丁车及赛车理性认知的加深，仍然选择留下来的力量才是支撑卡丁车运动继续发展的重心。

参加比赛的卡丁车须是经国际汽联卡丁车委员会（CIK）认证的标准卡丁车，目前国内尚无法生产，一律使用欧洲的标准车型。卡丁车的车身均是统一的，发动机可根据需要选择不同的发动机，如100mL二冲程发动机、390mL四冲程发动机等。

按照国际汽联卡丁车委员会和全国卡丁车锦标赛设置的级别，卡丁车比赛组别分为11类：超A级方程式（FSA）、A级方程式（FA）、C级方程式（FC）、E级方程式（FE）、国际A级（ICA）、国际A级少年组（ICA/JUN-IOR）、国际C级（ICC）、国际E级（ICCE）、国家甲级（NCA）、国家乙级（NCB）、国家少年组（NCJ）。适用于方程式比赛的卡丁车A级和B级执照由中汽联呈报国际汽联卡丁车委员会颁发，适用于其他级别比赛的卡丁车C、D、E级执照由中汽联颁发。

1.5 世界汽车拉力锦标赛

在世界各国举行达十四分站的世界拉力锦标赛（World Rally Championship），简称WRC。拉力赛表示参赛车辆必须严格按照比赛资料中规定的行驶路线，在规定的时间内，到达每一个封闭路段或维修区域等地点进行规定的比赛和规定时间的维修等项目。世界汽车拉力锦标赛WRC始于1973年，是国际汽车运动联合会FIA（简称“国际汽联”，Federation Internationale de l'utomobile）四大赛事之一。世界汽车拉力锦标赛是最严酷的赛事之一，但也是最有魅力的比赛之一，每年全球有近10亿人次通过各种方式观看WRC比赛，如图3-17所示。

图3-17　WRC比赛

拉力赛的赛段为各种临时封闭后的普通道路，包括山区和丘陵的盘山公路、砂石路、泥泞路、冰雪路等，也有无法封闭的沙漠、戈壁、草原等地段。复杂的地形和漫长的赛程不仅考验车手的车技和经验，还要考验领航员的配合、车辆的性能以及维修的力量等。

拉力赛主要分为两种形式：一种为由甲地出发，到达乙地结束，长距离马拉松拉力赛

(格拉纳达—达喀尔拉力赛、555 港京拉力赛和巴黎—莫斯科—乌兰巴托—北京拉力赛)都属于这类比赛,这类比赛每年只举办一次,每次持续五天至二十几天不等。另一种为每天行驶的方向不同但均返回同一地点、历时两到三天的锦标赛系列赛事,这类比赛每年在不同国家和地区举办数场或十几场。如果把每天的出发和返回的地点看作一个圆心,那么每天行驶的路线都是以这个圆心而向外辐射的,其形状如同梅花一般。因此,这一类的拉力赛又称为"梅花型"拉力赛,WRC 便属于这类比赛。WRC 全年在世界各国举行十四站比赛,每个分站产生一对车手和领航员分站冠军,全年各分站成绩总积分最高的一对车手和领航员赛手成为当年度的 WRC 世界冠军。

WRC 的比赛规则十分详细,比如参赛车辆必须为各大汽车厂家年产量超过 2500 辆的原型轿车,同时对于赛车改装后的尺度、质量以及排量、功率等都有严格的限制。

WRC 要求每辆赛车必须同时搭乘一名车手和一名领航员。车手只管开车,充分发挥自己高超的驾车水平,而领航员既要在比赛期间安排好一些生活琐事,而且还要在比赛时为车手指明每一天比赛的正确方位和路线,并在赛段里及时准确地提供前方的路况。

1.5.1 比赛组别

WRC 比赛依参赛车辆规格的不同,分为原厂组(Group N)及改装组(Group A)两大组别。而 A 组与 N 组又依排气量的不同将每组分为 4 小组;每一站的比赛每一组最少要有 5 部车参赛,否则必须强迫晋级。

1.5.2 WRC 比赛方式

每一站拉力赛包含两天的实地勘查、一天的机件检查以及三天比赛。每一站赛事被分成三段(Leg),通常每一站有 15 ~ 25 个特别赛段(SS:Special Stage)。SS 路段就是在封闭管制的路段上进行竞速,1 个 Leg 通常规划有 5 ~ 10 个 SS 路段,长度通常在 10 ~ 50km 之间,SS 路段的规划总长度以 400km 为限,WRC 就是以每一位车手完成所有 SS 路段时间的总和来分胜负,计时的单位是 0.1s,而规划的平均速度以 110km/h 为限,最高不可超过 132km/h。不同的 SS 路段间则以 RS (Road Section) 路段相连接,而 RS 路段的计时单位是 1min,若车手未能在指定时间到达,每迟到 1min,总成绩将加罚 10s。

WRC 的积分制度与 F1 相同,每一站的前八名分别可获得 10 分、8 分、6 分、5 分、4 分、3 分、2 分、1 分的积分,车手所得积分可成为车手本身及车队年度积分,全年积分最高的车手与车队将获得世界冠军的最高荣耀。

我们所熟知的 World Rally Car(WRC)是包含在 A8 组中的,这个锦标赛只有汽车制造厂身份的厂队才具有参赛资格。目前 FIA 规定每支厂队只能派出两部车参赛,而参赛厂队也必须全年参赛才能角逐年度车队积分。综合这两项规定,车队积分是取具有车队积分车手中成绩最佳的前八位。厂队在全年度必须参加 10 站以上,并且至少要参加两场欧洲以外的赛站。

参加 WRC 组比赛的都是各家的精英车手,比赛起跑出发顺序是依照他们的排名,积分领先者首先出发。通常参加比赛的车辆数约 90 部上下,除了参加 WRC 比赛的车辆之外,其余部分也会穿插发动机动力较低、专为年轻车手所设的 JWRC(Junior World Championship)

或 PWRC(Production World Championship)比赛。

1.5.3 WRC 比赛路面

RS 路段是一般的道路,它连接着两个特殊赛段。因为是一般的道路,所以速限必须遵守比赛当地的交通法规,不能超速违规。因此,为了让车手有足够的时间到达下一个 RS 路段起点,会提供一段时间,给车手以当地法定速限完成 RS 路段,并配合警力或军队以维持交通顺畅。

(1)特殊赛段(Special Stage)。比赛路面分为柏油路面及非柏油路面(碎石路面)两大类,法国站是最著名的柏油路面赛事。此外,西班牙站与意大利站也是 WRC 中知名的柏油路面赛事。但若加上天气的因素,则会有雪地的路面,如每年的蒙地卡罗站与瑞典站参赛车都是在冰天雪地的恶劣环境中竞速;而全年比赛中就属碎石路面赛站最为常见。碎石路面依其特性不同又可分为粗糙的碎石路面以及平滑松软的碎石路面,前者如希腊站、土耳其站,后者如芬兰站、新西兰站等赛站。在粗糙的碎石路面上比赛,车辆将遭遇路面大小碎石的撞击,悬架、车轮等相当容易损坏;在平滑的碎石路面上比赛,车辆速度飞快,而路面松软的赛站,如果遇到下雨的话,路面将会变得泥泞不堪,非常容易打滑。要在这些严苛路况中竞赛,对于车辆与车手都是一大考验。

(2)超级特殊赛段(Super Special Stage)。此路段是为了观众及方便电视转播而设的,WRC 史上的 Super Special Stage 起源于澳洲站 Langley Park SSS。SSS 路段长度规划通常只有 2km,而且大多是在人工搭建的赛道上进行,是整个比赛中最短的 Super Stage,但对观众的吸引力却是最高的,因为观众可轻松地在观众席上欣赏传统拉力赛比赛中看不到的两车同场竞技的画面,而且不必受风沙之苦。

1.5.4 WRC 路书

一个拉力车手依靠他的领航员得到赛段的信息。为了能在最短的时间内有最优异的表现,车手必须遵循领航员的指示,特别是在夜间的赛段中。

以下是 WRC 路书中一些常见的词语:Left 或 Right 表示左弯或右弯;One、Two、Three、Four、Five 或 Six 表示弯道缓急,One 表示最急,Six 表示最缓(数字表示这个弯所允许的挡位);Care 表示谨慎驾驶;Caution 表示前方有危险,很容易造成车辆损坏。

以下是 2003 年度总冠军挪威车手索尔博格的一个路书:Start,30,Keep left over a crest into short 4 right plus opens,60,crest and 6 right plus and don't cut short 6 left minus[解读:起步,行驶 30m,保持左线,飞跳,进入 4 挡短右弯,路变宽加速,行驶 60m,飞跳,6 挡右弯,保持中间线路(勿切内),6 挡短左弯,半开节气门通过]。

1.5.5 WRC 特殊细节

(1)勘路(shakedown)。WRC 比赛中有一个很重要的环节就是勘路。勘路是指在正式比赛前,车手和领航员要在比赛开始前的周二或者周三进行赛道的勘测。

每个车组允许通过同一个赛段两次,并以尽量贴近真实比赛的情况进行勘测。第一遍通过赛段的时候,车手需要将路况信息反馈给领航员,然后领航员以简短的语言记下这些信息。第二遍通过赛段的时候,领航员报出路书,车手对这些信息再次核对。

勘路车必须是 Group N 规定的:2L 涡轮增压发动机,标准的发动机管理系统、变速器、传统轴和加速踏板,必须加装防滚架,赛车桶椅,四点以上认证安全带。勘路车辆不允许张贴任何赞助商的广告。

车手通常会有一个维修团队协助勘路,以解决在勘路过程中遇到的任何赛车问题。他们携带常用的维修配件,等待在赛段的终点。

(2)赛段(the Stages)。与一般的场地赛车(如 F1)不同的是,WRC 赛车第一优先为厂队参赛车辆,依车手积分高低为顺序,其次为 FIA 提名车手,其他车手则依报名顺序。一般前 20 部车至少要有 2min 的出发间隔。特别赛段(SS)是拉力赛的比赛路线,车手与副驾驶尽全力达成最快完成的时间。比赛路线设在私人道路或公有道路,在比赛时会作交通管制。典型的拉力赛三天内大约有 25 个特别赛段。各个赛段之间由公共道路连接,在公共道路上,所有的比赛车辆必须遵守当地的交通法规。每个赛段长度不尽相同,5 ~ 60km 都有,车辆在每个赛段都会被计时。

(3)定时器(the Clock)。WRC 车辆彼此间并不直接竞争,跟他们竞争的最强对手是时间。每台比赛车间隔 1 ~ 2min 出发,每台车都会被计时并输入 FIA 的计算机。除非有人在路上遇到麻烦(如抛锚),否则选手很难在比赛路线上看见他们的对手。赛事最终,使用最少时间完成赛事的车辆获得胜利。

(4)积分(the Points)。根据所有 16 个分站的赛事结果确定两个 FIA 世界锦标:车手冠军及车队冠军。第一名的车手可获得 10 分的积分,第二到第八名分别获得 8 分、6 分、5 分、4 分、3 分、2 分、1 分,将车队中 2 位车手的积分相加便等于车队积分。

(5)时间管控(the Time Controls)。拉力赛的路线是由严格的时间表所控管,车手迟到或早到都会受到时间的处罚。时间以比赛出发所在地点出入口的时钟为准,车手每迟到 1min 会被罚 10s,时间加到个人总时间当中。如果车手在出发时迟到超过 15min,或是一个赛段(Leg)迟到 30min,或是整场拉力赛迟到超过 60min 将会被取消比赛资格。

(6)维修区(the Service Parks)。在完成几个赛段的比赛之后,车辆可以到指定的维修区域进行为期 20min 的维修,维修过程会被严密监控。维修区的维修人员由车队成员所组成。每一天的比赛结束后,维修人员可以有 45min 维修时间,时间一到,车辆会被管制在停车区当中,直到隔天早上的比赛开始。如果维修超时,也会有加时的处罚。

(7)发动机与变速系统(Engine and Transmission)。通常 WRC 赛车会搭配六速变速器,变速装置会装配在仪表板附近。车上也有离合器踏板(只在从起跑线起跑时使用)。驾驶时只要推拉变速拨杆,其他的动作都由计算机控制。WRC 赛车时速超过 200km/h,换挡时间大约只需 50ms。

(8)发动机与轮胎(Engines and Tyres)。WRC 赛车的 2.0L 发动机搭配了涡轮增压器,最大功率可达 223kW(300hp),同时搭配四轮驱动。如此高速的赛车需要有加大的碳纤维制动盘片,其大小几乎跟一般车辆的轮圈直径相同。为了提升地面附着力及安全性,WRC 赛车搭配 18 寸胎,雪地则用 15 寸胎,轮胎的更换极为频繁。在柏油路上,车辆需要平滑的光头跑车胎,雨天就要换成有排水沟纹的雨胎。在碎石路上,轮胎必须厚实,以防路上碎石的敲击。在雪地上,加钉的轮胎则是标准配备。

图 3-18　法国车手塞巴斯蒂安·勒布

2009 年世界汽车拉力锦标赛赛程为：2 月 1 日爱尔兰、2 月 15 日挪威、3 月 15 日塞浦路斯、4 月 5 日葡萄牙、4 月 26 日阿根廷、5 月 24 日意大利、6 月 14 日希腊、6 月 28 日波兰、8 月 2 日芬兰、9 月 6 日澳大利亚、10 月 4 日西班牙、10 月 25 日英国。雪铁龙荣获“年度厂商总冠军”的桂冠，成为 WRC 赛场上最杰出的 5 次夺冠的厂商冠军，法国车手塞巴斯蒂安·勒布，再创 WRC 六连冠的奇迹，成为现代 WRC 赛场的拉力之王，如图 3-18 所示。

2　汽车品牌名称和商标

2.1　汽车品牌名称

给汽车命名是一项画龙点睛的智慧性劳动，它不仅关系到汽车形象的塑造，而且从一定程度上决定着商业利润能否滚滚而来。

2.1.1　汽车命名原则

在德国，有一家专门为汽车起名字的专业户——德国国际汽车命名咨询公司。他们在为各种新车型命名时，积累了丰富的经验和诀窍，并形成了自己特有的汽车命名风格而蜚声世界。

(1)数字字母，陈旧而缺少时代感。该公司首先认为，在汽车产品型号标志中，只用数字和字母组合的方法和形式显得过于陈旧而缺少时代感。汽车命名应充满生活情趣，反映时代潮流；车型的名字能使某一车型的所有用户，任何肤色、使用何种语言的人都能产生一种共同相似的联想。比如该公司曾给欧宝公司一种车型命名为“虎”，这个名字就很能让人自然地联想到，它不仅具有运动员的体魄、风度和生机勃勃的生命力，而且蕴藏着狂飙似的推进力量。

(2)抓住特性，反映生活情趣。该公司在给新车命名时，努力捕捉它的各种与众不同的特性，并要反映出其丰富多彩的生活情趣。奔驰公司在过去相当长一段时间里只满足于以数字和字母作为车型的代号，但后来的车型发展到 190 多个系列品种时，就出现了明显的缺陷：因为用户无法从数字中区别各类车型及特点。于是，该咨询公司决定将所有轿车分成运动型、机智风趣型和优美型三大类，并以此作为命名的基础。凡是一种新的特殊车型或经过较大改进后的老车型，都保留其原来的名字。之后，许多生产厂也仿效这种用固定的概念给汽车取名的方法，这就是所谓的第四代汽车名称汇编法。诸如戴姆勒—奔驰、欧宝、标致、雪铁龙、法拉利、波尔舍等都是按上述三大类而命名的。

(3)显示等级，体现其价值。车名应充分显示该车型的等级价值，让用户感到他的事业如同该车一样前程似锦。该咨询公司信奉的座右铭是：汽车型号越大，价值就越高。所以，很多世界著名的汽车生产企业向德国国际汽车命名咨询公司咨询，为新款车征用极具吸引力的车名，不仅符合听觉要求，而且要寓意锦绣前程，内涵深刻。当然，生产厂家也得为此付出昂贵的费用。

2.1.2 汽车取名的艺术

从汽车品牌名称的意义、来历看，它涉及天文、地理、政治、经济、动植物、体育等众多领域。如以动物作牌名，有日产蓝鸟、马自达猎鹰、罗尔斯—罗伊斯凤凰等；汽车与体育关系甚密，美国汽车公司有马拉松，德国大众汽车公司有水球；也有的取自艺术项目的名称，日本丰田有民谣，日产有五重唱，法国塔尔伯特则有桑巴舞。

汽车工业高居于传统工业之巅，代表着一个国家和地区的工业发展综合水平，生产名牌汽车的地方往往成为一国的骄傲，所以汽车生产厂商有时把地名作为自己的汽车标牌名。克莱斯勒公司顺风部的普利茅斯是英国的一个港口，这个港口曾用于向美国迁移僧侣，其商标就是僧侣们所乘坐的帆船米福拉瓦号的标记。克莱斯勒公司的科尔多瓦是西班牙的一个省，省府所在的城市也叫科尔多瓦，是著名旅游地，原为迦太基人建立的古城，从 12 世纪起就是军事重镇。通用汽车公司雪佛兰部的蒙札是意大利北部城市，以出产比赛用摩托车和汽车出名，该厂的另一种轿车蒙特卡洛是摩纳哥著名的赌城名。日本的五十铃公司之名，取自家乡的五十铃河。我国引进的原捷克斯洛伐克的太脱拉大型卡车，以捷克最高的山——海拔 2633m 的太脱拉山命名。

汽车工业早期，一些汽车公司都是以创建者的名字命名的，历经沧桑之后，成为著名的公司名，汽车取名亦不例外。美国著名的三大汽车公司中，有两个是以创建者的名字命名的：福特汽车公司和克莱斯勒汽车公司。

日本非常注重汽车品牌名称，实践证明他们是成功的。以丰田公司为例，丰田皇冠（CROWN）象征其永占日本国产车的王位。丰田赛利卡（CELICA）在西班牙语中是神圣、天圣之意。CELICA 这个名字带有神秘色彩，广阔的宇宙和车的形象浑然一体，更能引起人们的遐想。丰田花冠（CORALLA），这个车名适用于非常引人注目、外形美丽的紧凑型车。丰田卡利娜（CARINA），在英语中是飞向未来、美好愿望之意，同时，CARINA 又是早春在天空的南方出现的龙骨星座的名称。商标图案是由 CARINA 的第一个字母 C 结合南船星座的图形设计而成的，它表现了这种车在崭新技术中应运而生的性格。

德国大众的桑塔纳，原来是美国加利福尼亚州的一座山谷，那里盛产名贵的葡萄酒，而且山谷中还常常刮起一股强劲的旋风，人们称之为桑塔纳（Santana）。德国大众以桑塔纳作其汽车名，果真像他们所希望的一样，这种车如旋风般地风靡世界。

有成功就有失败，世界上也有因取的汽车牌名不好而蒙受损失的。美国通用汽车公司曾向使用西班牙语的墨西哥推出新设计的雪佛兰·诺瓦轿车，尽管车子很好，但销路却极差，原因就在于“诺瓦”读音在西班牙语中是“走不动”的意思，谁愿意买一辆“走不动”的汽车呢？美国福特汽车公司推出的艾特塞尔汽车，也因其牌名与当地的一种镇咳药名“阿特塞”相似，而少有人问津。

总之，汽车品牌名称包罗万象，我们从中也可以了解到一个国家的风土人情、经济、政治面貌，看到世界前进的步伐。

2.1.3 汽车译名中的差异

汽车如果拥有一个漂亮的名字,能够让人们更快地记住它,尤其是面对庞大的中国市场,怎样给自己的产品起一个好的译名,让各大汽车厂家煞费苦心。中文博大精深,港台地区与中国内地的文化习惯不尽相同却又相互影响。有时候,中国内地、中国香港、中国台湾在汽车文化上的差异可能会让你吃惊。奔驰(内地)、平治(香港)、宾士(台湾)分别是对于Benz的称呼。“积架”是香港对于Jaguar的音译,也译为捷豹,中国内地在很长时间译为美洲虎,现在称为捷豹,应该说这个翻译是最好的。类似的情况还有中国内地所称的“本特利”(Bentley)也随香港一起称为“宾利”。Volvo在中国内地音译为沃尔沃,在中国台湾被称为富豪。到现在为止,中国内地、中国香港、中国台湾对不少车型还保持着不同的译名,如兰博基尼—林宝坚尼、法拉利—费拉里、爱快·罗密欧—阿尔法·罗密欧、标致—宝狮,日本的Sabaru也就是以前所称的富士,现在在中国内地音译为斯巴鲁,而在中国台湾被译为速霸路。可能很多人在看香港的网站时常常会见到“福斯”不明何物,它就是大名鼎鼎的Volkswagen,也就是中国内地人们所说的“大众”。

在丰田家族中,LEXUS在中国内地就是大名鼎鼎的凌志,目前音译为“雷克萨斯”;丰田的豪华客车品牌COASTER,中文译名考斯特,可是在中国内地却被改成了“柯斯达”,这一改名实在令人费解,因为许多不熟悉的消费者会将其误认为是Skoda“斯柯达”。在这一点上与之形成鲜明对比的是Land Rover,以前大家都叫“陆虎”,现在都统一改为“路虎”。

德国车BMW,在1992年以前并不叫宝马,而是被译为“巴依尔”。1992年,瑞士一家设在香港的公司开始在国内代理销售BMW轿车,成为BMW在国内第一家代理公司。这个在香港注册名称为宝马利亚的公司,决定在国内推广BMW时用“宝马”这个名称。“宝马”可谓是神来之笔,既突出了宝马车系高贵豪华的风格气质,又与中国的传统称谓浑然一体,同时发音也与BMW相差不大。更为重要的是,经过十几年的经营,“宝马”这一名称在中国的品牌地位已经不可动摇。

一汽大众BORA在当年刚刚引入中国内地时,原本叫“跑乐”,在香港这款车就是这个名字,应该说“跑乐”这个名字既有音译,也符合“驾驶者之车”的特点,而“宝来”相对要俗气些。

随着高科技的快速发展与全球发达便捷的通信网络的形成,在一个地方发生的事,其他地方几乎随时可以同步了解。这既为同时在多个地区与国家进行经营的企业带来了机遇,也同时为其带来了挑战。有的企业更注重考虑当地市场的适应性,更注重本土化营销策略,包括品牌名称的本土化(如为了迎合当地市场消费者的需要,在不同市场有着不同的品牌译名,各品牌译名的意义也迥然不同)、品牌产品、品牌营销活动的本土化等;有的企业则更注重考虑全球市场的一体化,认为随着各国消费者接受了更为良好的教育,受到迅速传播的全球消费文化的影响,对西方生活方式的追求与认同,使得有着相同消费欲望的全球消费者大量出现。因此,从节约成本、保持统一品牌形象、增加品牌资产的视角出发,这些企业更注重考虑营销战略的全球化、营销活动的本土化。企业的全球一体化倾向越强,其越注重品牌称谓的统一,越注重具体产品与当地市场的紧密结合。据丰田高层表示,不论在全球的哪个地方,只要是丰田的产品,其发音都要差不多,方便丰田产品称谓的统一。为此,丰田规定所有产品都采用音译。为了全球统一的需要，甚至不惜舍弃原先知名度颇高的车名，如 Camry、Corolla、LEXUS 等品牌的原中文译名“佳美”“花冠”“凌志”，重新采用“凯美瑞”“卡罗拉”“雷克萨斯”。新的译名更容易让人联想其原文品牌名称，也与这些品牌全球形象更匹配，从而有利于在全球各地消费者心中获得一致的、积极的认知。

LEXUS 于 20 世纪 90 年代初进入中国市场时，其目标消费人群属于中国社会的富有阶级，但他们英语水平不高，在进行品牌选择时，更多的是通过语意来评价品牌名，所以当时 LEXUS 翻译成具有中国文化内涵、符合中国消费者特征的、同时还能传递这款汽车利益和特征的名字“凌志”。在市场上同时使用中文译名“凌志”和原有英文品牌名称“LEXUS”，但以强调其中文译名为主。然而，今天 LEXUS 在中国的目标消费者中，有更多接受过高等教育的、长期往返于国内外的、英语水平较高的潜在消费人群，所以，为了有助于这些潜在消费者对品牌产生一致的品牌形象认知，LEXUS 将其中文品牌译名“凌志”改为“雷克萨斯”，在发音上更靠近原英文品牌名称，虽意义上空缺，但让消费者更多地从英文品牌名称、与品牌要素相关营销传播上获取联想意义，最终实现对此品牌的认知与忠诚。相似地还有丰田在华畅销品牌 Corolla 将其中文译名“花冠”改为“卡罗拉”。

2.1.4 汽车神话

神话是一个五彩缤纷的世界，具有永恒的魅力，对社会生活的各方面都产生了极大的影响。这一点在汽车商标牌名中也能表现出来。神的名字应用于汽车由来已久，汽车业界对希腊罗马诸神尤为青睐。

美国通用雪佛兰部曾生产过 Titan 牌轿车。Titan（泰坦）是希腊神话中的大力神。不用说 Titan 轿车的功率一定很大。英国利兰商用车辆部生产的 Titan 牌双层大客车，最大功率为 125kW（170 马力），真可谓大力神了。日本马自达公司也生产过 Titan 轻型载重汽车。

Fury（孚里斯）是希腊神话中的复仇女神，美国克莱斯勒汽车公司对之尤为喜爱，其顺风部推出 5 人座的 Fury 牌轿车后，又投产 Grand Fury（大复仇女神）牌轿车。

Orion（奥利安）是希腊神话中一位英俊的猎人。他朝着太阳向东走，为的是夺回被酒神狄俄尼索斯夺走的视力。福特汽车公司的 Orion 牌轿车，必须面对来自“日出之国”的强手日本。

Clio（克利俄）是希腊神话中主神宙斯的女儿，她是主管史诗和历史的主神。法国雷诺汽车公司推出的 Clio 牌轿车，是 1992 年法国车坛的骄子，仅法国本土就售出 23.3 万辆。

Vesta（维斯塔）是罗马神话中的女灶神，象征火。雷诺投产的 Vesta 牌轿车，创下了以 100km/h 行驶时耗油仅为 1.94L/100km 的世界纪录。

法国雪铁龙汽车公司尤其偏爱希腊诸神，旗下有 4 种轿车以神命名，即 Harmonie（哈姆尼）、Pallas（帕拉斯）、Athena（雅典娜）和 Eole（伊奥安）。Harmonie 是希腊神话中战神阿瑞斯和美与爱神阿芙罗狄蒂的爱情结晶。Harmonie 车是雪铁龙 ZX 车系的一款轿车。Pallas（帕拉斯）是半人半鱼的海神特拉顿的女儿，被雅典娜无意中杀死。雪铁龙 Os Pallas 牌轿车的遭遇与 Pallas 差不多，她被雪铁龙 CX 系列雅典娜牌轿车所替代，正如帕拉斯被雅典娜所杀一样。Athena 是主神宙斯的女儿，主管手工业和农业，象征着智慧、理性和贞洁。雪铁龙 CX 系列 Athena 牌轿车配备有优良的液压气动悬架，象征着 20 世纪 70 年代汽车技术的智慧结晶。Eole 是希腊神话中的风神。1968 年雪铁龙开发出了 Eole 牌轿车。与法国雪铁龙合资在中国生产雪铁龙 ZX 系列轿车的东风汽车公司采用 Aeolus 为外文商标，即希腊文“风神”。

2.1.5 国产汽车的名称

我们最熟悉的国产汽车牌名莫过于一汽的解放、二汽的东风、济汽的黄河等。我国汽车的命名特点如下。

（1）以山川、地名命名的汽车。这类名称占国产汽车名称的 50% 以上，从衡山到泰山，由松花江到湘江，自长江到黄河，全国各省、市、自治区的一些名胜几乎都榜上有名。闲暇之际，翻阅一下国产汽车名录，更恰似在读一本地图册，如北京、上海、武汉、南京等。

（2）以动、植物命名的汽车。汽车动物类的名称涉及天上飞的、地下跑的、水里游的，而且从云雀、丑小鸭、羚羊等温驯的小动物一直到越来越凶猛的金鹰、猎豹等，其基本寓意无非都是为了突出快、猛之意。另外，还有一些以植物命名的汽车。

（3）寓意政治意义和时代特征的汽车名称。如老牌解放、跃进、东风等国人尽知的汽车名称。解放是新中国的第一个汽车生产厂，伴随着新中国的诞生而诞生。南京第一汽车制造厂的第一辆轻型载货汽车诞生于大跃进期间，车名叫跃进自然合拍。东风本出自于古诗，毛主席关于东风与西风的论断，使东风具有历史背景。中国第二汽车制造厂，正好诞生于东风浩荡的时代，它生产的汽车被顺理成章地命名为东风。唐代有“东风变梅柳，万江生春光”的佳句，显然把东风视于春风，赋予它能使草木萌芽、万物生长的神奇功能。中国人心目中的东风是温暖、有活力的象征。然而第二汽车制造厂出口的不是东风，而是改名换姓的风神奔驰于海外，原因是我们喜欢东风，而欧洲的一些国家则以西风为吉。风神在世界大多数国家被视为“吉祥”和“美好”的意思。

2.2 汽车商标

汽车商标是汽车作为商品的特定标志，也是人们识别不同汽车的主要标志，同时车标对汽车的造型具有装饰美化的作用，通常安置在汽车的醒目部位，象征着汽车的等级和特征。

汽车商标是艺术性和象征性的统一，是将汽车企业质量、信誉、原则和精神昭示于世的图腾，因而也是企业生存与发展的缩影。

浏览世界各国的汽车商标，汽车设计大师们那巧夺天工的技艺和独具匠心的设计令人叹为观止。每个汽车商标，都有一段不寻常的来历，耐人寻味，令人感慨万分。

2.2.1 车标的形式

目前，世界上的汽车商标图形形式多样、种类繁多，归纳起来可分为以下几类。

（1）徽章式。车标本身像一个大徽章，大部分是圆形，直径在 40mm 左右，徽章式车标多用于小轿车。如意大利的阿尔法·罗密欧（ALFA · ROMFEO）、捷克的斯柯达（CKODA）、德国的宝马（BMW）等。

（2）浮雕式。浮雕式车标通常采用浮雕处理手法，这类商标花纹图案丰富，根据标志内容有的取材人物，有的取材动物，也有的取材于风景或建筑。大部分浮雕式车标配有精致的外框，浮雕式车标有立体感、有层次，再经过色彩处理，显得很丰富。如意大利轿车法拉利是一匹奔腾着的骏马浮雕，法国轿车标致(PEVGEOT)车标是一头站立着的小雄狮浮雕。

(3)圆雕式。圆雕式车标本身就是一个精美的小雕塑，这种车标大多安装在汽车发动机罩前端，圆雕式车标是锌合金压铸成形的，修整后加以装饰性镀铬。如英国的高级轿车劳斯莱斯(ROLLS—ROYCE)、俄罗斯的轿车伏尔加，前者是一个飞行着的自由女神，后者是一头动感很强、奔跑着的小鹿。

(4)文字图案式。文字图案式车标是目前最常见的一种形式，无论是轿车还是公共汽车、卡车。常用文字组成汽车的商标，几个字母一经变形美化就成了一个精致的装饰。如意大利汽车"FIAT"，是意大利都灵汽车厂的意大利文4个单词的第一个字母缩写而成，4个字母经过加工，根据车型设计成大小不同的文字商标。日野的卡车和公共汽车商标中的文字是日野的拼音形式，文字四周是鹰的羽毛，象征着飞跃发展的日野汽车。

2.2.2 车标的设计和制作

车标的设计程序是构思草图＋模型草图＋实体模型。

构思草图是设计者最初的构思和设想。开始设计时就要考虑到车标的大小、形式与汽车外形相协调，还要考虑使用的材料和加工工艺。设计者可绘出很多方案，在很多草图中选定一两个方案绘制效果图，效果图要求比例正确、色彩真实，有立体感和质感。

效果图经审查选为车标后，就要做1:1实体模型，车标模型的制作是车标设计的最后阶段，用各种方法把平面的车标图制作成具有真实效果的模型。由于车标结构繁简程度的不同，模型的加工方法也不同。如用有机玻璃黏结成形，经抛光、真空镀铝可收到金属镀铬的效果，非"镀铬"面可喷无光黑漆，这种方法适合制作结构简单的文字图案或车标。也可以用照相腐蚀法，为表面处理方便用铜板为宜。

车标图案确定后，绘制放大比例的墨稿，照相制版时缩小到原设计尺寸。腐蚀后凸面可根据设计镀铬、喷砂，凹面喷漆。图案精致、结构复杂的车标模型，一般可分解为外框和芯体两个部分，外框可用白色透明有机玻璃压制。钢模上的图案是这样加工的：先用油泥制作放大比例的模型，一般放大5倍为宜，翻石膏凹模，再翻成凸模，石膏凸模处理后再铣制钢模；铣完后经钳工修整、热处理，就可以压制芯体部分，然后着车标色、喷镀铝、上罩光漆，并把外框和芯体装配好，就成为一个完整的车标模型。

车标模型制作完成后，就可以对车标设计做最后的审定。

随着汽车工业的发展，制作工艺的不断进步，新材料的应用，人们的使用要求、审美观点也在不断提高，这就促进了汽车造型的不断进步，日趋完善。车标是整个汽车造型的组成部分，所以车标制作工艺也在不断发展。ABS(Acrylonitrile Butadiene Styrene，丙烯腈—丁二烯—苯乙烯聚合物)注塑成型取代了锌合金压铸工艺，车标的安装方法也有了很大改进，如用双面氯汀橡胶黏接取代了落后的螺母垫圈紧周的旧工艺。车标本身也改变了那种工艺复杂、像手工艺品似的陈旧形式，随之而来的是造型简洁明快而又有着良好工艺性的车标。如20世纪60年代法国标致轿车的车标，是用聚苯乙烯压制的，图案是黑色底上站着一个金色的小狮子，上面还有一行文字；到20世纪70年代末，标致车标已把小狮子提炼成一个外形精炼的黑色小狮，并和散热器的外罩格栅塑造成整体，醒目明快，富有时代感。

2.2.3 著名汽车商标

世界五彩缤纷，绚丽多姿，人们的目标追求也是各放异彩的，制造汽车、设计商标的策划者总是想独领风骚。追求豪华、尊贵固然是高境界，而追求普及、大众化也是很可贵的。雪佛兰汽车公司从创立开始就提出了“制造普及化的好车”，作为设计的座右铭。因此，在设计商标时采用的图案是一个普通的蝴蝶领结（图3-19）。在西方领结是人人喜爱的物品，不但体现了大众化，更标志着贵族气派与永恒的服务精神。但是它又不是一般的饰物，戴在颈上，占据相当显著的位置。“＋”字形在古老的新石器时代是美的象征。作为基督教信仰的标志，它被染上了神秘的色彩，但它一直体现着奉献爱心，拯救苦难。

图3-19　雪佛兰车标

伏克斯瓦根（Volkswagen）是德国最大汽车制造厂家大众汽车厂（Volkswagen Werk AG）生产的小轿车的商标名（图3-20）。在德文中表示“人民大众的汽车”之意，译作“大众”。大众是欧洲最大的汽车公司。大众汽车公司汽车的商标，图形像一只圆形的眼睛，“眼睛”中竖立着“V，W”两个字母，是德文伏克斯瓦根（Volkswagen Werk）词组中两个单词的第一个字母。商标反映了大众汽车公司从20世纪20年代起就致力于开发生产造价低廉、实用和先进的小汽车。

图3-20　大众车标

提起标致汽车公司的狮子商标，还要归因于其奇特的文化背景。标致汽车公司所在地弗兰修·昆州的新堡尔，是法国少有的强制推行基督教新教的地方。狮子是弗兰修·昆蒂州的标志，所以，标致汽车公司的车型商标也选用了这个图案（图3-21）。另外，因为“雄狮”最完整地体现了标致拉锯的三大特点：锯齿像“雄狮”的牙齿那样经久耐磨，锯身像“雄狮”的脊梁骨般有弹性，拉锯的性能像“雄狮”那样所向无阻。所以，用简洁、明快、刚劲有力的线条勾画出的标致商标，象征着今天标致汽车更为完美、更为成熟。这一造型独特的站立着的“雄狮”，既突出力量又强调节奏，极富时代感，预示标致汽车永远像“雄狮”那样威武、敏捷，永远保持旺盛的生命力。

图3-21　标致车标

宝马是驰名世界的汽车企业，被认为是高档汽车生产业的先导。宝马标志中间的蓝白相间图案，代表蓝天、白云和旋转不停的螺旋桨（图3-22）。它喻示宝马公司渊源悠久的历史，也象征该公司过去在航空发动机技术方面的领先地位，又象征公司的一贯宗旨：在广阔的时空中，以先进精湛的技术、最新的观念，满足顾客的最大愿望，反映了公司蓬勃向上的气势和日新月异的面貌。蓝白标记对称图形，同时也是公司所在地德国巴伐利亚州的州徽。

图3-22　宝马车标

解放牌汽车是中国第一汽车集团公司生产的汽车，从1953年起一直沿用以前的一汽标志，其图形是将阿拉伯数字1和汉字“汽”巧妙布置，构成一只展翅雄鹰的图案（图3-23）。它既代表不断进取、展翅高飞的中国一汽精神，又表达了中国汽车工业冲出国

图3-23　一汽车标

门、走向世界的决心。

东风牌汽车车标(图 3-24),以艺术变形手法,取燕子凌空飞翔时的剪形尾羽作为图案基础,采用了含蓄的表现手法,主要含意是双燕舞东风。它格调新颖,寓意深远,使人自然联想到东风送暖,春光明媚,神州大地生机盎然的景象,给人以启迪,给人以力量。“二汽”的“二”字寓意于双燕之中,戏跃翻飞的春燕,还象征着东风牌汽车车轮不停地旋转,奔驰在祖国大地,冲出亚洲,奔向世界。

图 3-24 二汽车标

浙江吉利控股集团有限公司吉利汽车车标的“椭圆”象征地球,表示面向世界、走向国际化;椭圆在动态中是最稳定的,喻示及祝愿吉利的事业稳如磐石,在风雨中屹立不倒。“六个六”象征太阳的光芒,只有走进太阳,才能吸取无穷的热量,只有经过竞争的洗礼,才能百炼成钢;六个六,“六六大顺”祝愿如意、吉祥;六个六,吉利一步一个台阶,不断超越,发展无止境;六个六,中华优秀传统文化的底蕴才是吉利不断发展超越的精神源泉;六个六,发展民族工业,走向世界,是吉利不舍不弃的追求。内圈蔚蓝象征广阔的天空,超越无止境,发展无止境;外圈深蓝象征无垠的宇宙,超越无限,空间无限(图 3-25)。

图 3-25 吉利车标

奇瑞汽车车标的整体是英文字母 CAC 的一种艺术化变形;CAC 即英文 CHERY AUTOMOBILE CORPORATION LIMITED 的缩写,中文意思是奇瑞汽车有限公司(图 3-26)。标志中间 A 为一变体的“人”字,预示着公司以人为本的经营理念;徽标两边的 C 字向上环绕,如同人的两个臂膀,象征着一种团结和力量,环绕成地球型的椭圆状;中间的 A 在椭圆上方的断开处向上延伸,寓意奇瑞公司发展无穷,潜力无限,追求无限;整个标志又是 W 和 H 两个字母的交叉变形设计,又为“芜湖”一词的汉语拼音的声母,表示公司的生产制造地在芜湖市。

图 3-26 奇瑞车标

SMA 是上海华普汽车有限公司 SHANGHAI MAPLE AUTOMOBILE 的英文缩写。华普的标徽形似枫叶,寓意深远(图 3-27)。标徽中心是一片向上的枫叶,象征华普的事业根植于枫泾,从这里出发,走向全国,走向世界。中间最高的主叶,象征华普人客户至上的至高理念;左右两片辅叶代表华普汽车以品质为本,以服务为先的经营理念。蓝色边底,象征华普人海一般的胸怀,吸纳国内外的贤人志士与先进科技,以发达华普,光大华普。双圆像车轮,象征华普人励精图治、不断进取,不断追求完美,不断创造新的不朽业绩。

图 3-27 上海华普

保时捷是德国著名汽车公司,1930 年由费迪南德 · 波尔舍教授建于斯图加特。费迪南德 · 波尔舍是一位享誉世界车坛的著名设计师,20 世纪 30 年代中叶曾为德国大众汽车公司设计过风靡全球的甲壳虫轿车的先行车,其子费里 · 波尔舍继承父业,继续将其发扬光大。保时捷以生产高级跑车而著称于世界车坛。该公司的标志采用斯图加特市的标志。纹章中央是一匹马,上部标有 STUTTGART(斯图加特)字样。在历史上斯图加特早在 16 世纪就是名马产地，保时捷标志的左上方和右下方是鹿角的图案，表明该地也曾是狩猎的场所。右上方和左下方的黄色条纹是成熟麦穗的颜色，意味着肥沃的土地和带给人们的幸福，红色则象征着人们的智慧，如图 3-28 所示。

图 3-28　保时捷

1909 年，凯迪拉克加入通用汽车公司，选用“凯迪拉克”之名是为了向法国的皇家贵族、探险家、美国底特律城的创始人安东尼·门斯·凯迪拉克表示敬意，商标图形主要由王冠和盾牌组成(图 3-29)。王冠象征着凯迪拉克家族的纹章，冠上 7 颗珍珠喻示皇家的贵族血统。盾牌象征着凯迪拉克军队的英勇善战。盾牌分为 4 个等分。第一和第四等分是门斯家族的全底纹章，中间横穿过的深褐色棒把三只相同的黑鸟分开，两只在上，一只在下。这三只鸟意味三位一体的神圣，还意味着大胆和热情的基督教武士智慧、富有、聪敏的头脑和完美的品德。第二和第三等分是由于内部通婚，当另一块领土加到门斯家族的财产上时，这些 4 等分才能在门斯盾形纹章里被采用。4 等分内采用的色彩表明了广阔的土地，增添了门斯家族的名望，红色标志着行动的勇敢和大胆，银色表示团结、博爱、美德和富有。横穿的棒表示了在十字军战争的骑士们的勇敢。凯迪拉克商标象征着底特律城创始人祖先的英勇和荣誉。此标志亦象征凯迪拉克汽车的高贵、豪华、气派和潇洒。凯迪拉克骑士们的英勇善战，攻无不克，象征凯迪拉克牌汽车具有巨大的市场竞争能力。

图 3-29　凯迪拉克车标

最初马自达汽车标志图案中的“M”就是松田拼音的第一个字母，采用日文罗马字母的拼音“mazda”为其标志，如图 3-30 所示。自马自达与福特合作之后采用了新的标志，崭新的设计图案意味着马自达要展翅高飞，不断技术突破，以无穷的创意和真诚的服务，勇闯车坛顶峰。

图 3-30　马自达车标

Smart(精灵)(图 3-31)汽车有限公司作为戴姆勒—奔驰(现改名戴姆勒—克莱斯勒)的全资子公司成立于 1994 年，管理中心设在德国斯图加特市，生产工厂则在相距不远的法国海姆巴赫市。作为汽车界巨头戴姆勒公司和瑞士钟表集团斯沃奇(Swatch)合作的产物，似乎从一开始 Smart 就具有与众不同的特性。

图 3-31　Smart 车标

Smart 车名本身在英文中被解释为聪明伶俐。Smart 中的 S 代表了 Swatch(一个顶级手表品牌)，m 代表了戴姆勒集团旗下的梅赛德斯—奔驰(Mercedes-Benz)，而 art 则是英文中“艺术”的意思，合起来可以理解为，这部车代表了斯沃奇和戴姆勒合作的艺术，而 Smart 车名本身在英文中也有聪明伶俐的意思，这也契合了 Smart 公司的设计理念。真正 Smart 的 LOGO 是一个 C 和一个小箭头组成的，其中 C 代表紧凑(compact)，而箭头则代表超前意识，当然这是官方的解释。仔细观察会发现，这个 LOGO 有些像生物课上学过的代表雄性的 LOGO。不过 smart 可不是男性的专属，在风靡全球的影片《达·芬奇密码》中，女主角奥黛丽·塔图饰演的密码破译专家驾驶的就是一辆 Smart Fortwo。这辆小车让女主角演绎得灵巧动感，也说明 smart 适合各种人群。Swatch 品牌原就是以设计炫目、色彩鲜艳、具流行感著称，基础概念由 Swatch 所设计的 Smart 也不例外，特殊的造型、亮丽的色彩、创意十足的内装，可以完全展现个人风格。再加上 Mercedes-Benz 的设计功力，让 Smart 可以保留概念车的创意，又兼具流行及实用可靠等优点。

比亚迪新标志（图 3-32a）将不再沿用原有的蓝白相间色，图案改为椭圆形状，并加入了光影元素。从字体的排列、图形的颜色都发生了巨大变化，突出了比亚迪汽车的创新、科技和企业文化精髓，令比亚迪品牌注入了新的内涵和活力。BYD 商标的含义是“Build Your Dreams”，即构筑你的梦想。比亚迪旧商标如图 3-32b）所示。比亚迪新标志更加简洁直观，并具有国际化元素。通过换标，比亚迪汽车将围绕打造国际品牌这个目标，全面促进企业产、科、研、销各个层面国际品牌意识的提升，不断提高企业的市场洞察力，最终达到比亚迪品牌的优质和高含金量。

a) b)

图 3-32 比亚迪新旧商标

a）新车标；b）旧车标

特斯拉取名于世界知名的发明家、物理学家、机械工程师和电机工程师尼古拉·特斯拉的姓，商标是“T”字母的艺术变形，下面是“Tesla”（图 3-33）。生产厂家是美国的著名纯电动汽车制造商。尼古拉·特斯拉（Nikola Tesla，1856—1943 年）出生于克罗地亚，他被认为是电力商业化的重要推动者，并因主持设计了现代广泛应用的交流电力系统而最为人知。19 世纪末 20 世纪初，他对电力学和磁力学做出了杰出贡献。他的专利和理论工作依据现代交变电流电力系统，包括多相电力分配系统和交流电发电机，帮助他带起了第二次工业革命。他最大的成就是 1882 年继爱迪生发现直流电（DC）后不久，发现了交流电（AC），并制造出世界上第一台交流发电机，并创立了多相电力传输技术，之后被大家称为“科学超人”。他是一个绝世天才，也是一位被世界遗忘的伟人。1943 年 1 月 7 日在纽约人旅馆孤独地死于心脏衰竭，享年 87 岁。

图 3-33 特斯拉车标

布加迪商标中的英文字母即布加迪，上部 EB 即为埃托尔·布加迪英文拼音的缩写，周围一圈小圆点象征滚珠轴承，底色为红色（图 3-34）。布加迪车是古典老式车中保有量最多的汽车之一，以布加迪为品牌的车型在世界多个著名汽车博物馆中可以看到，而且性能上乘，车身造型新颖、流畅，发动机的配置都独

图 3-34 布加迪车标

具特色。布加迪车的创始人埃托里·布加迪，1881 年生于意大利的米兰，其父亲是画家，也是著名的家具设计师。埃托里·布加迪自幼在美术学校学习，他特别爱好驾驶汽车，从 17 岁起就参加赛车活动。18 岁便进入普里内蒂·斯图基（Prinetti &Stucchi）公司工作，学习三轮汽车的设计制造，并在这一年里获得了汽车赛的冠军。

2008 年 4 月 20 日，广汽本田正式发布理念品牌（图 3-35）。广汽本田通过理念品牌的发展，建立并强化了公司的研发、制造及营销体制，并使得已有的制造及营销功能得以拓展，能够与研发进行联动，实现了由汽车制造工厂向完整汽车企业的转变。“理念”汇聚了大家的理想和信念，基于对中国生活现场的洞察，为实现中国新生代的汽车梦想而生。EVER + US 表示“我们是永恒的，我们的永恒”的概念。与中文名“理念”相匹配可体现出“我们的理念，我梦永远”的含义。两个背靠背“E”形成螺旋上升运动的圆形，体现了永恒和进化的概念。具有“王”者风范，表现出引领时代潮流的意志和决心。

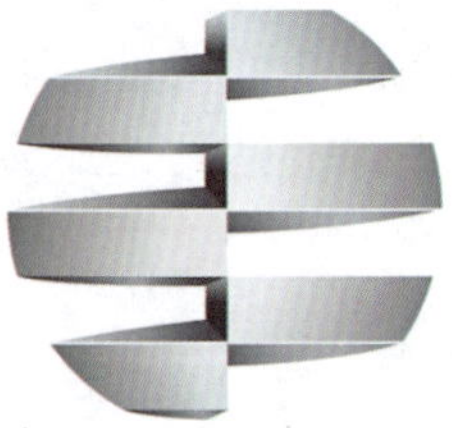

图 3-35　理念车标

2010 年 9 月 8 日，东风日产正式发布自主品牌“启辰”。“启辰”的诞生，标志着东风日产进入“双品牌”运营阶段。“启辰”的商标以蓝色作为底色，象征着深邃的梦想；而“五角星”是象征完美的符号，表达了东风日产为实现梦想，不断追求完美的态度；“五颗星”源自“天有五星，地有五行”，“五行俱全”寓意和谐，蕴涵祥瑞之意（图 3-36）。

图 3-36　启辰车标

传祺车标（图 3-37）的“G”是由广汽集团英文缩写“GAC”的首字母“G”演变而来，既是对“至精志广”的全新演绎，也代表着全球化（Global）、英才（Genius）、荣耀（Glory）、卓越（Greatness）和信诺（Guarantee）。广汽乘用车对品质的追求和对社会的责任与广汽集团一脉相承，我们要用全球的视野，汇集世界优势资源，创造精品汽车，满足顾客需求，成就卓越，实现梦想。

图 3-37　传祺车标

比亚迪秦（图 3-38），是中国汽车制造史上唯一采用“朝代”名称命名的车型，被冠以新能源、多模式驾驶、铁电池等最新环保理念。车型以“朝代”名称命名还是很新鲜的，比亚迪甚至把未来二三十年整个插电式混合动力的产品规划和产品命名都确定好了，未来产品依次命名为秦、汉、唐、宋、元、明、清。目前，比亚迪已经陆续上市的使用中国朝代命名的车型有秦、元、宋、唐、商。如：秦 100、秦 EV450、宋 EV400、宋 DM、宋 MAX、元 EV360 等车型。一统华夏的秦朝和盛世唐朝，都是我们中华民族的辉煌时代。王传福坚决不用目前流行的华丽而带有洋味的车型命名，足可见其希望祖国强大，民族复兴的真诚愿望。

长城汽车旗下的“WEY”是第一款以创始人姓氏命名的中国汽车品牌（图 3-39），它不仅仅是一个符号或代称，更是 WEY 品牌创始人魏建军以己之名，烙下的承诺：以匠心捍卫 WEY 品牌，如同守护至高的荣誉和信仰；以中国豪华 SUV 开创者的梦想和决心，书写荣耀的积淀和时代的开拓。WEY 独特的竖形标识(图 3-40)，源自于长城汽车发源地、创始人 Jack Wey 的故乡——中国保定的标志性建筑“保定直隶总督府大旗杆”。借鉴传统，表达了 WEY 品牌对故乡保定的由衷敬意，同时，品牌 LOGO 也包含了美好的愿景，WEY 品牌的追求和承诺是：树立中国豪华 SUV 的旗帜与标杆。

图 3-38　比亚迪秦

图 3-39　魏派汽车 VV5

LYNK&CO 品牌是吉利与沃尔沃合作推出的一个全新品牌，该品牌的定位介于吉利和沃尔沃之间，未来将与国内众多合资品牌展开竞争。LYNK&CO 品牌正式发布之后，吉利控股集团旗下将拥有三个乘用车品牌和一个专业出租车品牌，分别是归属于吉利汽车的吉利和“LYNK&CO”品牌、沃尔沃和伦敦出租车。吉利品牌定位为主流中国品牌，LYNK&CO 定位为中高端品牌，直接与主流合资品牌进行竞争，沃尔沃则与主流豪华品牌竞争。国内投放的 LYNK&CO 产品将在吉利台州工厂生产。领克车标选用领克的英文名字 Lynk & Co。商标如图 3-41 所示。Lynk 代表连接即智能互联：以先进的智能互联技术，实现人、车、世界的无间连接。CO 代表互联网时代开放与协作的精神。CO 是一系列词语的组合：Connected，Collaboration，Community……创造在互联网时代下开放与协作的精神以及无限可能。

图 3-40　魏派(WEY)汽车商标

LYNK&CO

图 3-41　领克商标

2.3 汽车广告

2.3.1 豪华轿车——个性化区分市场

按照一般人的理解，豪华轿车的广告应该着力宣传品牌的尊贵血统和豪华配置，然而我们却看到，宝马强调的是它的驾驶乐趣，奥迪突出的是其科技领先优势，VOLVO 炫耀的是它对生命安全的保障，凯迪拉克则用“敢为天下先”这句话来显示自己卓尔不群、锋芒毕露的个性特色。

豪华轿车在广告语的选择上为何不约而同地倾向于功能性的宣传呢？实际上，这是竞争同质化、市场不断细分的必然结果。每个品牌为了和别的品牌明显区分，必须不断放大自己的个性化特色，从而找到自己的目标消费者。而另一方面，随着经济的发展，社会财富的积累速度也在加快，一些年轻的财富新贵迅速崛起，他们追求轿车的豪华品位，同时又敢于表现自己的个性，不随大流。在这两股力量的作用下，运动化、时尚化成为豪华轿车发展的主流。

这也就不难理解，连广告大师奥格威为劳斯莱斯做广告时，都要用“最大的声音来自车上的电子钟”来衬托车内的安静。从这点来看，奔驰的广告语“领导时代，驾驭未来”虽然充满自信，却显得有些言之无物。

2.3.2 中高档轿车——彰显成功与身份

20 万～30 万元之间的中高档轿车，向来被看成是成功人士的座驾，而为了吸引这批社会精英，广告宣传无疑也要凸显品牌所体现出来的尊贵身份。我们看到，帕萨特早期的广告突出的是其“惊世之美”，仅限于外形等物质性的元素，后期广告则始终强调它与成功之间的联系，从而为品牌积淀了丰富的人文内涵。别克君威在上市之初便坚持品牌传播的文化路线，通过“动静合一”的品牌主张，与中国传统文化中的“仁者乐山，智者乐水”的思想无缝对接，成为品牌本土化的成功范例。蒙迪欧的广告语“世界，就看我的”，自信十足。

日系轿车如新雅阁、马自达 6、新蓝鸟等，则不约而同地用技术上的领先性来提升品牌形象。雅阁(起步，便与世界同步；进步，就是永不停步；激活新力量：新雅阁，新力量，新登场)强调的是技术与世界的同步性，自然可以赢得公商务人士消费者的心。但马自达 6(魅·力·科技；临弯，不乱)一味强调其动力和科技，刚上市时可以吸引一批注重驾乘体验的发烧友，但继续开拓公商务市场时便显得有些力不从心了。新蓝鸟(人车生活；E 时代轿车；钻石等级，旗舰风范)的车型技术很陈旧，但它巧妙地利用各种电子装置，将自己打扮成 E 时代轿车的形象，结果大获成功，不过，随着消费者见识越来越广，这种靠概念打天下的招数也越来越不灵了。

2.3.3 中级轿车——功能诉求转向品牌塑造

10 万～20 万元的中级轿车是竞争最为激烈的一块市场。早期车型不多的时候，品牌广告侧重于对性能的演绎，最成功的当数宝来的“驾驶者之车”，虽然有抄袭宝马“驾驶的乐趣”之嫌，但毕竟成功地树立了“动力强劲、操控一流”的品牌形象。

在车型日益同质化的背景下，功能诉求很快走入死胡同。于是，凯越、塞纳、中华、阳光、福美来开始侧重于品牌形象的塑造，它们试图通过对目标消费群体消费心理、消费行为的分析，提炼出品牌个性，从而完成市场定位。但从实践来看，只有凯越的“全情全力，志在进取”较为准确地描述了目标消费群的特征，而中华、阳光、奇瑞风云、高尔夫等车型的广告语都显得平淡无物，而东方之子欲借“未来领袖，实力座驾”来切入公商务轿车市场，可惜广告语过于夸张，效果并不明显。塞纳的“常规由我定”表现出鲜明的个性化特色，算得上是比较优秀的广告语。

与此同时，“老三样”在技术、功能、外形等方面均不占优势，广告语则强调“使用的低成本和便利性”。比如捷达用“理性的选择”来突出其质量可靠、配件便宜的优势。“拥有桑塔纳，走遍天下都不怕”的广告语脍炙人口，背后的支撑是上海大众遍布全国的维修服务网络。

2.3.4　紧凑型轿车——贩卖时尚生活方式

10 万元左右的紧凑型轿车，其目标消费群以中产、小资为主，他们收入不是很高，但乐于尝试各种不同的生活方式，敢于追逐最新的时尚潮流。所以，这部分消费者对轿车的外形、颜色、内饰十分敏感，同时又希望获得驾驶的体验。根据这些特点，大部分紧凑型轿车的广告语都在推广某种生活方式和反映某种生活形态。

最突出的例子当数赛欧，“自立新生活”“优质新生活”“Easy 生活，轻松赛欧”等广告语，反映了参加工作不久便买了一辆赛欧的车主心态，飞度、西耶那、周末风等车型的广告语同样也给消费者这种暗示。

值得注意的是，POLO 的广告语“R U POLO?”借用了互联网上的语言表达方式，以传递时尚、年轻的品牌形象，这种表达方式和麦当劳的广告语“I'm lovin'it”有异曲同工之妙。不过，由于许多消费者很少上网，根本不明白这句广告语说的是什么意思，所以备受争议。现在，上海大众把这句话改为“I'm POLO”，相信理解的人会更多一些。上海大众的另一款车型 Gol 的广告语也用了“Let's Gol”，可见厂家对这种表达方式十分认可。

当然，也有一些车型继续功能性宣传取向。比如，千里马强调动力性，威驰突出科技领先，威乐则用“全面修炼，完美平衡”来宣示自己已经在夏利 2000 的基础上脱胎换骨，事实证明这种策略也是成功的。

2.3.5　微型轿车——张扬品牌个性

5 万元左右的微型轿车，在技术、配置方面均无明显优势，一味强调价格便宜又容易把品牌做失败。而从消费者的角度来说，他们收入不高，但紧跟潮流，渴望有车生活，并希望得到周围人的尊重。在这种情况下，张扬品牌个性、给品牌注入特立独行的元素便成为厂家的唯一选择。

奇瑞 QQ（秀我本色；想快乐，找 QQ；就这么开心）显然很成功。它不仅通过“秀我本色”的广告语明确表达了 QQ 与车主个性的相同之处，而且厂家还组织了一系列的市场推广活动，比如车体彩绘大赛、网页制作大赛等，将品牌牢牢地定位于都市年轻一族。雪佛兰 Spark 虽然和 QQ 是“死对头”，但也没有办法，只能走相同的道路，只可惜已经被 QQ 占了先机。同样，路宝（哈飞路宝，路中之宝；现代时尚，秀外慧中）、爱迪尔也打出时尚个性牌，只是效果明显差了一大截，而奥拓（处处为你着想；好车有限惊喜无限）、福莱尔、吉利（造老百姓买得起的好车；七彩豪情亮丽人生）的广告语缺乏创意，在市场上几乎听不到它的声音。

2.3.6 MPV——功能与尊贵并举

MPV 最初进入中国市场时，主要瞄准公商务用车市场。最大的市场需求是企事业单位用来接待客人，所以用户对 MPV 的要求可以概括为两点：一是内部空间要宽大，乘坐要舒适；二是外形要气派，客人才有面子。针对这部分用户的心理，早期的别克 GL8 的广告语“有空间就有可能”突出其功能性，而主攻家用 MPV 市场的普力马的广告语“五座 + 两座，工作 + 生活”也是功能性广告语的杰作。

当 MPV 的竞争者增多时，GL8 原有的内部乘坐空间优势逐渐丧失，竞争也由单一的功能性竞争过渡到品牌的竞争，竞争者纷纷强调自己给客人带来的尊贵感。在这种情况下，GL8 打出了“陆上公务舱”的概念，结果深入人心，奠定了 MPV 市场老大的地位。

2.3.7 SUV——创造激情，营造梦想

SUV 的兴起，是汽车由交通工具向成人玩具转型的必然结果。开着自己的越野车，去荒漠河滩探险，这几乎是每个男人的梦想，即便不走出城市，在滚滚的车辆洪流中，SUV 也属于特别扎眼的车型，足以让驾驶者“豪气顿生”（Jeep 的广告语）。“唯王者，进化不止”“越野王者，豪华再进化”，日产途乐广告词显示出霸气。“遇见 WEY 来”“只 WEY 一眼惊叹”“只 WEY 一路愉悦”，长城 WEY 品牌的广告词紧扣品牌“WEY”。所以，SUV 的广告大多数都要体现出越野的激情，目的是给消费者营造一个可以触及的梦想。

3 汽车时尚

3.1 汽车俱乐部

随着世界汽车工业的不断发展和人们对汽车的需要和兴趣，各种形形色色的汽车俱乐部也相继诞生。汽车俱乐部不生产具体的产品，它所提供的产品是一种服务。对于一个综合性汽车俱乐部而言，这种服务又分为生产型服务和生活型服务。生产型服务是指俱乐部为会员提供各种对车辆和车主本人有关车辆的服务，它的目的便是为广大会员解决在使用车辆过程中所产生的实际困难；而生活型服务则是以会员为主体的各种休闲、娱乐和交友服务。汽车俱乐部是经营汽车文化的重要形式，它促使汽车文化愈加繁荣丰富。

3.1.1 汽车俱乐部的产生

汽车俱乐部已有百年以上的发展历史。1895 年 10 月中旬，美国《芝加哥时报》在“车坛风云”专栏上发表了赛车运动员查尔斯 · 布雷迪 · 金格建议成立汽车俱乐部的一封信，成为车迷和驾驶员议论的热门话题。1895 年 11 月 1 日，由《先驱者时报》主办的汽车大赛在芝加哥开幕，全国各地很多驾驶员都赶来参加比赛。其中，有 60 名驾驶员在一家酒店聚会，他们赞成金格的倡议而发起成立了美国汽车联盟，这是世界上最早的汽车俱乐部。同年 11 月 29 日，美国汽车联盟召开第二次会议，选举产生委员会并通过了活动宪章，旨在利用举办报告会等形式，向会员传授汽车工程最新技术，通报汽车大赛动态，并为他们提供紧急救援和法律咨询服务，以保障机动车会员的各种合法权益。同年 11 月 12 日，法国汽车驾驶员则以

巴黎普拉斯·德罗佩拉大街4号作为活动总部，成立了法国汽车俱乐部。随后，欧美各国都相继成立了为车主和驾驶员服务的汽车俱乐部，使汽车融入了人们的交通生活。

3.1.2 汽车俱乐部的发展

随着私人购车比例的大幅度增加，越来越多的私家车主不断地涌现。汽车使用过程比较复杂，车主会遇到许多问题，如与车主相关的驾照年审、安全学习、转籍过户等，与车辆相关的日常维护、修理、年检、事故处理，以及交纳车船税、办理车辆保险等，另外，汽车行驶途中，也可能发生故障。上述种种问题无不困扰着车主，为了让广大车主摆脱这些烦恼，从而使得有车的生活真正变得轻松，服务于驾车人士的汽车俱乐部不断涌现。

汽车俱乐部是以会员制的形式，将社会上高度分散的汽车组织到一起，通过发挥规模效应和服务网络的优势，给会员车辆提供单车和小单位很难办到的一些服务，从而给会员带来诸多方便和实惠，而俱乐部本身也从会费中取得一定收益的双赢项目。随着会员人数的不断增多，俱乐部服务的范围也在不断扩大，金融、保险、房地产、汽车生产厂都开始与俱乐部联系。

如今汽车俱乐部在发达国家早已盛行，并且形成一个非常大的行业。据统计，世界各国汽车俱乐部的会员总数至少2亿。其中规模最大的当数美国，在全国9000万驾车人中，已有4200万人成为会员。俱乐部这个组织形式不仅创造了大量就业岗位，而且每年营业额也很可观，如澳大利亚悉尼俱乐部有会员200万，每年营业额达40亿美元。

3.1.3 各国汽车俱乐部介绍

（1）美国汽车协会（简称“AAA”）是世界上最大的汽车俱乐部，它是仅次于罗马天主教会的世界第二大会员组织，也是世界上最大的“美国快速旅行支票”的销售者。AAA为其遍布美国及加拿大的3900万会员提供路边帮助、实施信息咨询及其他服务，AAA的成员驾驶着在美国道路上行驶的所有轿车的20%。AAA是一个非营利性社团，下属139个分支机构，各自独立地经营汽车俱乐部。AAA在全美范围内，向人数庞大的会员们卖出了数以千万美元计的信用卡、旅行支票、保险单、行李票等，其初衷是服务于驾车者。此外，AAA还促进了拉力赛和其他一些汽车竞赛，以显示各型新车的可靠性。

（2）澳大利亚汽车俱乐部创建于1905年，目前已发展会员近600万。澳大利亚有7个国营的汽车俱乐部，每年提供537万次道路紧急救援服务。从1991年起，全国统一启用提供道路服务的单一号码系统——131111，随时沟通待援者与救援中心的联系。救援服务除对在路上或家中发生机械故障的汽车提供帮助以外，还提供更换车轮、解决陷入沼泽、塞车、油料耗尽等问题的服务。在澳大利亚，平均每个会员每年有一次要求提供救援服务。由于澳大利亚汽车俱乐部具有良好的财政基础，由训练有素的工作人员提供出色的服务，采用先进的技术，给会员提供适合其要求的高标准产品，因而取得了成功的经验。

（3）德国汽车俱乐部全称是全德汽车俱乐部，其德语的缩写为“ADAC”，每年会费只需73马克，对于大学生或是有驾照的残疾人，会费还可减半。ADAC的成员，行驶在德国任何地方甚至在欧共体其他国家，都不用为车坏了怎么办而发愁。按照规定，在会员的车外出抛锚后只需打一个电话，ADAC很快即派人帮其排除故障。在修理时更换部件的费用全由会员自付，而修理工时费不得超过200马克。如果车已无法就地修复，ADAC可帮助把车拖回家，而支付的托运费最高不超过300马克。ADAC除了拥有众多的普通成员外，还有一种高级会员。高级会员每月交纳139马克的会费，但享受的待遇也好得多。例如，当会员驾车行驶在法国等地而遭遇车祸，汽车会有人负责运回，在车上的家属可免费回德国得到治疗。所有会员每月可得到一期ADAC办的杂志，杂志中的大部分内容是介绍维护修理汽车的经验。这本名为“ADAC——发动机世界”的杂志发行量达1300万份，是德国发行量最大的刊物。

(4)中国汽车俱乐部的出现始于1995年建立的北京大陆汽车救援中心，即现在的北京恩保大陆汽车俱乐部(CAA)。中国已进入一个汽车拥有率迅速上升的时期。汽车销量的大幅增长，意味着方兴未艾的汽车俱乐部业将是一个蕴藏无限商机的新兴产业。由于处于发展初期，而且各自的经营理念和发展方向不同，中国目前的汽车俱乐部形式多样，但主要可以划分为以下类型：一是为车主提供具体服务为主的，以救援为龙头，并带动相关售后服务等，如北京“大陆”、福建“迅速”等。二是专门做售后服务的，如武汉“绿岛”。三是与文化、沙龙以及公益活动相结合，带有一定的协会性质，如全国唯一的一家在民政部门注册成功的北京“爱车俱乐部”。四是以旅游、越野、赛车等兴趣或职业特征为主的，如“风鸟”“摄影家”等。五是以企业、品牌等设立的俱乐部，如法拉利汽车俱乐部、大众俱乐部等。当然，也有集上述特色于一体的综合性俱乐部，不少大型俱乐部在尝试这种模式。

3.2 汽车展览会

汽车展览会可以带来各种不同的概念车型、新车型，汽车展览会的风格和文化氛围，让人们感受到世界汽车工业跳动的脉搏。汽车展览会是汽车制造商们展示新产品的舞台，在流光溢彩的展车背后，是汽车制造商们为在汽车市场上争夺市场份额而进行的殊死较量。

衡量某一车展是否为国际一流的主要依据是：参展商规模和级别、汽车展品的档次、首次亮相的新车数量、概念车的数量、展出面积、配套设施的先进性、完备性、主办方的服务质量、国内外媒体宣传报道量、观众数量和专业水准等。

德国法兰克福车展、北美(美国底特律)车展、瑞士日内瓦车展、法国巴黎车展和日本东京车展Tokyo Motor Show被誉为当今五大国际汽车展。五大国际汽车展之所以世界知名，是因为它们代表了世界汽车工业发展的潮流。

五大汽车展当中，历史最短的东京车展也有五十多年了。撇开其带给汽车爱好者和观众们的激情与快乐，五大车展都对世界汽车工业与汽车市场的发展起到了极大的推动作用，在世界汽车历史长河中有着不可磨灭的功绩。彰显自己鲜明的个性是这些著名车展的共同特点。比如法兰克福车展作为汽车工业的发源地之一，尤其重视传播汽车的文化性；日内瓦所在的瑞士因为没有自己的汽车工业，可以为各大汽车厂商提供公平竞争的舞台；北美车展则充满美国人的娱乐精神，吃喝玩乐无处不在，一应俱全；东京车展上众多匪夷所思的概念车和最新科技的展示也是吸引观众眼球的卖点。

展会经济是一种“眼球经济”。每一次大型车展，除了吸引大量潜在汽车消费者参观之外，所有的媒体都会用大量篇幅进行免费报道，使车展成为传播汽车品牌的最佳场所。正因为如此，越来越多的厂家把新车发布会都放在重要的汽车展会上。和其他推广手段相比，车展最大的优势就是能在短期内迅速聚集大量高素质的潜在汽车消费者，并可以吸引大量媒体参与报道,提高品牌传播的有效性,因此,世界各大汽车厂家无不把参加国际汽车展当作一件大事来抓,从而造就了国际五大汽车展的辉煌(表3-3)。

国际五大汽车展 表3-3

车展	举办时间	展会地点	展会特点
法兰克福车展	逢单年9月	法兰克福展览中心	是世界参展规模最大的车展,称为世界汽车行业的"奥运会"
巴黎车展	逢双年9月	巴黎西南的凡尔赛门展览中心	是世界历史最悠久的车展,创办于1898年,直到1976年每年一届,后每两年一届,与法兰克福车展交替举行
日内瓦车展	每年3月	瑞士日内瓦展览中心	是欧洲唯一每年举办一次的大型车展,以发布新车、概念车之多而著称
底特律车展	每年1月	美国底特律科博(Cobo)展览中心	创办于1907年,1989年更名为"北美国际汽车展",但业界还是习惯称为底特律车展。概念车众多是北美车展一大亮点
东京车展	每年10月	日本东京千叶幕张会展中心	创办于1966年,一年一度交替展出商用车和乘用车,目前为两年举办一次

3.2.1 德国法兰克福国际车展

法兰克福车展德语名称为"Internationale Automobil-Ausstellung",意思为"国际汽车展览",多简称为IAA。法兰克福车展前身为柏林车展,创办于1897年,1951年移到法兰克福举办,每两年举办一次。1989年,由于车展的参观人数达到了120万人,加上交易广场再也无法容纳如此众多的参展车辆,法兰克福车展不得不分家。1991年之后,单数年房车展照常在法兰克福举办,双数年卡车展则在汉诺威开展,我们今天提起的法兰克福车展,一般都是指单数年的房车展。法兰克福车展一般安排在9月中旬开展,为期两周左右。

法兰克福车展是五大车展中技术性最强的,是世界最早的国际车展,也是世界上规模最大的车展,有世界汽车工业"奥运会"之称。

作为世界五大车展之一,法兰克福车展的参展商家也包揽天下,但其地域色彩很强,或许因为德国是汽车发明地,德国的几大汽车巨头如奔驰、宝马等占尽天时地利。法兰克福靠近各大车商总部,观看车展的欧洲公民不但拖家带口,而且消费心理非常成熟,汽车知识了解得很全面。

法兰克福属于黑森州,位于莱茵河畔,它不仅是欧洲最大的交通枢纽,拥有欧洲最大的航空站,而且也是德国金融业、高科技和现代化的象征,是欧洲最主要的经济金融中心。法兰克福以其著名的股票交易所和众多的摩天大楼而被称为德国的"曼哈顿"。作为"博览会之城"的法兰克福还有其他名胜,如勒默尔市政厅、老歌剧院、圣巴托洛梅教堂、德国著名诗人歌德的故居等,蔡尔商业街和展览中心更是世界知名。

法兰克福车展的服务细致而周到，符合德国人一贯滴水不漏的办事作风，人们不仅可以看到百年“老爷车”和光彩夺目的新车，还可以观看新车表演和国际赛事实况转播，并可获得汽车发展史、技术性能、安全行车、环保节能等多方面知识。

2009年9月17—27日，第63届法兰克福车展在法兰克福交易广场举办，如图3-42所示，车展主题是“心动体验”，它不仅代表新技术和新车，还代表主办方举办的多场“令人心动”的活动。大约数百万参观者在交易广场感受汽车产品的飞速革新；数百个世界汽车品牌披着多姿多彩的战袍，带着多元化的新发展动向、新的创意在法兰克福集合，展现全球汽车业2009年的亮点。此次法兰克福国际车展，共展出100辆世界首发车。汽车行业依然把净化环境作为他们宣传的重点，电动车、节能车和混合动力车占据了各大汽车厂商展位的重要位置。2013年法兰克福车展集体日时间是9月12—13日，公众日为9月14—22日，车展主题是“电动化”。2013年度为第65届，参展的商家主要来自欧洲、美国和日本，尤其以欧洲汽车商居多。2015年第66届法兰克福车展于2015年9月17—27日以及2017年第67届法兰克福车展(67th IAA Cars Frankfurt/Main)于2017年9月14—24日均在法兰克福展览中心隆重揭幕。法兰克福地处德国，唱主角的自然是德国企业，这似乎与底特律车展、东京车展的地域性同出一辙。德国是现代汽车的发源地，是奔驰公司、大众公司、奥迪公司老牌公司的老家，法兰克福车展正是德国汽车公司一展身手的好地方。

图3-42　2009年法兰克福车展

3.2.2　北美(美国底特律)国际车展

北美车展创办于1907年，起先叫做“底特律车展”，1989年更名为“北美国际汽车展”，每年1月举行。近年来，概念车在北美车展上所占的比例越来越高。

底特律是美国最大的汽车工业中心，被称为“汽车城(Motor City)”，它位于美国北部五大湖区的密歇根州，在由机场通往市区的公路旁，每个进入底特律的人，都会看到一座巨大无比的汽车轮胎雕塑，这是这座城市的标志。另外还有一个巨大的计数器，不停地按分、按时、按天地显示出美国造出来的汽车数目。到了这里，你会感到这里只有汽车没有别的，这是一座名副其实的汽车城。底特律是世界上与汽车联系最紧密的城市，从造车起步，靠汽车工业蜚声天下，它孕育了美国的汽车工业，美国最大的三家汽车公司(通用、福特、克莱斯勒)的发源与兴旺都是在底特律，底特律是美国这个“车轮上的国度”的发动机。北美车展一向以展示面向未来的产品和技术著称，北美车展图标如图3-43所示。车展提供了一个无与伦比的与汽车产品直接接触的机会，也是一个感受面向未来的新技术、新趋势的绝佳场所。北美车展是美国所有车展中唯一一个获得了OICA(世界汽车组织，总部位于巴黎，由全世界汽车贸易商和

图3-43　北美车展图标

生产商组成的国际性组织)颁发的“年度杰出奖项”的车展。当今时代,汽车技术、交通技术日新月异,新产品、新技术不断涌现。2018 北美车展于 2018 年 1 月 13 日在美国底特律科博会展中心拉开帷幕。

3.2.3 瑞士日内瓦国际车展

日内瓦车展创办于 1924 年,是欧洲唯一的每年度举办的大型车展。日内瓦车展每年 3 月举行,是各大汽车商首次推出新产品的最主要的展出平台,素有“国际汽车潮流风向标”之称。在世界五大车展举办国中,唯有瑞士目前没有汽车工业,因而日内瓦车展以其“中立”身份赢得最为公平的形象。

日内瓦车展以其迷人的景致、处处公平的氛围和细致入微的参展规则,受到全球汽车业巨头们的好评,更为众多观光者所青睐。车展主办方最引以为豪的是日内瓦公平的展览氛围:“底特律车展上通用、福特趾高气扬;法兰克福汽车展简直就是德国车商的表演舞台;巴黎汽车展的主要大厅则被法国的车商所占据,而日内瓦车展对所有参展厂商一视同仁,地方保护主义的色彩最淡。”

伴着瑞士让人倾倒的美景,日内瓦车展是许多车迷看车和旅游一举两得的好去处。虽然没有底特律、法兰克福车展的规模,在世界五大车展中属于“小家碧玉”型,但其特有的中立地位,使得众多的参展商非常看好日内瓦车展,许多汽车制造商也乐于在日内瓦车展上推出新车。

日内瓦是瑞士境内国际化程度最高的城市,位于西欧最大的湖泊——美丽的日内瓦湖畔,法拉山和阿尔卑斯山近在眼前。市区公园星罗棋布,湖畔鲜花遍地,美不胜收。作为历史悠久的国际大都市,日内瓦以其深厚的人道主义传统,多彩多姿的文化活动、重大的会议和展览会、令人垂涎的美食、清新的市郊风景及众多的游览项目和体育设施而著称于世。日内瓦市内值得一游的有著名的宗教改革国际纪念碑、圣皮埃尔大教堂、大剧院、艺术与历史博物馆、日内瓦大学等,在晴朗的日子里泛舟莱蒙湖,更是别有一番情趣。

2009 年 3 月 3 日,第 79 届日内瓦国际车展于瑞士日内瓦城 Palexpo 展览会场拉开帷幕(图 3-44)。尽管经济危机给各大汽车厂商带来不小冲击,但 2009 年日内瓦车展仍有约 85 款世界首发和欧洲首发车型,其中经济型车与节能车是本届日内瓦车展的大看点。

2013 年 3 月 5 日,第 83 届日内瓦车展正式开幕(图 3-45),从本届发布的新车来看,欧洲各厂商更加注重细分市场车型的布局,从跨界车到高性能车,再到旅行车,让不同车型有了更多的选择。相比于往年的展览,此次的 PALEXPO 展览馆对各展厅进行了大量的翻新,这将提升参观者的观展体验,没有人否认 2013 日内瓦车展是一次盛宴。第 85 届日内瓦国际车展(2015 年 3 月 5—15 日)、第 86 届日内瓦国际车展(2016 年 3 月 3—13 日)、第 87 界日内瓦国际车展(2017 年 3 月 7—19 日)、第 88 界日内瓦国际车展(2018 年 3 月 8—18 日)均在日内瓦巴莱斯堡展览会议中心举行。而随着年份的增加,日内瓦车展也逐渐加入了新能源、时尚、科技的等元素。

3.2.4 法国巴黎国际车展

巴黎车展起源于 1898 年的国际汽车沙龙,自 1976 年起两年举行一次,举办时间为双年

9 月底至 10 月初。作为浪漫之都的巴黎,它的车展总能给人新车云集、争奇斗艳的感觉,充满时尚是具有历史悠久的巴黎车展的突出特点。

图 3-44　79 届日内瓦车展

图 3-45　第 83 届日内瓦车展

作为法国首都,历史名城巴黎既是世界时尚中心,也是浪漫迷人的大都会,素有"世界花都"之称。雄伟庄严的凯旋门和屹立于塞纳河畔的埃菲尔铁塔是法国的标志。协和广场、香榭丽舍大道、巴黎圣母院、收藏有举世闻名的蒙娜丽莎、维纳斯、胜利女神三宝的卢浮宫及美轮美奂的凡尔赛宫、总统府——爱丽舍宫等地,风格出众,总是让人流连忘返。

巴黎凡尔赛门展览馆(Paris Expo Porte de Versailles)(图 3-46)位于巴黎市南区,始建于 1923 年,至今已有 80 多年的历史。凡尔赛门展览中心是巴黎城内唯一的一个多功能大型展览中心,从 1997 年起使用现名。它位于巴黎南部 15 区"凡尔赛门",展览中心总占地面积 35 万 m^2,其中展览面积占 22.2 万 m^2。共有 8 个展厅,20 个会议室,12 个餐厅,6500 个停车位和 102 个沙龙。

图 3-46　巴黎凡尔赛门展览馆

法国当地时间 2008 年 10 月 3 日下午,2008 年巴黎国际车展在凡尔赛门展览中心揭幕,共有来自 25 个国家的 362 个品牌参展。在为期两周多的展会期间,汽车制造商展出最新款的轿车、跑车、越野车和概念车，推出了约90款新车。在全球经济低迷和燃料价格居高不下的大背景下，众多厂商不约而同地选择了“节能环保”作为卖点，混合动力汽车成为主推产品。在车展亮相的新车中，约1/3使用了清洁能源。

“世界出租车”是2008年巴黎车展展览区的主题，展览区聚集了世界20余个城市的40余款出租车，可以让参观者了解世界出租车百年来的演变。

图3-47为2008年巴黎车展首发车之一——极具科幻色彩的概念车雪铁龙GT概念车，这款概念车由雪铁龙与索尼旗下子公司Polyphony Digital合作开发，作为索尼家用游戏机PS3平台上的游戏新作《Gran Turismo 5(GT5)》中的一款车型，被设定成一款使用燃料电池、电力驱动、无污染物排放的赛车。在游戏中，雪铁龙GT的名字是“Gt by Citroen”。

巴黎车展是一个伟大的汽车展，观展者可以通过个性化的体验来感受奇妙的汽车世界：最顶端的汽车技术、最专业的技术解说、最及时的新闻报道和全面周到的服务。2016巴黎车展是一场史无前例的汽车展会，它汇集了汽车出演的电影和视频游戏，50多辆标志性汽车的历史故事，很多惊喜标志着2016巴黎车展的独一无二，甚至打破了2014巴黎车展“汽车时尚”90万人次的观展记录。

图3-47　雪铁龙GT概念车

3.2.5　日本东京国际车展

东京车展创办于1966年，每年10月底举行，单数年为轿车展，双数年为商用车展。东京车展历来是日本本土生产的各种千姿百态的小型汽车唱主角的舞台，这也是它与其他国际著名车展相比最鲜明的特征。同时，各种各样的汽车电子设备和技术也是展会的一大亮点。历史最短的东京国际汽车展的发展非常之快，日本人对技术的推崇使这一展会成为最新汽车科技的集中展示地。日本建造了世界上最先进、设施也最完备的展馆——位于千叶县的幕张新馆。

环保和节能始终是东京车展的亮点，与其他车展相比，日本车展更具有亚洲东方神韵。日本厂商多款造型小巧精美、内饰高档的车总能成为车展的主角。

作为日本第一大都会，东京是政治、经济、文化中心和世界著名旅游城市之一，也是服装、时尚流行的前沿。东京有许多名胜古迹和著名国际活动场所，东京银行最集中的丸之内、剧场和游乐场所众多的乐町区、因世界百货总汇而闻名的银座商业区等，是繁华东京的缩影。此外，闻名遐迩的富士山和东京迪士尼乐园也让人们趋之若鹜。1999—2005年间，展览恢复为周年性活动。但是，展览的车辆类型区分为轿车、机车及商用车两种类型，每间隔一年，分别举行。1999年、2001年、2003年及2005年，轿车和机车为合并举办展览；2000年、2002年及2004年，商用车为单独举办展览。2005年，成为最后一届的分别举办展览。2006年，不举办展览。2007年起，轿车、商用车、机车和相关零件合并展览，东京车展预定相邻隔一年召开，为两年举办一次。

第43届东京车展于2013年11月20日向媒体开放。东京车展是五大车展之一，也是亚洲规格最高的车展，但其地位由于日本国内企业的低迷及中国市场的快速崛起，已经受到了来自北京、上海等中国车展的威胁。不过，日系企业在本次车展中展示了华丽的未来电动汽车技术，主要车企的概念车也是在其他车展中难以见到的，如丰田的FV2概念车（图3-48）等，映衬了此次车展的主题"竞逐于未来"。2015年第44届东京车展是一个综合性车展，展会包括：乘用车、商用车、摩托车、车身结构、汽车机器和工具，还有和汽车有关的服务。45届东京车展于2017年10月25日在东京国际展览中心（Tokyo Big Sight）拉开帷幕，本届车展的主题为"从这里出发，撼动世界"。

图3-48　丰田FV2概念车

3.2.6　上海国际车展

上海国际车展，两年一次，1985年首次车展在上海举行，其规模和影响日益壮大，从第一届时的73家厂商、1万多平方米的规模发展到现在40万 m^2 的场地，可以说上海车展从一个侧面见证了中国改革开放和汽车工业的发展。2004年6月，上海国际汽车展顺利通过了国际博览联盟（UFI）的认证，成为中国第一个被UFI认可的汽车展。

历史文化名城上海，不仅是中国时尚元素的前沿地带，而且其建筑风格也各不相同，汇聚着古今中外各种建筑样式，其中，被称为"万国建筑博览"的外滩建筑群、世界第三高的东方明珠塔、国际会议中心、金茂大厦、老城隍庙、杨浦大桥以及南浦大桥等，均体现着上海不同文化气息的共存与交融。

上海素有"购物天堂""东方巴黎"之美称。观光者除了可以领略大都市的风光外，还能充分享受购物的乐趣。中华商业第一街——南京路，高雅商业文化街——淮海路，摩登的徐家汇商业城等，都是值得搜购一番的好去处。

第十三届上海车展于2009年4月20日开幕，车展主题为"科技·艺术·新境界"。本届车展吸引了25个国家和地区1500余家参展商，具有17万 m^2 的展出规模。车展吸引了超过60万人次的观众和7200多名中外媒体记者。4月25日创下单日接待观众超过13.6万人次的纪录（图3-49）。共有918辆展车，包括316辆进口车和602辆国产车亮相本届车展，全球首发车共13款。以上数据均创历届上海车展之最。

图 3-49　第十三届上海车展

全球汽车界的目光纷纷聚焦第十三届上海车展，跨国汽车巨头虽然缩减了当年其他车展的规模与投入，但无一例外地将本届车展视为最重要的展览。德系、日系、美系及各厂商均以对待国际 A 级车展的态度对展会予以重视，其投入的人力、物力以及参展标准也都以此为标准。大众汽车集团董事会主席文德恩、丰田汽车株式会社社长渡边捷昭、奥迪全球董事会主席施泰德、戴姆勒汽车集团董事会主席兼梅赛德斯—奔驰汽车集团全球总裁蔡澈、沃尔沃全球首席运营官里德、劳斯莱斯首席执行官伯韦斯、保时捷汽车公司主席兼首席执行总裁魏得进、通用汽车集团全球副总裁兼亚太区总裁罗瑞立等车界巨头均参加了上海车展媒体日活动。上海车展不但进一步印证了国外厂商对中国汽车市场的信心，也让他们更加清晰地看到中国汽车市场未来的希望。

无论从规模还是气势上，自主品牌集体发力，是历届车展中参展品牌最为齐整、展车水平最高的一次，成为国内汽车企业展示自身实力与自主品牌高调亮相的最好机会。国内六大汽车集团首次齐聚上海车展，吉利、奇瑞、长城、力帆、海马、比亚迪、华晨等其他国内自主品牌也全线出击，展现了中国车市气势如虹的亮丽风景。国内车界的一汽集团总经理徐建一、上汽集团董事长胡茂元、东风集团董事长徐平、长安集团董事长徐留平、广汽集团总经理曾庆洪、北汽集团董事长徐和谊等国内六大汽车集团领军人物齐聚上海车展媒体日，纵论产业发展趋势和车市发展前景。

展览会期间，与车展配套的各项活动精彩纷呈。车展前夕，主办方联合中央电视台经济频道和中国商报举办了“2009 上海国际车展高峰论坛”，中外汽车界围绕“国际金融危机下的汽车工业发展机遇与挑战”的主题，共商力克时艰，提振信心，增强交流与合作，共谋振兴行业大计。中央有关部委的领导在会上表示大力支持汽车企业的技术改造和自主创新、推进汽车企业的联合重组、大力发展新能源汽车和加强汽车产业的行业管理。

围绕“科技 · 艺术 · 新境界”的本届车展主题，新能源汽车已成为中外各大汽车企业展示的重点之一。从混合动力到纯电动力，从锂离子电池到氢燃料电池，“绿色比拼”愈演愈烈。

在本届车展上，各大汽车公司都展出了各自在新能源车研发领域的最新成果。与以往不同，本届车展上的新能源汽车，很多已具备量产能力。这让人们明显感觉到，新能源汽车离消费者越来越近。

以“创新·美好生活”为主题的第十五届上海国际汽车工业展览会（图3-50）于2013年4月29日圆满落下帷幕。本届上海车展吸引了18个国家和地区2000家中外汽车展商参展；展出规模28万m^2；展出整车1300辆、全球首发车111辆、概念车69辆、新能源汽车91辆；共接待观众81.3万人次；2718家中外媒体10493名记者竞相报道了车展盛况。本届上海车展的成功举办，为全球汽车工业搭建了一个高水平的交流平台，引发了全行业及社会各界的强烈关注。

图3-50 第十五届上海车展

上海车展从2015年第十六届就移居上海国家会展中心举办，2011—2017年上海国际汽车工业展览会概况见表3-4。

2011—2017年上海国际汽车展览会概况 表3-4

展览会名称	展览会主题	车展规模
2011（第十一届）	创新·未来	车展占地23万m^2，展车达到1100辆，包括全球首发车75辆，其中国际汽车公司全球首发19辆，国内车企全球首发56辆
2013（第十五届）	创新·美好生活	车展总面积超过28万m^2。来自18个国家和地区的近2000家厂商参展，展出整车约1300辆。全球首发车有111辆，包括跨国公司的28辆全球首发车；亚洲首发车有49辆；概念车有69辆，包括跨国公司的50辆车和国内公司的19辆车

续上表

展览会名称	展览会主题	车展规模
2015 （第十六届）	以人为本不断创新	展出总面积超过 35 万 m^2。来自 18 个国家和地区近 2000 家国内外知名企业踊跃参展，展出整车 1343 辆，其中全球首发车 109 辆，新能源汽车 103 辆（国内厂商 51 辆、国外厂商 52 辆），概念车 47 辆，亚洲首发车 44 辆
2017 （第十七届）	致力·美好生活	展区面积达 40 万 m^2，吸引了来自 18 个国家和地区的 1000 多家国内外知名企业踊跃参展，展出整车 1400 辆，其中全球首发车 113 辆（外国公司 30 辆、中国公司 83 辆），新能源汽车 159 辆（国内厂商 96 辆、国外厂商 63 辆），概念车 56 辆，外国公司亚洲首发车 44 辆。体现当下汽车发展电动化、智能化、网联化的新趋势

3.2.7 北京车展

北京国际汽车展览会（Auto China）每两年一届，从 1990 年到 2012 年共举办了十二届。展会规模不断扩大，参展厂商逐年增加，参展展品不断更新，影响日益扩大，是中外汽车业界在中国的重要展出平台。近年来，随着中国汽车工业和汽车消费市场的快速发展，北京国际车展也迅速地发展壮大起来。国外著名汽车制造商也越来越看好中国市场，已经将北京车展定位于全球 A 级车展，与在全球享有著名声誉的法兰克福、日内瓦、巴黎、东京、底特律等车展达到同一级别，使北京车展的影响力、国际化水平、展品品质、展台装饰等方面都迈上了一个新台阶。

汽车业是全球最大的产业之一，也是最早实现全球化的一个样板。汽车业从资产、品牌、产地、市场、产品开发、零部件供应方面都实现了全球化。几乎所有汽车大公司都是名副其实的跨国公司，旗下拥有众多著名品牌。汽车产业作为我国国民经济的支柱产业，近年来发展迅速，随着自主创新能力的提高，中国汽车工业在国际汽车业中的地位越发重要，中国是世界上最活跃、最具成长性的市场。对于汽车这样资金密集、技术密集、人工密集的制造业来说，中国汽车的成本优势、人员素质、社会稳定因素、本土市场广大的综合考量，让其他地区难以望其项背。随着全球产业的转移，中国已经成为一流的汽车制造大国。汽车展览会则是汽车行业对外的窗口。2008 年第十届北京国际汽车展览会（Auto China 2008）作为北京奥运会前的一次最大型活动，对预热奥运经济、促进中国汽车业与国际同行业间的多种形式的贸易往来、技术交流和经济合作，推动我国汽车工业的发展，繁荣汽车市场，扩大对外贸易等方面都起到了十分积极的作用。

图 3-51 第十一届北京国际汽车展览

以“畅想绿色未来”为主题的 2010（第十一届）北京国际汽车展览会（Auto China 2010）于 2010 年 4 月 23 日—5 月 2 日在北京中国国际展览中心隆重举行（图 3-51）。北京国际汽车展览会在位于北京顺义区天竺地区的中国国际展览中心（天竺）

新馆和朝阳区静安庄的中国国际展览中心两个场地同期举行。中国国际展览中心新馆主要展示国内外乘用车，中国国际展览中心主要展示国内外汽车零部件和相关产品。这样的安排突出了展会专业化的特色，有利于参展商和不同诉求类型观众的选择，使展商和观众在参展和观展上更为便利和经济。

以“创新 · 跨越”为主题的 2012（第十二届）北京国际汽车展览会于 2012 年 4 月 25 日—5 月 2 日在北京举行（图 3-52）。全球首发的新车、奇思妙想的概念车、昂贵的豪华车纷纷亮相，打造了这场让人眼花缭乱的汽车盛宴。

图 3-52　第十二届北京车展

2010—2018 年北京国际汽车展览会概况，见表 3-5。

2010—2018 年北京国际汽车展览会概况　　表 3-5

展览会名称	展览会主题	车展规模
2010（第十一届）	畅想绿色未来	展出面积近 20 万 m^2，来自 16 个国家和地区的 2100 家汽车厂商参展，展出 990 辆各式汽车，包括全球首发新车 89 辆，95 辆新能源汽车
2012（第十二届）	创新 · 跨越	展览面积达到 23 万 m^2，14 个国家和地区的 2000 余家厂商参展。展览会共展出车辆 1125 辆。全球首发车 120 辆，其中跨国公司全球首发车 36 辆，跨国公司亚洲首发车 35 辆，概念车 74 辆，新能源汽车 88 辆
2014（第十三届）	汽车让未来更美好	14 个国家和地区的 2000 余家厂商参展。车展共展示车辆 1134 辆，全球首发车 118 辆，其中跨国公司全球首发车 31 辆、跨国公司亚洲首发车 45 辆、概念车 71 辆、新能源汽车 79 辆

续上表

展览会名称	展览会主题	车展规模
2016 （第十四届）	创新变革	展会面积23万m^2，14个国家和地区的2000余家厂商参展。展会共展示车辆1125辆，其中全球首发车120辆，跨国公司全球首发车36辆，跨国公司亚洲首发车35辆，概念车74辆，新能源汽车88辆
2018 （第十五届）	定义汽车新生活	车展总展出面积达到22万m^2，共吸引了来自全球14个国家和地区的1200多家参展商。展会共展示车辆1022辆、全球首发车105辆（其中跨国公司全球首发车16辆，跨国公司亚洲首发车30辆）、概念车64辆、新能源汽车174辆（其中中国车企新能源汽车124辆）

北京国际汽车展览会得到了世界知名汽车及零部件制造商的高度重视和国内各大汽车集团的积极参与，历届展会都汇集了国际汽车工业的高新科技产品，以及国内企业开发研制的领先技术及新产品，受到业界及国内外观众的热情关注。北京车展持续在国内车展中保持较大规模，秉承展品精、品牌全、国际化的办展理念和特色，从普通专业类展览会逐步发展成为目前在国际上具有广泛影响的品牌展览会，是中国最具权威性、最有影响力的国际汽车展览会，为我国汽车工业的发展，汽车民族品牌的开发制作发挥了重要的作用，并为促进中外汽车业界的交流与合作，为我国会展经济的快速发展做出了积极巨大的贡献。

3.3 世界十大汽车城

（1）美国底特律：通用、福特和克莱斯勒三大汽车公司总部所在地，美国第五大城市。美国1/4的汽车产于这里。

底特律这个昔日繁盛的汽车之都，从20世纪60年代起，开始逐步走下坡路，成为过去50年里美国大城市人口降幅最大的城市。1967年，种族冲突加剧，大量居民逃离底特律。20世纪70年代，石油危机重创美国汽车业，使底特律的制造业工作岗位蒸发了75%。其后，外国车商进入美国，打破传统三大汽车公司对北美市场的垄断。进入21世纪以来，美国汽车业不景气、房地产市场泡沫破裂以及国际金融危机等多重打击加速了底特律的萧条。20世纪60年代的高峰时期，底特律汽车制造业聘用22万工人，到2000年只有8.9万。2008年，底特律失业率超过16%，犯罪率和贫困率排在全美大城市前列。人口已从20世纪50年代的180万人锐减至目前的80多万人。2009年2月，美国《福布斯》杂志将其列入全美“最悲惨城市”之一。

（2）日本丰田市：丰田市以汽车产业作为发展核心，因为丰田汽车公司的存在，而成为日本闻名于世的汽车城，绰号“东洋底特律”。

丰田市位于爱知县中央的西三河地区，面积5150km^2，距离名古屋市约30km。1938年11月，月产轿车500辆、卡车1500辆的丰田汽车公司举母工厂正式竣工，1959年举母镇改名为丰田市。

在丰田市，丰田汽车公司拥有10座汽车厂，可生产几十个系列的轻、重型汽车。此外，它在丰田市还有1000多家零部件协作厂，超过一半的市民都是丰田汽车公司的雇员及其家属，丰田市的出口港是名古屋，建有世界第一大、最高容量为5万辆的丰田汽车专用码头。

(3)德国斯图加特：美丽的斯图加特是一座“奔驰汽车城”，著名的戴姆勒—奔驰汽车公司建于此地。斯图加特位于内卡河中游河谷地带，是巴符州首府，面积207km^2。奔驰汽车制造业是斯图加特的主体工业，在斯图加特几乎家家都有奔驰车。斯图加特每年要接待14万名来自世界各地的汽车用户、汽车商和参观旅游的人。现在它已成为德国人均收入最高、失业率最低的城市之一。

(4)意大利都灵：都灵是世界著名的汽车工业城。它位于意大利西北部，是皮埃蒙特大区的首府，也是意大利的第四大城市。

都灵的汽车工业十分发达，是意大利最大汽车集团菲亚特公司总部所在地。全城人口120万，其中30多万人从事汽车工业，每年生产的汽车占意大利总产量的75%。

另外，都灵还以世界先进水平的技术和设备生产各类汽车零件。该市仅汽车配件行业的年产值相当于1500亿元人民币。

(5)德国沃尔夫斯堡：欧洲最大的汽车制造厂商——大众集团总部所在地。

沃尔夫斯堡市也称狼堡，位于德国下萨克森州，总面积310km^2。自从大众集团1934年成立以来，带动了城市的发展。1938年，该市作为德国当时现代化的汽车城而兴建起来，开始逐步成为德国北部的工业重镇和欧洲最大的汽车制造中心。现在狼堡市民中的40%都在大众汽车厂上班，大众集团在狼堡的员工达5万人。

(6)日本东京：著名的汽车公司日产、本田、三菱、五十铃公司总部所在地。

东京是日本的首都，也是世界上最大的城市之一。它位于本州关东平原南端，总面积2155km^2。东京创建于1457年，古称江户。1868年，明治天皇从京都迁都江户，改称东京。东京成为日本的首都，同时也成为全国的政治、经济和文化中心。

(7)法国巴黎：标致—雪铁龙汽车公司所在地。

历史名城巴黎是欧洲大陆上最大的城市，它位于法国北部盆地的中央，横跨塞纳河两岸，距河口（英吉利海峡）375km，市区面积105km^2。巴黎除了拥有举世瞩目的浪漫、时尚的奢侈品之外，也以总部设在此的法国最大的汽车集团公司——标致—雪铁龙汽车公司而闻名。标致汽车公司是世界十大汽车公司之一，法国最大的汽车集团公司，创立于1890年。1976年，标致公司吞并了法国历史悠久的雪铁龙公司，从而成为世界上一家以生产汽车为主，兼营机械加工、运输、金融和服务业的跨国工业集团。标致—雪铁龙汽车公司的总部设在法国巴黎，汽车制造厂多在弗南修·昆蒂省。

(8)英国伯明翰：利兰汽车公司所在地。

伯明翰是利兰汽车公司（Leyland）所在地，位于英格兰中部亚拉巴马州，是仅次于伦敦的英国第二大城市。该市市区面积256km^2。自1166年英王恩准开埠经商后，伯明翰先以制铁冶炼为主，迅速成为冶金行业的重镇。1880年建立第一座高炉，钢铁工业兴起，带动了其他工业的发展。如今,伯明翰是英国的汽车城,世界各大汽车生产厂商在这里都设立了公司,使它的工业产值占全国工业产值的1/5,并享有“世界车间”之美称。

(9)德国吕塞尔海姆:吕塞尔斯海姆是美国通用汽车公司最大的海外子公司——亚当·欧宝汽车公司总部所在地,位于美因河下游左岸,其工业以汽车制造为主。

1862年,亚当·欧宝(Adan Opel)在吕塞尔海姆创建了欧宝公司,公司最初生产缝纫机、自行车,1899年开始生产汽车。1924年,公司建成德国第一条生产汽车的流水线,使汽车产量猛增,在德国廉价车领域独占鳌头。1931年,欧宝成为通用汽车旗下一员。2000年,欧宝投资15亿欧元在欧宝原厂旁边兴建新工厂,于2002年1月7日建成投产。欧宝吕塞尔斯海姆工厂目前拥有18300名工人,主要生产欧宝威达Vectra和Signum两款车型。另外现代起亚的欧洲研发中心也设在了吕塞尔斯海姆市。

(10)法国比杨古:雷诺汽车公司所在地。

比杨古是世界著名汽车城,它属于法国巴黎西南的城市,地处塞纳河河曲的布洛涅森林之南。雷诺汽车制造厂创立于1898年,而今的雷诺汽车公司已被收为国有,是法国最大的国有企业。该厂以生产各型汽车为主,公司还涉足发动机、农业机械、自动化设备、机床、电子业、塑料橡胶业等工业。

3.4 电影中的汽车角色

电影就是生活的屏幕演绎,与我们日常生活极其相似,因此电影中的汽车比比皆是。各种各样的汽车也以电影主角的形式登上荧屏,给电影带来了机器的美感,同样也为汽车厂家植入了广告。让我们通过一些经典大片的欣赏来观看汽车角色的表演。

3.4.1 汽车人大战影片《变形金刚》

主角:雪佛兰 大黄蜂。

如果要评选汽车与电影的最佳组合,影片《变形金刚》绝对是最有力的竞争者之一,在这部高科技的好莱坞经典大片中,汽车不仅取代演员成为影片的主角,雪佛兰大黄蜂(图3-53)更是以自己精彩绝伦的表演方式,完成了雪佛兰品牌的一次完美回归。在它之前,是曾经辉煌无比的美国汽车工业的集体沦陷;但在它之后,所有车迷都将铭记擎天柱、大黄蜂、铁皮、爵士这些经典的名字,以及经典背后正在复兴的美国汽车工业。

图3-53 雪佛兰大黄蜂

3.4.2 汽车漂移电影《头文字D》

主角:丰田AE86。

对于无数国内的车迷来说,港产片《头文字D》时至今日仍然是他们心中引以为豪的经典,在这部云集了周杰伦、陈冠希等港台“小天王”的街头飙车电影中,不仅有强大的明星阵容,而且也汇聚了丰田、本田、日产、马自达、三菱等日系车厂的多款赛车,堪称日系车厂的一次集体会演。日本秋名山上的清晨，一辆丰田出产的中古车 AE86(图 3-54)优美地在下坡道飞驰，车内神秘车手的漂移车速使人吃惊。在它之后，“漂移”成为国内车迷津津乐道的飙车话题。

3.4.3 邦德系列新作《007 大破量子危机》

主角：福特 KA、阿斯顿马丁 DBS；配角：阿尔法罗密欧 156、路虎揽胜、福特 F100、大众甲壳虫、捷豹 XJ 等。

《007 大破量子危机》(图 3-55)延续了上集《皇家赌场》中的剧情。邦德为前集逝去的挚爱向敌人宣战，甚至不惜背叛组织。他将和新任邦女郎携手为爱走天涯，横跨整个西半球展开绝地复仇。山路飙车、海上赛艇、空中追逐、飞檐走壁、枪林弹雨、爆炸四起，海陆空大战全面出击的新邦德电影里，惊险刺激的震撼场面层出不穷。

图 3-54　丰田 AE86

图 3-55　《007 大破量子危机》剧照

福特汽车在本集 007 电影中算得上是“一号演员”了，在整部电影中出现多达 3 款的福特车型，福特出售的捷豹和路虎品牌在本集 007 电影中也有多款车型参演。

3.4.4 美国火爆大片《死亡飞车》

主角：福特野马；配角：克莱斯勒 300C、GMC 皮卡。

《死亡飞车》翻拍自 1975 年史泰龙主演的《亡命赛车》。影片描述了 2020 年人满为患的纽约，犯罪率节节攀高。为了解决惩罚体系的问题，拥有监狱运行权的蔚蓝公司精心设计了“死亡飞车”的比赛项目。

参加比赛的都是经过精心打造的武装赛车。车身上配置了重机枪、火焰喷射器、榴弹发射器等重型武器，要赢得比赛很简单，第一个冲过赛道，或者只有你一个人活着。剧中大部分车辆被改装得面目全非，唯独男女主角的一部福特野马挂着醒目的标记，这部战车以福特野马 Mustang 为原型改装，外形类似重型坦克，在加入 NASCAR 赛车中的精彩车技后，看似笨重的杀人战车却轻盈灵活。

3.4.5 动作冒险大片《极速漂移》

主角：宝马 Z8；配角：350Z、斯巴鲁、GTR。

《极速漂移》是一部速度与激情、香车与美女的商业大作，影片围绕着赛车，将四位年轻人对赛车的锲而不舍展现得淋漓尽致。影片中，大量急速前行、漂移转弯、高速超越等炫目镜头，足够让车迷们热血沸腾。

《极速漂移》由德国宝马汽车巨资赞助，八种新款宝马跑车在片中闪亮登场。其中，令人窒息的宝马Z8不仅挑战了众多特技动作，上佳表现也为影片注入了时尚元素。片头一开始BMW5系警车和奥迪的飙车仅是个热身，当地下赛车比赛开始时才开始真正的疯狂，350Z、斯巴鲁、GTR纯种赛车纷纷出场，最后片中BMW Z4在改装后，刺激大胆的飙车戏尤为精彩。

3.4.6 爱情贺岁片《非诚勿扰》

主角：斯巴鲁。

冯小刚执导的贺岁影片《非诚勿扰》，描述了一位有着"特殊才能"的"海归"，他的天才发明被风险投资人天价买断。一夜暴富的这位剩男想通过征婚的方式解决终身大事，于是揣着家底开始了"征婚"旅程。在漫漫征途上，各怀心事者纷至沓来，一段人间喜剧演出世间百态。作为本片的赞助商之一，首次"触电"的斯巴鲁汽车(中国)有限公司，先后为影片提供了森林人、驰鹏和力狮旅行轿车在内的多款产品。伴随着剧情发展，斯巴鲁的驰鹏、傲虎和森林人等精品车型都在电影场景中出现，与剧中人物相辅相成，为影片增色不少。

斯巴鲁在中国远没有丰田、本田和日产的名头响亮，而在斯巴鲁汽车旗下，力狮也没有斯巴鲁翼豹、森林人在中国的赫赫名声，但在这部堪称冯氏经典的佳作中，斯巴鲁力狮可谓是不经意处尽显风流，不多的几个画面，却赢尽了天下车迷的芳心。

3.4.7 国产军事题材电影《战狼Ⅱ》

主角：北汽BJ40/BJ80；配角：东风风神AX7/AX5/AX3。

故事发生在非洲附近的大海上，主人公冷锋遭遇人生滑铁卢，被"开除军籍"，本想漂泊一生的他，正当打算这么做的时候，一场突如其来的意外打破了他的计划，突然被卷入了一场非洲国家叛乱，本可以安全撤离，却因无法忘记曾经为军人的使命，孤身犯险冲回沦陷区，带领身陷屠杀中的同胞和难民，展开生死逃亡。随着斗争的持续，体内的狼性逐渐复苏，最终孤身闯入战乱区域，为同胞而战斗。

《战狼Ⅱ》表达了家国情怀和对中国汽车品牌的宣传。北汽BJ系列之所以能够凭借《战狼Ⅱ》火起来，主要是因为BJ40(图3-56)/BJ80产品的特性与电影中的场景需求完美契合，自主品牌SUV产品中，BJ40/BJ80的越野能力绝对是个中翘楚，当冷锋驾驶着BJ40在非洲大地与敌军展开越野追逐时，过硬的越野能力有着足够的说服力。

图3-56 《战狼Ⅱ》剧照

再回到《战狼Ⅱ》影片中来，除了北汽，还有一个品牌的车型在影片中也没少亮相，这就是东风风神AX军团——AX7、AX5、AX3等车型，在影片中可谓本色出演。东风风神 AX7 是中国驻非大使馆的专车，也是公安警务用车，自带正义凛然的军人气质。数次肩负重任，为主角冷锋挡住枪林弹雨，闪亮的东风风神车标在战火中格外惊艳。在老仓库外，东风风神 AX7 与冷锋、老班长、卓亦凡并肩战斗，亲历枪林弹雨，完美契合了中国硬汉的气质，展现了中国汽车工业的风采。

总之，汽车烘托了电影，电影凸现了汽车，它成功地将汽车与电影融为了一体，并产生了巨大的商业效应。汽车植入电影的营销方式开始在经典影片中大量出现。从《007 系列》中的邦德座驾阿斯顿·马丁到《的士速递》里的标志406 到《偷天换日》中的 Mini Cooper，再到《变形金刚》里的雪佛兰大黄蜂等，一系列以汽车为道具或主角的电影越来越多地进入了人们的视线。无论是扣人心弦的经典追车场景，还是令人瞠目结舌的豪华车队的出场，无不吸引着观众的眼球。

3.5 汽车 App 营销

汽车营销正在快速进入互联网时代，从早先的电脑 PC 网络，再到现在的手机网络。网络可以说无处不在地影响汽车消费，各大厂家都不同程度地加大了网络宣传（包括硬广告和“软”宣传）；网上车市、拍卖等对汽车营销作用越来越大，发展潜力巨大，已经被汽车业界关注。从越来越多的车企参与到网络营销当中我们也能看出，汽车营销的 E 时代也逐渐向我们走来。网络，包括传统的电脑为终端的互联网和正在高速发展的手机终端互联网，都将逐渐成为新的汽车营销的主战场。实际上，有调查显示，网络在消费者获得汽车相关信息的渠道中所占的比例，已经从2005—2011 年时的35.1%，飙升到当前的63.7%。也就是说，超过六成的消费者在购车时都要参考网络信息。这一鲜明对比也清晰地说明，汽车营销的 E 时代已经悄然来临。

随着移动互联网的兴起，越来越多的互联网企业、电商平台同样也将 App 作为销售的主战场之一。App 抛弃了互联网的旧生态，创造着移动互联的新起点。数据表明，App 既给手机电商带来的流量远远超过了传统互联网（PC 端）的流量，通过 App 实现盈利也是各大电商平台的发展方向。在2013 上海车展上，一些展台使用了微信、二维码等新的应用技术，拉近同消费者之间的距离，消费者的参与度进一步得到提升。

App 商业模式主要体现在好玩、有用、互动、分享。如全方位汽车产品展示，不同颜色和款式的产品介绍，游戏、互动、动画、色彩、方便、快捷的 App 增强用户的兴趣。关键点是让大家选车方便，选得快，同时选到车以后，跟商户的联系也方便。目前 MINI 高级定制（图 3-57）、奔驰 Smart（图 3-58）、甲壳虫手册等都是汽车营销方面的典型佳作的 App。

MINI 高级定制是 MINI 个性化加装文化的完整呈现：你可以随意挑选加装组件，玩转各式轮毂以及让 MINI 试穿各种外装与内饰，期待它看起来更招摇，彻底满足你表达自我的野心。等你最满意的独家 MINI 浮出水面之后，既可以保存供日后自我欣赏，更能发邮件向好友炫耀出色成果，或者干脆发给 MINI 经销商进行定制，属于你的独一无二 MINI 由此诞生。

图 3-57 MINI 高级定制

图 3-58 奔驰 Smart

思考与练习

一、选择题

1. 无论专业选手还是业余赛车爱好者都可参加达喀尔拉力赛，参赛车辆分为摩托车组、汽车组和________。

A. 越野车组　　B. 卡车组　　C. 自行车组　　D. 电动车组

2. 红、黄、白、黑、蓝各色旗帜飘舞在精彩刺激的 F1 赛场上，车手和裁判之间的信息通过旗帜来表达和传递。________表示赛道外有事故或危险。

A. 红旗　　B. 黄旗　　C. 黑旗　　D. 蓝旗

3. ________是世界规模最大的车展，有"汽车奥运会"之称，是五大车展中技术性最强的，被誉为是最安静的车展。

A. 法兰克福车展　　B. 底特律车展　　C. 日内瓦车展　　D. 东京车展

4. 德国的宝马汽车的商标所采用的是________。

A. 圆雕式　　B. 浮雕式　　C. 徽章式　　D. 文字图案式

5. 在世界五大车展中最热闹的，被誉为"国际汽车潮流风向标"的车展是________。

A. 法兰克福车展　　B. 底特律车展　　C. 日内瓦车展　　D. 东京车展

6. 奇瑞汽车车标的整体是英文字母 CAC 的一种艺术化变形。标志中间 A 为一变体的"人"字，预示着公司以人为本的经营理念；徽标两边的 C 字向上环绕，如同人的两个臂膀，象征着一种团结和力量，环绕成地球型的椭圆状；中间的 A 在椭圆上方的断开处向上延伸，寓意奇瑞公司发展无穷，潜力无限，追求无限；整个标志又是 W 和 H 两个字母的交叉变形设计，又为生产制造地"________"的汉语拼音的声母。

A. 武汉　　B. 芜湖　　C. 安徽　　D. 上海

7. 2004 年 6 月，上海国际汽车展顺利通过了________(UFI)的认证，成为中国第一个被 UFI 认可的汽车展。

A. 国际标准化组织　　B. 联合国　　C. 国际汽车联合会　　D. 国际博览联盟

8. 比亚迪已经陆续上市的使用中国朝代命名的车型有________、________、宋、唐、商。

A. 秦、汉　　B. 汉、清

C. 明、清　　D. 秦、元

9. ________品牌的追求和承诺是：树立中国豪华 SUV 的旗帜与标杆。

A. WEY　　B. 哈弗　　C. 宝骏　　D. 五菱

10. 上海车展从________年第十六届就移居上海国家会展中心举办。

A. 2013　　B. 2015　　C. 2017　　D. 2018

二、判断题(对的画"√",错的画"×")

1. 一级方程式赛车的车队由三部分组成：赛车、赛车手和维修人员，一级方程式赛车可以在高速公路正常行驶。（　）

2. FIA 规定一级方程式赛车禁止使用涡轮增压器，一律使用排量为 3.0L、汽缸数目不超过 12 个的自然吸气式水冷发动机。（　）

3. 汽车商标是汽车作为商品的特定标志，也是人们识别不同汽车的主要标志，同时车标对汽车的造型具有装饰美化的作用，通常安置在汽车的醒目部位。（　）

4. 奔驰、平治和宾士都是人们对于 Benz 的称呼。（　）

5. 车名充分显示了车的等级价值，一般来说，车型号越大价值就越高。（　）

6. WRC 比赛依参赛车辆规格的不同，分为原厂组 Group N 及改装组 Group A 两大组别。（　）

7. 中国二汽东风牌汽车车标，其中的"二"字寓意于双燕之中，戏跃翻飞的春燕，还象征着东风牌汽车车轮不停地旋转，奔驰在祖国大地，冲出亚洲，奔向世界。（　）

8. 解放牌汽车是中国第一汽车集团公司生产的汽车，从 1953 年起一直沿用以前的一汽标志，其图形是将阿拉伯数字 1 和汉字"汽"巧妙布置，构成一只展翅雄鹰的图案。（　）

9. Lynk & Co 汽车商标中的 Lynk 代表连接即智能互联：以先进的智能互联技术，实现人、车、世界的无间连接。（　）

10. 影片《变形金刚》中的汽车人雪佛兰大黄蜂是通用公司的别克昂科威。（　）

三、填空题

1. 我国第二汽车集团公司出口的货车名称不是"东风"，而是________，因为它在世界大多数国家被视为"吉祥"和"美好"。

2. "AAA"是指________，是世界上最大的汽车俱乐部，它是仅次于罗马天主教会的世界第二大会员组织，也是世界上最大的"美国快速旅行支票"的销售者。

3. 德国法兰克福车展、________、________、________和________被誉为当今五大国际车展。

4. 美国著名的汽车城________是通用、福特和克莱斯勒三大汽车公司总部所在地，而意大利最大汽车集团菲亚特公司总部所在地________也是世界著名的汽车城。

5. 我国著名的车展有________和________。

6. 方程式汽车赛项目有 F1、F3、________、________等。

7. 美国第五大城市底特律是________、________和________三大汽车公司总部所在地。

8. 宝马是驰名世界的汽车企业，被认为是高档汽车生产业的先导。宝马标志中间的蓝白相间图案，代表________、________和________。

9. 吉利汽车车标中的“________”象征太阳的光芒，只有走进太阳，才能吸取无穷的热量，只有经过竞争的洗礼，才能百炼成钢；象征吉利一步一个台阶，不断超越，发展无止境；象征中华优秀传统文化的底蕴才是吉利不断发展超越的精神源泉；象征发展民族工业，走向世界，是吉利不舍不弃的追求。

10. LYNK&CO 品牌是吉利与________合作推出的一个全新品牌，该品牌的定位介于吉利和沃尔沃之间，未来将与国内众多合资品牌展开竞争。

四、简答题

1. 以 2009 年 F1 冠军车队布朗车队的赛车为例说明 F1 赛车上高科技的装备。

2. 了解 2009 年世界汽车拉力锦标赛 WRC，分析雪铁龙车队获胜的主要原因。

3. 汽车商标与名称具有文化底蕴，请举例说明。

4. 了解你所在地区某 4S 店汽车俱乐部的运作并提出改善意见。

5. 简述上海最近几届车展主题思想，就其中之一展开你的想法？

6. 观赏《头文字 D》电影，简述汽车漂移的原理？

单元四　汽车的外形和色彩

学习目标

☞ 知识目标

1. 正确描述汽车外形变化与空气动力性的关系，简单描述典型的汽车外形；
2. 正确描述常见汽车车身颜色的含义。

☞ 能力目标

会制作安全、环保、节能的新型概念车模型。

1　汽车的外形

汽车的外形各有不同，而确定汽车外形有三个因素，即机械工程学、人体工程学和空气动力学。机械工程学要求汽车动力性好、操纵稳定性好等；人体工程学要求驾乘人员有足够的活动空间，舒适性好；空气动力学要求汽车行驶时空气阻力小，即汽车外形应具有良好的流线型。所谓流线型，是指空气流过不产生旋涡的理想形状，流线型应用的最高境界是飞机的机翼，但是作为汽车，绝对的流线型是不能实现的。目前，汽车的外形均是流线型的变化型。早期汽车外形如图 4-1 所示。

图 4-1　早期汽车外形图

1885 年，德国工程师卡尔 · 本茨(1844—1929 年)在曼海姆制造成一辆装有汽油机的三轮车，拉开了汽车发展史的帷幕。在此后的一百多年内，汽车无论是从车身造型还是从动力源或底盘、电气设备来讲，都有了很大的变化，其中最富特色、最具直观感的当数车身外形的演变。

1.1　马车形汽车

1885 年，德国的两位工程师戴姆勒和本茨分别试制出 1.1kW(1.5 马力)和 625W(0.85 马力)单缸汽油发动机并成功地试制出第一台汽车，但当时的汽车车身基本还是沿用马车形,如图 4-2 所示。

当时的马车形车身与我国古时的兵车车身并无本质上的区别,不过是一种箱形加上座椅,车身上部或为敞篷或为活动布篷用来避雨挡光。这样的车身难以抵挡较强烈的风雨侵袭,对于乘坐者仍然有极大的不便。

1.2 箱形汽车

由于马车形汽车很难抵挡风雨的侵袭,美国福特汽车公司在 1915 年生产出一种新型的福特 T 形车,它很像一个大箱子,箱子上部装有门窗,实际上只是在原来的马车车身上做了局部的改进,人们把装有这类车身的汽车称为箱形汽车,如图 4-3 所示。

图 4-2　马车形汽车

图 4-3　箱形汽车外形图

说起箱形车身,不由让人想到我们现在乘坐的客车,现在的客车车身不论是豪华型还是普通型,也不论车身内饰和外形如何变化,供乘客使用的空间不过是一个长方体的箱形空间,也就是说,箱形车身延续至今,仍然有着不可替代的生命力。

要想高速行驶,箱形汽车并不够理想,因为它的阻力大大妨碍了汽车前进的速度,所以人们又开始研究一种新的车型——流线型。

1.3 甲壳虫形汽车

1934 年美国的克莱斯勒公司生产的气流牌小客车,首先采用了流线型的车身外形,如图 4-4 所示。1936 年福特公司在气流的基础上,研制成功林肯和风牌流线型小客车。此车散热器罩很精炼,颇具动感,俯视整个车身呈纺锤形,很有特色。流线型车身的大量生产从德国大众开始。1933 年德国的波尔舍博士设计了一种类似甲壳虫外形的汽车,如图 4-5 所示。

图 4-4　气流牌轿车外形图

图 4-5　甲壳虫形汽车外形图

波尔舍博士把甲壳虫的自然美如实地、天才地运用到车身造型上,甲壳虫形车身迎风阻力很小,空气动力学的原理在这种车身上得到了很好的应用,为车身外形设计运用“仿生学”开了先河。波尔舍最大限度地发挥了甲壳虫外形的长处,使其成为同类车中之王,“甲壳虫”

也成为该车的代名词。由于第二次世界大战的原因,甲壳虫形汽车直到1949年才真正大批量生产,并以一种车型累计生产超过2000万辆的记录畅销世界各地。目前,大众公司仍在生产以这种车身形状为主要外形的乘用车。

1.4 船形汽车

美国福特公司经过几年的努力,于1949年推出具有历史意义的新型福特V8型汽车。这种车型改变了以往汽车造型的模式,使前翼子板和发动机罩,后翼子板和行李舱罩融于一体,前照灯和散热器罩也形成一个平滑的面,车室位于车的中部,整个车身造型仿如几个长方体的几何形体拼成一个船形,所以人们把这类车称为船形汽车,如图4-6所示。

图4-6　船形汽车外形图

福特V8型汽车的成功,不仅在外形上有所突破,还首先把人体工程学应用在汽车的设计上,强调以人为主体来设计便于操纵、乘坐舒服的汽车。由于船形车身有发动机前置,从而使汽车重心相对前移,而且加大了行李舱,使风压中心位于汽车重心之后,从而避免了甲壳虫形车身对横风不稳定的问题。

从20世纪50年代至今,现在的轿车无论为流线型还是在前翼子板与发动机罩之间大圆角过渡或者在轿车尾部做变动,都能看到船形车身的影子。

1.5 鱼形汽车

船形汽车尾部过分向后伸出,形成阶梯状,在高速时会产生较强的空气涡流。为了克服这一缺陷,人们把船形车的后窗玻璃逐渐倾斜,倾斜的极限即成为斜背式。这类车被称为鱼形汽车,如图4-7所示。

图4-7　鱼形汽车外形图

与甲壳虫形汽车相比,鱼形汽车的背部和地面的角度较小,尾部较长,围绕车身的气流也比较平顺,涡流阻力较小。另外鱼形汽车基本上保留了船形汽车的长处,车室宽大,视野开阔,舒适性也好,并增大了行李舱的容积。

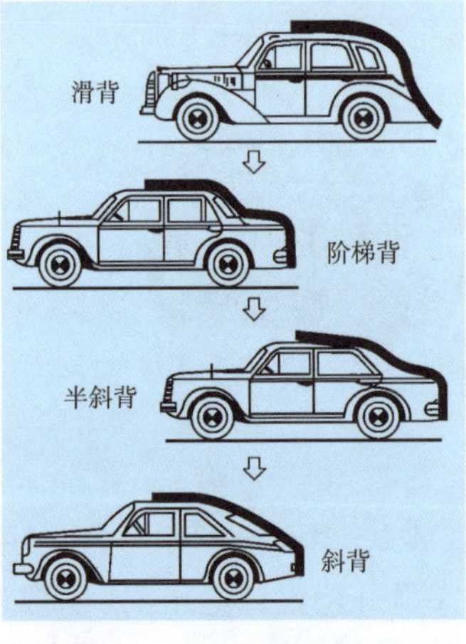

图4-8　汽车背部的演变图

最初的鱼形车是美国1952年生产的别克牌小客车。1964年美国的克莱斯勒顺风牌和1965年的福特野马牌都采用了鱼形造型。自顺风牌以后,世界各国开始逐渐生产鱼形汽车。

鱼形汽车由于后窗玻璃倾斜太甚,面积增加了,此外还有一个潜在的重大缺点,就是对横风的不稳定性。

针对鱼形车的这一缺点,人们想了许多方法加以克服,例如在鱼形车的尾部安上一只翘翘的“鸭尾”,以克服一部分升力,这便是鱼形鸭尾式车型。汽车背部的演变如图4-8

所示。

1.6　楔形汽车

为了从根本上解决鱼形汽车的升力问题，人们设想了种种方案，最后终于找到了“楔形”的理想办法，如图4-9所示，就是将车身整体向前下方倾斜，车身后部像刀切一样平直，这种造型能有效地克服升力。1963年司蒂倍克公司第一次设计了楔形的阿本提小客车。

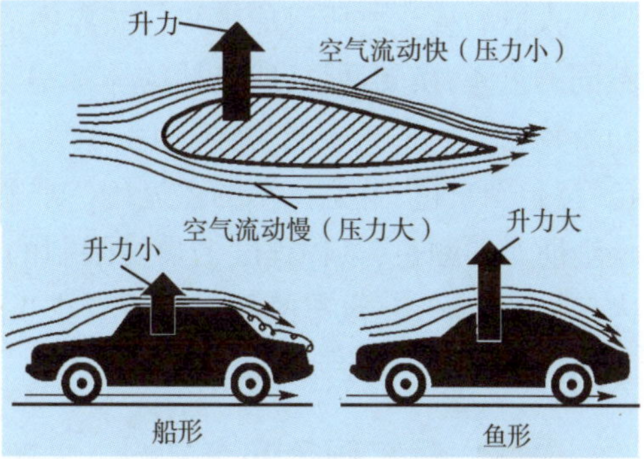

图4-9　汽车外形升力示意图

楔形对于目前所考虑到的高速汽车，已接近理想造型。现在世界各大汽车生产国都已生产出带有楔形效果的乘用车。汽车发展到鱼形，关于空气阻力的问题已经基本解决，楔形继承了这一成果，并有效地克服了鱼形车的升力问题，使汽车的行驶稳定性有了显著的提高，当之无愧为目前最为理想的车身造型。从外表看，这种车身造型清爽利落，简洁大方，非常具有时代气息，让人看了确实有一种美的享受。

车身外形从马车形、箱形、甲壳虫形、船形、鱼形到楔形的演变，经历了漫长的过程。虽然这里包含了无数设计者的心血和匠心，但和发动机、底盘、电子技术的发展相比，还相差甚远。由此说明，车身设计在很长一段时期内没有得到重视，且尚未形成一套完整、成熟的理论。各汽车制造厂家把大部分精力放到完善汽车工程机械的设计上，以提高汽车的动力性、经济性、制动可靠性、操纵稳定性等。随着时代发展，人们文化生活水平提高，用户对汽车这个运动物体已不单单满足于它的机械性能，对汽车车身的审美意识已提到一个很高的层次。近年来，在国内外举办的车展上，多种多样的车身外形向人们展示了一个五彩缤纷的艺术世界。不难看出，车身设计已经成为一个单独的学科，需要更多的人去开拓。

2　汽车的色彩

色彩，人们对它并不陌生，房屋、日用器皿、服装、自然界景物等都是带有色彩的物体，人们为了便于工作而需要辨别各种不同颜色的符号和标记，艺术家利用各种色彩的艺术品进行宣传鼓动或装饰，以唤起人的美感。总之，色彩与人的工作和生活有极其密切的联系，因此必须更深入地研究与掌握它，以便更充分地利用它。

色彩是人们所探索的亘古不变的主题，总是有无穷的魅力吸引我们。具体已经说不清汽车从何时开始“惹色上身”，告别单一，走向多元。只记得大街小巷里的汽车从单色向外扩散开来，红、橙、黄、绿、青、蓝、紫，以不同的速度和方向靠近，汽车在一片姹紫嫣红中逐渐失去它的钢铁意志。

汽车是人们经常接触的一种重要的交通工具，随着汽车工业的发展和汽车数量的不断增加，汽车的色彩对城市和道路的美化，对人们的精神感染已成为不容忽视的问题。此外，研究驾驶人的色觉从而为他们提供舒适安全的操作环境也是十分重要的。

经典颜色与经典车型，令人一见钟情，其搭配是一种你中有我、我中有你的默契。汽车在颜色的演绎下，也呈现出千姿百态和迥然不同的韵味。

人们的视觉之所以能感知自然界中的物体，都得益于阳光笼罩万物，使各种物体呈现出不同的色泽，换句话说，所有的物体都是染色的形，人们就是根据不同表面的不同色泽来感知事物的。如果光一消失，形和色也就不见了。在汽车颜色方面，“非彩色”色系包括了白色、黑色和灰色，这是汽车的主流色，“非彩色”色系在现在和未来仍然保持优势。过去，红色是消防车的颜色，某种程度上是受限制的，黄色是抢险车的颜色，也是受限制的。但现在国内任何一座城市，汽车的颜色可谓五花八门，这充分反映了汽车颜色的变迁和当今车主日益张扬的个性。

2.1 汽车颜色的含义

汽车车身颜色，不论对使用者还是对外界，或对车辆的视觉感，都非常重要。

(1)银灰色。最能反映汽车本质的颜色。看见银灰色就想起了金属材料，这种颜色给人感觉整体感很强，美国杜邦的调查结果显示，银色汽车最具人气，波罗的反射银是销售最好的颜色，宝来、千里马的销售中，银灰色都走势良好，奥迪 A4 的颜色中，银灰色也最具有运动感。

(2)白色。白色给人以明快、活泼、大方的感觉。白色是中间色，给人以清洁朴实的感觉，容易与外界环境相吻合而协调，白色车身较耐脏，路上泥浆或污物溅上后不易看出。另外，白色是膨胀色，容易使小车显大。在 20 世纪 80 年代的日本，有白色代表高级的说法，白色汽车的销量曾经占到总销量的 70%。另外，白色汽车相对中性，对性别要求不高。

(3)黑色。一种矛盾的颜色，既代表保守和自尊，又代表新潮和性感；给人以庄重、尊贵、严肃的感觉。黑色也是中间色，容易与外界环境相吻合。但黑色汽车车身反而不耐脏，有一点灰尘就能看出来。黑色一直是公务车最受青睐的颜色，黑色高档车气派十足，但低档车最好不要选用黑色，除非标新立异。

(4)红色。红色包括大红、枣红，给人以跳跃、兴奋、欢乐的感觉。红色是放大色，同样可以使小车显大。红色是别致又理想的颜色，跑车或运动型车非常适合。

(5)蓝色。安静的色调，但是感觉非常收敛，个性不张扬，如同我们星球的深邃和大海的包容。如果你选择高尔夫，蓝色是最能体现其内涵的颜色，但蓝色不耐脏。

(6)黄色。黄色给人以欢快、温暖、活泼的感觉。黄色是扩大色，在环境视野中很显眼，跑车选用黄色非常适合，小型车用黄色也非常适合。出租车和工程抢险车的黄色，一是便于管理，二是便于人们早早地发现。但私用车选用黄色的不多。香槟色是黄色派生出来的金属漆颜色，现在大行其道。

(7)绿色。浅淡且颜色鲜艳的绿色有较好的可视性，这是大自然中森林的色彩，也是春天的色彩。绿色的金属漆也一改以前冰冷的色调，以温暖的面貌出现。

2.2 颜色与安全

颜色具有收缩和膨胀性，就是前进色和后退色，如果有红色、黄色、蓝色、绿色共4部车与观察者保持相同的距离，看上去红色车和黄色车要离观察者近一些，而蓝色和绿色的轿车看上去离观察者较远。不同的颜色，会产生体积大小不同的感觉。黄色感觉大一些，有膨胀性，称膨胀色；而同样体积的蓝色、绿色感觉小一些，有收缩性，称收缩色。发生事故的轿车中，蓝色和绿色的最多，黄色的最少。银灰色车子不但看上去有品位，而且遭遇车祸的概率也比其他颜色的车子低得多，银灰色是浅颜色中最能避免车祸的，特别是在晚上，因为这种颜色可以反射灯光，更容易令其他驾驶员注意到。由此可见，汽车颜色和安全有一定的联系。

汽车内饰的颜色选择也同样影响着行车安全，因为不同的颜色选取对驾驶员的情绪具有一定的影响。内饰采用明快的配色，能给人以宽敞、舒适的感觉。夏天最好采用冷色，冬天最好采用暖色，这样可以调节冷暖感觉。暗色给人以重的感觉，明色给人以轻的感觉。红色内饰容易引起视觉疲劳，浅绿色内饰可放松视觉神经，利用不同颜色的座椅布套调节车内颜色，花钱不多，效果显著。

2.3 汽车色彩的变迁

流行色彩是指在一定的时期内被人们广泛采用的颜色。汽车的"流行色"与服装的"流行色"一样，具有时间性、区域性和层次性，当然还可以上升到文化的高度。汽车流行色彩有其自身的发展规律。新鲜感是流行色彩的原动力。如果总是感受同样的色彩，人们就需要新的刺激。大量的资料表明，汽车的流行色彩也呈现周期性的变化，其新鲜感周期大约为一年半左右，交替周期大约是三年半左右。以日本汽车色彩的变迁为例，1965年以前，明亮的灰色汽车备受青睐；1965年盛行蓝色、灰色和银色汽车；1968年黄色汽车迅速增多；至1970年黄色汽车又急剧减少，而橄榄色和褐色汽车逐渐增多；1977年褐色汽车最受欢迎；1982年白色汽车占到总数的50%；1985—1986年白色汽车数量达到最高峰，每4辆汽车中就有3辆是白色的。据一项调查表明，在世界范围内，1989年最畅销的汽车色彩是白色和红色。进入20世纪90年代，黑色汽车销售量增加。

2.4 汽车颜色的命名

汽车色彩的名称起得都很悦耳，通常以著名地名、形似色进行命名，如宝石蓝、富贵黄、皓白、蔷薇红、反射银、元黑等。颜色的命名虽很有文化的底蕴，有时也让人不知所措，其实就是感觉听起来显得够档次。实际上不要被颜色名称所迷惑，实地考察，眼见为实。常见颜色命名见表4-1。

常见颜色命名 表4-1

颜 色	名 称
红色	波尔多红、法拉利红、庞贝红、火焰红、印第安红、瑞丽红、卡罗拉多红
绿色	威尼斯绿、云杉绿、碧玺绿、典雅绿

续上表

颜　色	名　称
白色	极地白、钻石白、塔夫绸白、糖果白
黄色	香槟金、依莫娜黄、丰收金、未来黄
银色	水晶银、金属银、丝缎银
灰色	宇宙灰、金属灰
蓝色	勒芒蓝、领袖蓝、太空蓝、永恒蓝、温莎蓝、峡湾蓝
黑色	魔力黑、元黑

2.5 色彩给人的心理感觉

色彩给人的心理感觉是指寒暖感(冷热感)、进退感(远或近)以及象征感。这种感觉是人类在长期劳动实践中逐渐形成和完善起来的,是人的视觉与各种感觉器官通过大脑神经活动的复杂联系。例如,看见黄橙色就会联想起太阳与火,看见蓝紫色就会联想起广阔的海洋、幽远的天空;又如看见红色就联想起流血牺牲,看见绿色就会联想起生机勃勃的原野。这些都说明了黄色是"太阳的色彩",蓝色是"远的色彩",红色象征革命,绿色象征欣欣向荣。像这样联系的例子,在人的日常生活实践中,在各种文学艺术作品中真是不胜枚举。表4-2中举出了各种色彩给人的心理感觉。

颜色给人的心理感觉　　表4-2

颜　色	含　义
银色	雅致、热爱未来风格、酷
白色	挑剔
大红	性感、速度感、高能量与活力
深蓝/深红	类似于红色的寓意,但稍微内敛一些
淡蓝至天蓝色	酷、沉着、安静、忠诚
暗蓝色	可信、自信、可靠
灰褐色、淡棕色	永恒、基本和简单的口味
黑色	权力感、热爱优雅、不容易控制、赏识经典
灰色	冷静、实用、注重实际
暗绿色	传统、和谐、可信赖
土黄色/土绿色	新潮、古怪、反复无常、活跃
金黄色	聪明、温暖,热爱舒适并愿意为此牺牲
明黄色	阳光、快乐、年轻
深棕色	脚踏实地、绝不废话
橙色	热爱乐趣、多嘴、潮流、变幻无常
深紫色	创意、个人主义、原创

2.6 汽车颜色的应用

轿车大多数是单色的,但级别不同,其色彩应有差别。高级轿车应该采用较稳重的色彩

(明度较低),例如黑色、深蓝色、深灰色,中级及小排量轿车则可采用较活泼的浅色(明度较高),如淡蓝、淡绿、淡黄、灰白色等。深色的车身光学效果特别明显,如果车身表面不顺光,则会损害其完美的外形,浅色的车身却可以缓和高光点的对比,而且太阳不会把车身晒得过热。提倡统一并不意味着千篇一律的单调,而是赞成适度的对比。例如在浅色车身上采用面积较小的饱和色彩会产生活跃的效果,在深色车身上采用镀金或镀铬的装饰件往往会有华美的感觉。

客车由于体面转折比较简单,大平面较多,因而更注意比例划分,采用双色最好。喷涂双色也符合大客车小批量生产的特点。两种色彩在色相上不应该采取过强的对比,而在明度、纯度和面积几方面可以差别较大以便分清主次。

货车和越野汽车因为用途较广,不宜采用太浅的色彩,在装饰上也力求简洁朴素。但是,利用车身覆盖件的分块和装配等工艺特点,就有可能采用双色。

军用汽车常常采用保护色(迷彩)。

特种车(工程车、维修车)应采用鲜明的对比色彩,如黄色等。

2.7 汽车色彩营销

色彩已经成为家庭乘用车营销中新的增长点,即使是同一品牌、同一款车,通过改变外观色彩的设计,也可以给商品带来10%~20%的附加值。在未来10年,色彩将成为汽车的核心卖点,换句话说,色彩也是生产力。

2.7.1 色彩砝码正在加重

众所周知,颜色对人们的心理和生理影响很大。一项调查表明,人们在挑选商品的时候存在一个"7秒钟定律"。面对琳琅满目的商品,人们只要7s就可以确定对这些商品是否有兴趣。在这短暂而关键的7s之中,色彩的作用达到了67%,成为决定人们对商品喜好程度的重要因素。

在研究汽车色彩的时候发现,当女人开始介入到汽车消费领域中来时,汽车才开始变得五颜六色、各式各样,因为对于女性来说颜色的影响会更大一些。

通用汽车公司的调查显示,1/5的购车者在选车时首先看颜色,有些人甚至在找不到中意的颜色时干脆选择不买。汽车业广告和分析家彼得·迈克金解释说:"这往往同广告宣传有很大关系,汽车商总是用一种特定的颜色来创造时尚。10年前,拥有一辆红色汽车是很时髦的事,现在金色是主打色,而未来的流行色可能是黑色。"

像奥迪公司就委托英国的环球色彩公司来做汽车产品整体设计,首先奥迪公司选好准备新推出的汽车款式,再请环球色彩公司来提供10~20种颜色,奥迪公司再根据提供的颜色来确定设计不同颜色的汽车。

色彩是影响汽车售价的三大因素之一,即使是同一品牌、同一款车,颜色不同也可导致很高的产品差价。在国外,因色彩导致的汽车销售价差可多达300美元。

而在国内,汽车色彩这一卖点也在走红,当初POLO苹果绿颜色的推出吸引了一批消费者。甚至在此次以引领大众发现色彩的可持续性发展和潜在的巨大商机,并影响亚洲乃至世界色彩行业的发展趋势,使色彩行业在中国不断展现新面貌。而奇瑞QQ也是在色彩上的大胆出新为自己贴上了时尚的标签，在很长一段时间内很受欢迎也是其原因之一。而宝马、MINI、奔驰 Smart 更是以色彩鲜艳、个性搭配受到越来越多的消费者青睐。

2.7.2 汽车流行色主题

美国涂料公司 PPG 公司拥有一个由色彩设计师组成的色彩营销团队，他们预测了最新的汽车色彩流行趋势。根据 PPG 的研究，黑、白、灰、银等中性色依然占据重要位置，无论任何地域、任何品牌，都有惊人销量，从全球范围内看，AOO、AO、A 车型小型家用轿车的色彩比较鲜艳丰富。同时，他们总结出 2013—2014 年汽车流行色的三个主题，分别是精华、认可和新鲜。

(1)精华。精华主题下的色彩主要是经典的工业色，比如红色、粉色、紫色、白色、银色和黑色。在汽车领域，无论是带有橙色相的番茄红，还是赤霞珠的紫红都受到中国人的喜爱，无论是哪种红，金属效果是不能缺少的。

韩国、印度、北美等地区流行的是高亮的单色暖红色，清新又直接，欧洲流行的则是浆果红和樱桃红。

粉色是一种具有女性色相、被认为乐观的颜色，它在亚洲代表了自由。由于韩国妇女拥有比以前更大的家庭购买力，这也增加了对这一色彩的选择。

紫色对东方人是财富、权力、高贵的象征，它可能会呈现出 3 种趋势：一是偏蓝色的紫，二是偏粉色的紫，三是绛紫色。在汽车领域，紫色非常小众，但将来会看到更多绛紫色运用在 SUV 上，烟灰紫会运用在豪车上，蓝紫色用在跑车上，粉紫则用在迷你小车上。

白色的诚实而纯净受到很多人的喜欢，未来纯洁高贵的冷白色和略带温暖的象牙白将更受欢迎，细腻耀眼的珠光白、带有蓝色光晕的荧光白都将在汽车领域大放异彩。

过去几年中，银色一直是汽车领域最流行的颜色，未来的银色也会有 3 个流行趋势。一是大颗粒闪烁感，如同钻石洒在沙滩上；二是精细的液体银，就像熔化的变形金刚；三是带有蓝色、紫色或温暖棕色或金色调的银色。

饱和水润的黑色发展热点是强烈的金属感和大颗粒闪烁感。伴随着融合了红色、蓝色、紫色、绿色加强效果的黑色是豪华车非常重要的色彩选择。全球范围内，黑色占有 60% 的奢侈品市场。

(2)认可。这一组的色彩灵感来自真正的黄金、金属紫铜和青铜以及土褐色。

金色、古铜色和赭石色被认为是接近大地或矿藏的颜色，拥有朴实友好的色彩意向。这一色系在时尚领域被认为成熟、高贵、复古、奢华以及品位的象征。近年来金色和黄色为主色调的色彩逐渐增加，无论是车展还是汽车广告中，亮金色调越来越多。

古铜、棕褐这个色系代表了成熟稳健、自然和信仰，同时也带来可可的醇香，让人们想起各种口味的巧克力带来的幸福甜蜜。

在汽车领域这一色系呈现出多样的变化，从以前的巧克力色逐渐发展为现在的摩卡咖啡色，将来会朝着色彩更加明亮、更加红艳的方向发展。

橙色已经告别了纯粹的橘子色，在时尚领域朝着两个方向发展，一是南瓜黄色，俏皮可爱，青春律动；一是墨橘色，内敛、成熟、气质斐然。

红色以外，橙色是在新产品应用最多的颜色，尤其与运动相关的产品。橙色汽车始于十几年前一款概念车颜色，现在已经发展成核心，尤其是对 SUV 和小型车而言。当然它也是非常敏感和挑剔的，一定要注意色彩与车型的搭配。

(3)新鲜。“新鲜”的主题，这是一个蓝色与绿色结合的色系。

蓝色灵活且变幻莫测，可以亮也可以暗，偏红或偏绿，适用于不同风格。

很多新能源汽车或混合动力汽车，除了车身是蓝色之外，一些灯和配饰都用了蓝色，这个色系会有两个方向的趋势，一是偏红且饱和度较高的蓝色，另一个是蓝绿色。后者能很好地与自然结合呈现出海洋般的浪漫和赏心悦目，这种古典和现代风格的结合深受消费者喜爱。

随着低碳环保时代的到来以及健康意识的增强，绿色将变得生机盎然。绿色带给大家新鲜、活力、概念和空间感。汽车领域的绿色着重于墨绿色、灰绿色以及黄绿色。

无论哪种颜色，它们并不单独存在，而是与汽车的外观、材质及表面处理一起构成整体。使用不同的色彩和设计，就好比穿不同质地、不同色彩的衣服从而表现出不一样的气质。

2.7.3　色彩 App 定制

MINI 高级定制(图 4-10)、奔驰 Smart、甲壳虫手册等 App 应用程序，除了可以了解最全的车型信息、准确详实的配置参数，可自选车型进行对比以及掌握销售信息外，关键是可以 DIY，即可以随意挑选加装组件、玩转各式轮毂以及试穿各种外装与内饰，同样可以定制自己喜爱的色彩和搭配，达到个性化定制。

图 4-10　MINI 高级定制色彩定制

新华信近期的一项调查显示，尽管色彩不是影响消费者购车的决定因素，但是色彩在人们购车时的影响越来越大，尤其对于新上市的紧俏车型，消费者往往愿意花很长时间等待自己喜爱的颜色。

中国流行色协会的另一项调查表明，色彩在 6 个方面对营销起着不可忽视的作用——色彩关系到汽车产品定位；色彩正在起着细分汽车市场的作用；色彩关系到汽车的视觉形象和体验；色彩关系到汽车品牌文化；色彩关系到汽车的综合素质；色彩影响到汽车销售价格。总体体现为色彩影响消费者购买行为，影响汽车厂商营销策略，并且发挥越来越大的作用。

思考与练习

一、选择题

1. 确定汽车外形需要考虑三个因素，即机械工程学、人体工程学和________。

A. 运动学　　B. 地面力学　　C. 仿生学　　D. 空气动力学

2. 箱形汽车并不适宜高速行驶，因为它的阻力大大妨碍了汽车前进的速度，所以人们又开始研究一种新的车型________。

A. 流线型　　B. 子弹头　　C. 水滴形　　D. 甲壳虫

3. ________给人以庄重、尊贵、严肃的感觉，容易与外界环境相吻合，一直是公务车最受青睐的颜色。

A. 黑色　　B. 银灰色　　C. 白色　　D. 领袖蓝

二、判断题（对的画"√"，错的画"×"）

1. 汽车的外形很多，目前汽车的外形均是流线型。（　　）

2. 甲壳虫形车身迎风阻力最小，空气动力学的原理在这种车身上得到了很好的应用，为车身外形设计运用"仿生学"开了先河。（　　）

3. 楔形对于目前所考虑到的高速汽车，已接近理想造型。现在世界各大汽车生产国都已生产出带有楔形效果的乘用车。（　　）

4. 美国福特汽车公司在1915年生产出一种新型的福特T形车，也称为"箱形汽车"。（　　）

5. "鱼形汽车"是船形汽车的变形，其尾部过分向后伸出，形成阶梯状，减少在高速时会产生较强的空气涡流。（　　）

三、填空题

空气动力学要求汽车行驶时空气阻力小，流线型是指空气流过________的理想形状，流线型应用的最高境界是________。

四、简答题

1. 为什么汽车外形的发展需要经过这样一个过程？

2. 观察你所在地区的家用轿车车身主要有哪些色彩，分析车身色彩与车型、车辆所有者年龄、性别、文化素养及职业的关系。

单元五　汽车的地位

学习目标

☞ 知识目标

1. 正确描述汽车工业的地位与作用；
2. 简单描述汽车对社会的影响；
3. 正确描述无人驾驶技术和智能网联汽车；
4. 正确描述公路运输的概念、功能、现状与发展趋势；
5. 正确描述新能源汽车的发展。

☞ 能力目标

1. 通过学习汽车的地位，能够知道学习汽车专业的重要性；
2. 举例说明汽车上的辅助驾驶技术；
3. 知道公路交通的发展与未来。

1　汽车的发展与社会

汽车，作为一种凝结着人类全部智慧的交通工具，对推动社会生产力的发展和生产关系的变革，都具有十分重要的意义。同时，汽车作为一种最活跃、最革命的动力因素，不但改变着世界，而且也发展着自己。汽车从其诞生之日起，就像原子裂变一样，以近乎疯狂的速度增长着。1903 年，世界汽车总量还只有 61927 辆，而现在，全世界的汽车保有量已经高达 10 亿辆。显然，汽车正以它不可抗拒的魅力改变着世界，创造着人类的物质和精神文明，并使它本身成为 20 世纪最具有代表性的人文景观之一。

1.1　汽车对社会生活的直接影响

随着世界经济的发展，生活节奏的加快，人们不再满足于原来那种只有自行车、摩托车的现状了，更多的人向往有汽车的生活。一般来说，汽车对我们社会生活的影响，可以分为直接和间接两个方面。汽车对社会生活的影响是通过它对人类自身的影响表现出来的。

1.1.1 汽车提高了人类的活动能力

就人类的本能而言，我们确实是非常懦弱的一族。但是，人类利用自己的工具，却可以"延长"四肢，提高能力，从而产生令动物们望尘莫及的力量。仅就汽车而言，卡尔·本茨发明的第一辆汽车，就搭载了他的妻子贝塔和两个孩子，这显然是一般的马匹所难以承受的；而与本茨齐名的戈特里普·戴姆勒，他所发明的第一辆汽车，其空间位移就达到了18km/h的速度。汽车，通过提高人类活动的能力而大大加快了人类社会的发展速度。

而现在，汽车的载质量和速度都已经相当惊人。法国尼克拉斯实业公司生产的一种大型载货汽车，车长57m，装有96个车轮，全部轮轴都备有油压转向和悬架系统，可屈可伸、可减可增，最高可以装载40.388t的货物。至于速度，更是敢与飞机比翼齐飞。1979年12月17日，一辆由斯通·帕瑞特驾驶的装有火箭发动机的三轮汽车Budweiser火箭，在美国加利福亚的爱德伍德空军基地，创造了1190km/h(739.666mile/h)的纪录。这一速度与音速之比是1∶1.06，成为名副其实的超音速汽车。

1.1.2 汽车改变了人类的生活

汽车的载质量和速度使人类如虎添翼，大大提高了人类改造自然的能力，使之成为自然界中最能负重的"动物"，从而大大拓展了人类的生存空间。由于汽车的出现，"鸡犬之声相闻，老死不相往来"的封闭社会已经不复存在，而普天之下归于一村的时代已经到来。这种因汽车而不是因飞机而形成的"地球村"现象，不但促进了全球信息的沟通，而且促进了全人类的感情交流、信息共享、化解纷争，人类将因汽车而更加迅速地进入物质和精神都高度文明的时代。因此，有人说："关注汽车，就是关注人类的未来。"

同时，由于人类社会生活的日益集中化，在许多发达国家，汽车已经成为人们片刻不可离开的代步工具。在被人们戏称为"汽车上的游牧民族"的美国，约有87%的从业人员是自己开车上下班的。在城镇，市民的日常位移，如上班、上学、购物、娱乐、探亲、看病等，有82%以上都是由自己驾车完成的。因此，高速公路、汽车旅馆、汽车餐厅、汽车商店、汽车电影院、加油站、洗车店等已成为人们生活中不可或缺的一部分。有人说，电话、汽车、计算机已成为美国社会和人民生活的三大支柱。

有了汽车之后，生活质量和方式明显改变，你可以开着车上下班，可以出去兜风、旅游，可以同家人、朋友到郊外野餐，在景色优美的大海之滨，或是风光瑰丽的山峰之顶，蓝天白云，会使人心旷神怡，这是在家中以致在五星级宾馆所无法得到的享受。汽车改变了人们的思维方式，比如，你如果问别人从这里到那里有多远，他们一般回答你多少时间，而不是多少公里。在汽车社会，人们已习惯用汽车行驶的时间来衡量距离的远近。

汽车不仅带来生活、思维的改变，甚至带动整个社会的巨大改变。

1.1.3 汽车驱动了汽车消费

由于汽车具有促进物移和人流的巨大功能，汽车消费也日益成为一种消费时尚。在西方发达国家，汽车与名胜甚至成了一个国家的象征。在美国，当汽车日益普及并进入普通百姓家庭之后，汽车的消费需求不但没有停止，反而具有越来越强劲的势头。一辆汽车已经不能满足家庭成员的不同需要，拥有两辆、三辆甚至四辆汽车者大有人在。如果说，在20世纪二三十年代,汽车是一个人地位和威望的象征。那么现在,汽车则是一种消费时尚,通过从众、攀比等社会助长作用和社会规范倾向,越来越向极端化的方向发展。

1.2 汽车对社会生活的间接影响

汽车对社会生活的间接影响是通过它对广阔社会的影响而表现出来的。

1.2.1 汽车是国民经济的命脉

在世界经济发展史上,大多数国家的经济结构,都与其所拥有的自然条件紧密相关。但是,自然条件也具有两重性。丰富的自然资源可以促进某种产业的发展;同时,丰富的自然资源也可限制其他产业的发展。因此,企业经营的战略家们在选择发展方向的时候,最先考虑的往往并不是自然资源的优劣,而是产业领域发展的前景。由于汽车产业所具有的高引发性,可以对国民经济产生巨大的拉动作用,已经被许多国家,特别是自然资源贫乏的国家视为国家的支柱产业。

有关的统计资料表明,全球十大汽车生产国,几乎同时又是世界上出口汽车最多的国家。有人曾对1996年世界九大轿车出口国的出口量和出口率进行了统计,结果发现,排名第一的竟然是自然资源贫乏的日本。在日本之后分别为德国、法国、西班牙、韩国、英国、加拿大、意大利和美国。其中,轿车出口率高于50%的国家有5个,接近50%的国家有2个。显然,对于许多国家而言,汽车出口已经是关系到其兴衰成败、生死存亡的大事。

1.2.2 汽车是拉动经济的杠杆

汽车工业是一种综合性产业。汽车产业与其他产业之间,不但存在着很强的关联性,而且,汽车产业的生存和发展,还会对其他产业起着极大的带动作用。可以说,汽车是集钢铁、石油、化工、电子以及纺织、建材等众多工业产品于一身的"第一产品"。抓住汽车产业这个龙头,显然可以带动一大批产业的发展。有关的统计资料表明,汽车可以涉及100多个工业部门,对工业的影响率高达20%。就美国而言,其汽车产业就消化了本国钢材总产量的10%,铝材的20%,玻璃和半导体元件的25%和橡胶的40%。

因此,早在1929年,美国胡佛调查委员会在《美国近年来的经济变化》的报告中就指出:"在推广使用汽车的同时,其他物品的购买力也在显著增长""在汽车和电气工业的带动下,大规模生产技术广为传播,在消费者的购买力从老产品转移到新产品和耐用品方面起了深远的影响"。《美国扩张与发展史话》一书也持有相似的观点。该书作者在分析美国成为世界经济强国的原因时也指出:"在战后的年代里,美国的汽车工业取得极大声誉——这件事对美国社会的影响大概比历史上任何一件事都来得深刻,它的冲击力超过整个经济生活中任何其他因素。20世纪20年代的汽车把美国领上第一次真正的消费高潮的道路"。

有人提出了"售后市场"的理论,认为任何一种行业的发展都可以带动其他行业的发展。就汽车而言,其售后市场主要可分为轻型汽车售后市场、重型汽车售后市场、汽车油漆和车身装备市场、汽车工具和汽车设备市场以及汽车美容市场等。

1.2.3 汽车是国家税收的重要来源

汽车工业既然是许多国家的支柱产业,当然也是这些国家重要的甚至主要的利税来源。

1993年，中国的汽车工业也被确定为支撑国民经济的四大支柱产业之一。以此为开端，我国的汽车工业得到较为迅速的发展，而且，汽车工业所提供的利税也在逐年增加。

1.2.4 汽车是保障就业的重要渠道

汽车工业的发展，既需要其专业化，也需要其社会化。因此，与汽车的生产和经营相关的人员无疑是一个非常庞大的队伍。有些直接相关，如从事汽车生产、销售、管理、供应、配套、科研等方面的人员；有些间接相关，如从事原料、能源、资金、技术、交通、保险、养护、出版等方面的人员。据有关资料推算，1998年以来，我国从事与汽车行业有关工作的人员已经达到2790万人，占全国城镇就业人数的12.5%。这就是说，在我国城镇就业者之中，平均每7个人就有1个从事与汽车产品相关的职业。

综上所述，汽车的积极意义有目共睹。但与此同时，汽车的消极作用也显而易见。自然和社会的发展史都告诉我们，任何发明和创造都是一种“对立于人的力量”，它们在向人类提供福利的同时，也在对人类的生存造成伤害。据有关专家测算，社会上每增加一辆轿车，就需要占用道路和停车面积$20m^2$；而当轿车拥有量超过20%时，必然会引起交通恶化。

1.3 发展汽车工业的相关环境

1.3.1 道路交通

近十几年来，我国公路建设速度加快，尤其是中心城市间高速公路相继开通，为汽车工业发展创造了新的空间。但是，由于城市道路长度和面积的增长速度低于汽车保有量的增加速度，混合交通现象严重，道路网结构和客货运输结构不合理等原因，部分特大型城市交通状况日趋紧张。加快发展城市道路建设，大力发展公共交通，提高交通管理水平，我国特大型城市的车辆仍有相当的增长空间。

1.3.2 城市停车场地

发展汽车工业离不开城市基础设施的支撑，《汽车工业产业政策》明确要求：“对于规划新建和改造的住宅区、商业区、宾馆饭店、办公楼、公共设施和文化娱乐场所等，必须考虑足够的停车场地。”但我国城市建设中对停车场地问题重视不够，城市建设中没能很好地兼顾汽车配套设施。随着汽车保有量的快速增加，部分大中城市停车难的矛盾已越来越突出。而与世界上一些大城市相比，我国大中城市的汽车保有量仍相对较少，因此，只要城市基础设施建设与汽车工业协调发展，我国大中城市停车难的问题就可以得到解决。

1.3.3 能源

目前，汽车每年约消耗我国汽油总产量的85%，柴油总产量的20%，从长远看，油料短缺将成为发展汽车工业必须面对的主要问题之一。面对石油短缺，发达国家没有采取限制发展汽车工业的政策，而是大力推进技术进步，引导企业降低单车油耗，开拓代用燃料，使轿车的百公里平均油耗从20世纪70年代末的14L下降为目前的7L。燃气汽车在很多国家得到应用，混合动力汽车也开始进入实用阶段。我国汽车产品的燃油经济性与国外有较大差距，提高汽车产品燃油经济性具有较大潜力，正确引导、鼓励发展和使用小排量、低油耗汽车及代用燃料汽车，将促进我国汽车工业可持续发展。

1.3.4 汽车排放与环保

汽车排放已被视为重要的污染源之一,在发达国家为此早已加强对汽车污染的治理。在过去的30年里,汽车排放的一氧化碳、碳氢化合物、氮氧化合物,美国、日本单车均下降了90%以上。20世纪90年代以来,我国汽车保有量快速增长,到1999年底,国内民用汽车保有量达到1453万辆,在部分大城市,汽车排放造成的环境污染已日趋明显。降低排放、减少污染已引起国家和汽车行业的高度重视,并采取措施进行治理。进一步提高汽车产品技术水平,改善燃油品质,我国汽车排放污染就可以得到有效的治理和控制。

2 公路运输在交通运输体系中的地位

2.1 公路运输的概念

公路运输由公路和汽车两部分组成。近年来,我国高等级公路发展较快,但还跟不上经济的发展。公路运输的特点是运输指标随技术进步逐渐提高,可实现机动、灵活的门对门运输,货物损失小,安全性高,投资少周转快,适合中短途运输。

运输是人和物的载运及输送。它是在不同地域范围间(如两个城市、两个工厂之间,或一个大企业内相距较远的两车间之间),以改变人和物的空间位置为目的的活动,对人和物进行空间位移。

公路运输主要是使用汽车或其他车辆(如人、畜力车)在公路上进行货客运输的一种方式。公路运输主要承担近距离、小批量的货运和客运。由于公路运输有很强的灵活性,近年来,在有铁路、水运的地区,较长途的大批量运输也开始使用公路运输。公路运输主要优点是灵活性强,公路建设期短,投资较低,易于因地制宜,对收到站设施要求不高。可以采取"门到门"运输形式,即从发货者门口直到收货者门口,而不需转运或反复装卸搬运。公路运输也可作为其他运输方式的衔接手段。公路运输的经济半径,一般在200km以内。

2.2 公路运输的功能

2.2.1 运输是社会物质生产的必要条件之一

运输是国民经济的基础和先行。马克思将运输称之为"第四个物质生产部门",是将运输看成是生产过程的继续,这个继续虽然以生产过程为前提,但如果没有这个继续,生产过程则不能最后完成。所以,虽然运输的这种生产活动和一般生产活动不同,它不创造新的物质产品,不增加社会产品数量,不赋予产品以新的使用价值,而只变动其所在的空间位置,但这一变动则使生产能继续下去,使社会再生产不断推进,所以将其看成一种物质生产部门。

运输作为社会物质生产的必要条件,表现在以下两方面:

(1)在生产过程中,运输是生产的直接组成部分,没有运输,生产内部的各环节就无法连接。

(2)在社会上,运输是生产过程的继续,这一活动连接生产与再生产,生产与消费的环节，连接国民经济各部门、各企业，连接着城乡，连接着不同国家和地区。

2.2.2 运输可以创造“场所效用”

场所效用的含义是同种“物”由于空间场所不同，其使用价值的实现程度则不同，其效益的实现也不同。由于改变场所而最大程度地发挥使用价值，最大限度地提高了产出投入比，这就称之为“场所效用”。通过运输，将“物”运到场所效用最高的地方，就能发挥“物”的潜力，实现资源的优化配置。从这个意义来讲，也相当于通过运输提高了物的使用价值。

2.2.3 运输是“第三个利润源”的主要源泉

（1）运输是运动中的活动，它和静止的保管不同，要靠大量的动力消耗才能实现这一活动，而运输又承担大跨度空间转移之任务，所以活动的时间长、距离长、消耗也大。消耗的绝对数量大，其节约的潜力也就大。

（2）从运费来看，运费在全部物流费中占最高的比例，一般综合分析计算社会物流费用，运输费在其中占接近50%的比例，有些产品运费高于产品的生产费。所以节约的潜力是很大的。

（3）由于运输总里程大，运输总量巨大，通过体制改革和运输合理化可大大缩短运输吨公里数，从而获得比较大的节约。

2.3 公路运输现状与发展趋势

2.3.1 公路运输系统的组成及其基本功能

从技术结构上看，公路运输系统由基础设施及运输工具两部分组成，前者主要包括公路及其附属设施，站、场及其附属设施，公路交通控制与管理设施等。在现代社会中，公路运输工具主要是汽车。在各种运输方式的系统构成中，装卸设施是重要组成部分，公路运输也不例外。公路运输系统的技术构成，形成了公路运输生产力的劳动工具要素。它是运输方式划分的标志，是决定运输生产力水平的基础，其中公路基础设施起主导作用。因此要提高公路运输生产力水平，关键要加强公路基础设施的建设，在生产力其他要素构成方面，公路运输与其他运输方式是一致的。

通常将运输基本功能划分为“通过”和“送达”两种。通过功能是指在干线上完成大批量的运输。送达功能，又称为“集散”功能，是指为通过性运输承担客货集散任务的运输。就一般情况而言，客货运输全过程的完成都需要有公路运输方式的参与。在高速公路投入使用以前，公路运输的主要功能是“送达”，也就是主要为其他运输方式承担集散客货的任务。在五种运输方式中，管道运输所占的比例很小，适应性也较差，目前只能算是一种辅助性的运输方式。航空、水路和铁路运输都只有单一的通过功能，只能依靠公路运输才能送达旅客。在公路等级低的情况下，通过功能较差。随着高速公路建成使用，公路运输方式的通过功能大大加强。一条六车道的高速公路，每昼夜交通量可达7万~8万车次，若客货车各占50%，按货车平均吨位5t，客车平均座位为30座来计，每年可提供6400万~7300万载货吨位和3.8亿~4.4亿载客座位，其通过能力远远超过一条双线铁路。

由此可见，高速公路的建设与发展，使得公路运输方式已具备了通过功能和送达功能，成为全能的运输方式，这正是公路运输业发展迅速的根本原因。

2.3.2　公路运输现状

改革开放以来，我国公路运输业快速发展。从完成的运量和周转量来看，公路客运已成为主要的客运方式，公路货运量远远超过其他运输方式，周转量也快速增长，这充分说明公路运输方式在国民经济及社会发展过程中发挥着越来越重要的作用。我国公路运输服务方式和经营主体日益呈现多样化的趋势。

(1)服务方式多样化。随着市场经济的发展，公路运输行业的竞争日益激烈，为了最大限度地占有市场，运输经营者不断扩展其服务方式。在客运方面，从等客上门到想方设法"引客上门"，尽可能为旅客出行全程便利着想，在售票网点设置、售票方式(电话订票、送票上门、优惠票等)、站点安排、车辆设施配置、途中服务等方面，都采取了行之有效的服务措施，除了最常规的购票乘车外，还有计程包车、定时包车。近年来，又出现了车辆租赁业务，目前一些省市取消公务用车，定向服务客运应运而生。在公路客运车辆配置方面，有大、中、小型客车，有普通车、空调车、豪华空调车，有直达班车、定点停靠班车，有快速客运班车、普通客运班车。在货运方面，有整车货运、零担货运，有直达快运、普通货运；货车车辆有普通货车、专用货车，有合同运输、非合同运输；按承运方承担的责任分，有全责运输、非全责运输；按货物运送的要求分，有特种运输、通用运输；有单纯运输服务、储运结合服务和运销结合服务。至于在租赁、计价结算及提供运送保障等方面的服务方式就更显多样化的特点。服务方式多样化，大大地促进了公路运输业的发展。这也是发展市场经济对公路运输行业带来最大的而且是根本性的变化。

(2)运输经营上的多元化。20世纪80年代初期，交通部先后提出了"有路大家走车，有客有货大家运，各部门、各地区、各行业一起干，国营、集体、个体和各种运输工具一起上"的措施，以缓解公路运输能力严重不足的矛盾，针对计划经济体制下存在的弊端，解放和发展运输生产力。经过十几年的发展，公路运输业形成了多元化的经营主体。其中有国家大中型运输企业(有的改造为股份制公司，有的改造为有限责任公司，绝大部分已进行了公司制改造)、股份合作制运输企业、中外合资合作运输企业、私营运输企业和个体运输户，国有大中型企业仍占主导地位，干线运输任务主要由国有大中型运输企业承担。在公路货运方面，个体运输户所占的比重较大，许多营运车辆挂靠在企业，实质上相当于个体运输户，一些批量较大的合同运输任务主要还是由企业来承担，公路快速货运企业正在兴起。

(3)经营方式单车化。单车是指从事公路运输营运业务的单台车辆。它是公路运输系统最基本的构成单位。20世纪80年代以来，为了适应市场多变的环境，各运输企业纷纷采用了单车承包的经营方式，即每一承包人对所承包的单车负全面的经济责任，并赋予承包人相应的经营管理权限。这种模式目前在我国仍占主导地位。实践证明，在市场经济条件下，这种经营方式与较低水平的运输生产力是相适应的。

2.3.3　我国公路运输存在的主要问题

(1)公路质量与发达国家相比差距仍很大，还不能满足国民经济及社会发展的需求。

(2)运输车辆的车型结构不合理，技术性能还较差。

(3)运输生产的效率、效益较低。

(4)运输经营组织与管理的手段还比较落后，经营主体结构不合理，建立高效、有序的运输市场缺乏基础。

2.3.4 公路运输发展趋势

(1)随着高速公路及汽车专用公路建成投入使用，开展公路快速客、货运业务。

(2)随着公路网的完善，特别是高速公路网的形成，按规模化要求建立集约化经营的运输企业。在这一过程中，行政区域的界限将趋于淡化。

(3)公路货运业将纳入物流服务业发展的系统中，更强调在专业化原则上的合作，包括不同运输方式之间的合作、与服务对象的合作。

(4)在经营管理方面，现在许多运输企业都建立并运用了运输信息管理系统，有的企业已经采用了车辆运行动态监控系统以及车辆运行自动记录仪(俗称汽车“黑匣子”)。

(5)运输组织方式按生产力水平分层发展，在公路通行条件好、客货流量大的公路上，按现代企业制度的要求建立规模化、集约化经营的运输企业；在车辆配置上，充分考虑使用强度的影响及运输服务质量的要求。而在其他公路上，仍延续现行的运输组织方式。

(6)逐步加强运输规划，使公路建设及运输站场设施的配置与客货流规律更好地协调起来，同时还根据效率与效益原则，把运输服务向纵深推进。

思考与练习

一、选择题

1.汽车的________和________使人类如虎添翼。它促进物移，大大提高了人类改造自然的能力；促进人流，从而大大拓展了人类的生存空间。

A.载重　速度　　B.越野　舒适　　C.稳定　安全　　D.快捷　方便

2.从技术结构上看，公路运输系统由________及________两部分组成。

A.汽车　公路　　B.基础设施　运输工具

C.道路　设施　　D.指挥系统　安全系统

3.就汽车而言，其售后市场主要可分为轻型汽车售后市场、重型汽车售后市场、汽车油漆和车身装备市场、汽车工具和汽车设备市场以及________市场等。

A.汽车学校　　B.汽车美容　　C.汽车改装　　D.汽车驾驶

4.在代用燃料汽车方面，长安汽车的相关技术已经比较成熟，其研发的________、甲醇灵活燃料汽车、乙醇燃料汽车、CNG双燃料汽车的技术水平均达较高水平。

A.煤气汽车　　B.生化柴油汽车　　C.LPG汽车　　D.氢内燃机汽车

5.我国汽车出口的主要地区集中在________，东南亚地区和俄罗斯联邦等国家。

A.拉丁美洲　　B.蒙古国　　C.中东地区及非洲　　D.澳大利亚

6.智能交通系统是将先进的信息技术、数据通信传输技术、电子传感技术、电子控制技术及计算机处理技术等有效的集成运用于整个________而建立的一种在大范围内、全方位发挥作用的，实时、准确、高效的综合交通运输管理系统。

A. 全方位　　B. 局部系统　　C. 空间管理系统　　D. 地面交通管理系统

二、判断题（对的画“√”，错的画“×”）

1. 从技术结构上看，公路运输系统由交通信号与交通标志及运输工具两部分组成。（　）

2. 汽车的载质量和速度都已经达到了“令人眩晕”的程度。汽车速度，更是敢与飞机比翼齐飞。1979 年 12 月 17 日，一辆由斯通·帕瑞特驾驶的装有火箭发动机的三轮汽车 Budweiser 火箭，在美国加利福亚的爱德伍德空军基地，创造了 1190km/h 的纪录。这一速度与音速之比是 1:1.06，成为名副其实的超音速汽车。（　）

3. 汽车不仅带来生活、思维的改变，甚至带动整个社会的巨大改变。（　）

4. 新宝来轿车是大众在德国进行外观设计，由德国大众车的传统造型与中国元素结合的产品。（　）

5. 2007 年，除雷诺公司外，各跨国汽车公司都有产品在中国合资企业生产。（　）

6. 在传统能源日益紧张、环境问题国际化的背景下，“动力强劲”成为汽车界的公共话题。（　）

7. 只要搞好智能交通系统的建设，交通企业和管理部门的管理水平差点无所谓。（　）

8. “单车”是指从事公路运输营运业务的单台车辆，它是公路运输系统最基本的构成单位。（　）

三、填空题

1. 由于汽车具有促进________和________的巨大功能，汽车消费也日益成为一种消费时尚。

2. 汽车工业是一种综合性产业。汽车产业与其他产业之间，不但存在着很强的________，而且，汽车产业的生存和发展，还会对其他产业起着极大的________。

3. 在中国汽车发展的过程至少还要面对两大挑战。挑战一：中国汽车呈 4:5:7 的格局。挑战二：________。

4. 发展汽车工业，需要解决好________、城市停车场地、________和汽车排放与环保等问题。

5. 智能交通系统是将先进的信息技术、数据通信传输技术、________、________及________等有效的集成运用于整个地面交通管理系统而建立的一种在大范围内、全方位发挥作用的，实时、准确、高效的综合交通运输管理系统。

四、简答题

1. 汽车工业在国民经济中起到什么作用？

2. 道路建设与汽车工业发展有着必然的联系，为什么？

3. 为什么说智能交通是交通的发展趋势？

单元六 智能汽车

学习目标

☞ 知识目标

1. 正确描述无人驾驶的概念与级别；
2. 正确描述智能网联汽车的分级；
3. 正确描述 V2X 技术；
4. 简述辅助驾驶与自动驾驶技术。

☞ 能力目标

1. 掌握一种在产汽车中包含的辅助驾驶技术；
2. 知道目前智能汽车的发展与趋势。

1 无人驾驶级别

1.1 Level 0：无自动化

没有任何自动驾驶功能、技术，驾驶员对汽车所有功能拥有绝对控制权。驾驶员需要负责起动、制动、操作和观察道路状况。任何驾驶辅助技术，只要仍需要人控制汽车，都属于 Level 0，包括碰撞预警、车道偏离预警，以及自动刮水器和自动前照灯控制等。

1.2 Level 1：单一功能级的自动化

驾驶员仍然对行车安全负责，不过可以放弃部分控制权给系统管理，某些功能已经自动进行，比如常见的自适应巡航（ACC）、应急制动辅助（EBA）和车道保持（LKS）。Level 1 的特点是只有单一功能，驾驶员无法做到手和脚同时不操控。

1.3 Level 2：部分自动化

驾驶员和汽车分享控制权，驾驶员在某些预设环境下可以不操作汽车，即手脚同时离开控制，但驾驶员仍需要随时待命，对驾驶安全负责，并随时准备在短时间内接管汽车驾驶权。比如结合了 ACC 和 LKS 形成的跟车功能。Level 2 的核心不在于要有两个以上的功能，而在于驾驶员可以不再作为主要操作者。Tesla 推送的 autopilot 也是 Level 2 的功能。

1.4 Level 3：有条件自动化

在有限情况下实现自动控制，比如在预设的路段（如高速和人流较少的城市路段），汽车自动驾驶可以完全负责整个车辆的操控，但是当遇到紧急情况，驾驶员仍需要在某些时候接管汽车，但有足够的预警时间，如即将进入修路的路段（Road work ahead）。Level 3 将解放驾驶员，即对行车安全不再负责，不必监视道路状况。

1.5 Level 4：完全自动化（无人驾驶），无须驾驶员或乘客的干预

在无须人协助的情况下由出发地驶向目的地。仅需起点和终点信息，汽车将全程负责行车安全，并完全不依赖于驾驶员干涉。行车时可以没有人乘坐（如空车货运）。

另一个对自动驾驶的分级来自 SAE（美国汽车工程师学会），其定义自动驾驶技术共分为 0～5 级。SAE 的定义在自动驾驶 0～3 级与 NHTSA 一致，分别强调的是无自动化、驾驶支持、部分自动化与条件下的自动化。唯一的区别在于 SAE 对 NHTSA（美国高速公路安全管理局）的完全自动化进行了进一步细分，强调了行车对环境与道路的要求。SAE－Level 4 下的自动驾驶需要在特定的道路条件下进行，比如封闭的园区或者固定的行车线路等，可以说是面向特定场景下的高度自动化驾驶。SAE－Level 5 则对行车环境不加限制，可以自动地应对各种复杂的车辆、行人和道路环境。

综上所述，不同 Level 所实现的自动驾驶功能也是逐层递增的，ADAS（Advanced Driving Assistant System）即高级驾驶辅助系统，属于自动驾驶 0～2 级。如表 6-1 所示，L0 实现的功能仅能够进行传感探测和决策报警，比如夜视系统、交通标识识别、行人检测、车道偏离警告等。L1 实现单一控制类功能，如支持主动紧急制动、自适应巡航控制系统等，只要实现其中之一就可达到 L1。L2 实现了多种控制类功能，如具有 AEB 和 LKA 等功能的车辆。L3 实现了特定条件下的自动驾驶，当超出特定条件时将由人类驾驶员接管驾驶。SAE 中的 L4 是指在特定条件下的无人驾驶，例如百度在乌镇景区运营的无人驾驶服务。而 SAE 中的 L5 就是终极目标，完全无人驾驶。无人驾驶就是自动驾驶的最高级，它是自动驾驶的最终形态。

自动无人车可能比半自动驾驶汽车更安全，因为其可以在车辆行驶时排除人为错误和不明智的判断。例如，弗吉尼亚理工大学交通学院的调查表明："L3 级自动驾驶车辆的驾驶人回应接管车辆的请求平均需要 17s，而在这个时间内，一辆时速 105km 的汽车已经开出 494m——超过 5 个足球场的长度。"百度的工程师也发现了类似的结果。驾驶人从看到路面物体到踩制动需要 1.2s，远远长于车载计算机所用的 0.2s。这一时间差意味着，如果汽车时速是 120km，等到驾驶人停车时，车子已经开出了 40m，而如果是车载计算机做判断，则开出的距离只有 6.7m。在很多事故中，这一差距将决定乘客的生死。由此可见，站在自动驾驶最高级的无人驾驶才是汽车行业未来发展的"终极目标"。

无人驾驶级别　　表6-1

	ADSA			自动驾驶		
NHTSA	L0	L1	L2	L3	L4	
SAE	L0	L1	L2	L3	L4	L5
	无自动化	驾驶支持	部分自动化	有条件自动化	高度自动化	完全自动化
功能	夜视 行人检测 交通标志识别 盲点检测 并线辅助 后排路口交通警报 车道偏离警告	自适应巡航驾驶系统 自动紧急制动 停车辅助系统 前向碰撞预警系统 车身电子稳定系统	车道保持 辅助系统	拥挤 辅助驾驶	停车场 自动泊车	—
特征	传感探测 和决策警报	单一功能 以上其中之一	组合功能 （L1/L2 组合）	特定条件 部分任务	特定条件 全部任务	组合功能

2　V2X技术简介

V2X 车联网指的是汽车车辆之间，或者汽车与路边行人、骑车者以及汽车与基础设施之间的通信系统。V2X 是 Vehicle to X 的意思，X 代表基础设施（Infrastructure）、车辆（Vehicle）、人（Pedestrian）、路（Road）等，X 也可以是任何可能的“人或物”（Everything）。

V2X 主要是用于提高道路安全性和改善交通管理的无线技术，是智能交通系统（ITS）的关键技术，能够实现车与车之间、车与路边设施、车与互联网之间的相互通信，从而获得实时路况、道路信息、行人信息等一系列交通信息，提高驾驶安全性、减少拥堵、提高交通效率（图6-1）。

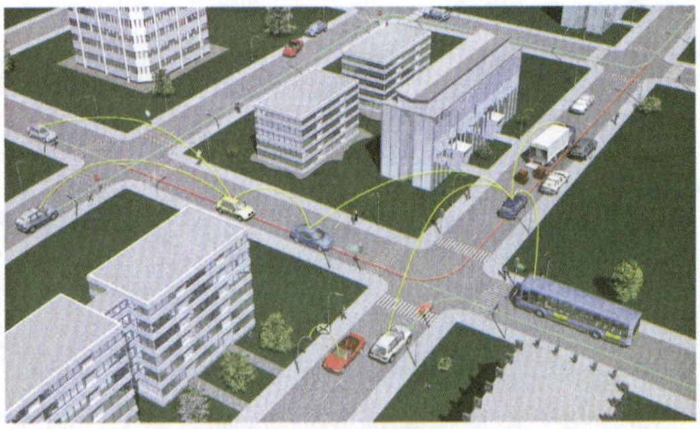

图6-1　车联网示意图

V2X 是自动驾驶必要技术和智慧交通的重要一环，V2X 包括 V2V（Vehicle to Vehicle，车车通信）、V2I（Vehicle to Instruction，车与设施）、V2P（Vehicle to Pedestrian，车与人）、V2R（Vehicle to Road，车与路）等统称，主要实现方式是通过装载在车上的通信设备与车、与道路设施、与人乃至与网络进行实时的数据通信交互，将周围信息实时汇聚到信息终端，为道路出行提供智能决策依据，基于 V2X 技术不仅可以大幅提升交通安全、降低交通事故率，而且可以为自动驾驶、智能交通和下一代车联网提供低成本、易部署的支撑和基础平台。

根据3GPP和ETSI定义的V2X车联网场景中，从应用和时延角度可以划分为5类业务，见表6-2。

V2X 五类应用场景业务划分 表6-2

	场景	时延要求
静态道路信息	道路故障，道路维护，危险路段，指示牌信息，管制/限速等	<1s
道路动态信息	交通信息播报，红绿灯车速引导，道路鸟瞰，十字路口管理，动态地图，导航增强，违章告警等	<100ms
V2X 动态信息	后车碰撞预警，盲点提醒，变道辅助，路口碰撞告警，远光灯告警，追尾告警，失控告警，并线辅助，静止车告警，应急车优先等	<50ms
远程操控	ToD-Tele Operated Driving	<50ms
ITS 协同控制	协作巡航，协作并道，前车透视，编队行驶，协作操控/自动驾驶等	<20ms

3 智能网联汽车的分级

智能网联汽车包括智能化与网联化两个技术层面，其分级也可对应的按照智能化与网联化两个层面进行。在智能化方面，美国SAE、NHTSA、德国VDA等组织已经给出各自的分级方案，这里以较权威的美国SAE分级定义为基础，并考虑中国道路交通情况的复杂性，加入了对应级别下智能系统能够适应的典型工况特征。各级定义见表6-3。

智能网联汽车的分级 表6-3

智能化等级	名称	等级定义	控制	监视	失效应对	典型工况
1(DA)	驾驶辅助	通过环境信息对方向和加速度中的一项操作提高支援，其他驾驶操作都由人进行	人与系统	人	人	车道内正常行驶，高速公路无车道干涉路段，泊车工况
2(PA)	部分自动驾驶	通过环境信息对方向和加速度中的多项操作提供支持，其他驾驶都由人进行	人与系统	人	人	高速公路及市区无车道干涉路段，换道、环岛绕行、拥堵跟车等工况
3(CA)	有条件自动驾驶	由无人驾驶系统完成所有驾驶操作，根据系统请求，驾驶员需要提供适当的干预	系统	系统	人	高速公路正常行驶工况，市区无车道干涉路段
4(HA)	高度自动驾驶	由无人驾驶系统完成所有驾驶操作，特定环境下系统会向驾驶员提出响应请求，驾驶员可以对系统请求不进行响应	系统	系统	系统	高速公路全部工况及市区有车道干涉路段
5(FA)	完全自动驾驶	无人驾驶系统可以完成驾驶员能够完成的所有道路环境下的操作，不需要驾驶员介入	系统	系统	系统	所有行驶工况

4 驾驶辅助技术

4.1 先进驾驶辅助系统（ADAS）与标准

(1)先进驾驶辅助系统。

先进驾驶辅助系统(Advanced Driver Assistance System,ADAS)是利用安装在车上的各类传感器,在汽车行驶过程中实时感应周围环境,进行静态、动态物体的辨识与追踪,并结合导航地图数据,进行系统的分析与辅助控制,从而预先让驾驶员察觉到潜在的危险,增强汽车驾驶的舒适性和安全性。如车道偏离预警,当系统开启时,摄像头会时刻采集行驶车道的标识线,通过图像处理获得汽车在当前车道中的位置参数,当检测到汽车意外偏离车道时,由控制器发出警报信号,整个过程大约在0.5s内完成。而如果驾驶员打开转向灯,正常进行变线行驶,那么车道偏离预警系统不会做出任何提示。

ADAS一般由三个模块构成,感知模块、决策与控制模块和执行模块。感知模块硬件包括毫米波雷达、激光雷达、摄像头等传感器,软件算法包括车辆分类与识别、信息融合、车道线识别等;决策与控制模块涉及应用软件与芯片和控制算法,如轨迹跟踪、危险等级判别、车辆状态识别、车辆控制信号计算等;执行模块根据判断结果发出声音、光线、振动等方式的预警提醒,并针对不同类别的危险程度,发出不同等级的安全预警,部分应用会对车辆驱动系统、制动系统以及转向系统等进行干预。

先进驾驶辅助系统(ADAS)是一种主动安全技术,以感知模块为基础,以车辆安全预警与车辆控制为目标,在交通事故预防、人身安全提升方面具有不可替代的作用。此外,ADAS降低了驾驶员对车辆的操作要求,减弱了驾驶强度,一定程度上释放了人力,极大提升了驾车出行的舒适性。市场中常见ADAS的功能定义见表6-4。目前,ADAS应用最广的三大技术是自适应巡航控制系统(ACC)、车道偏离预警系统(LDW)以及自动紧急制动系统(AEB)。

ADAS系统功能定义　　表6-4

名称		功能定义
简写	全称	
AEB	自动紧急制动	车辆在非自适应巡航的情况下正常行驶,如果车辆与障碍物小于一定的安全距离时,能主动产生制动效果,让车辆减速
FCW	前撞预警	通过传感器设备时刻监测前方车辆,判断本车与前车之间的距离、方位及相对速度,当存在潜在碰撞危险时对驾驶员进行警告
LDW	车道偏离预警	通过摄像头等设备检测到汽车偏离车道时,根据驾驶员的操作状态,发出报警信号,减少汽车因车道偏离而发生交通事故
LKA	车道保持辅助	通过摄像头等设备检测到汽车偏离车道时,根据驾驶员的操作状态,主动控制转向系统,使得车辆保持在本车道内行驶

续上表

名　称		功能定义
简写	全称	
ACC	自适应巡航	智能化的自动控制系统,允许车辆巡航控制系统通过调整速度以适应交通状况
BSD	盲点监测	利用传感器设备探测后视镜盲区内是否有车辆、行人等目标物存在。当盲区内有目标物存在时,对驾驶员进行警告,防止在变道时与盲点内的车辆和行人相撞
NV	夜视辅助	利用红外线成像技术,在夜里或者弱光线的环境中,检测出行人、车辆、车道等物体,使驾驶员看得更远更清晰。并且能够针对潜在危险向驾驶员提供更加全面准确的信息或发出早期预警
APS	辅助泊车系统	不用人工干预,车辆自动停车入位
AHB	自动远光灯	当系统检测到对面来车时,系统会有选择性地关闭远光灯光束范围,让光束避开对面车辆,在确保驾驶员视野清晰的同时,也不会影响对向来车的行驶

当前 ADAS 都是单系统工作模式,未来系统会更多地走向多技术融合、多系统融合的道路,如 ACC 与 AEB 进行融合,形成新型的 ADAS;LKA 与 ACC 融合,则可能形成自动驾驶系统,在特定场景或有限时间内,实现自动驾驶。此外,鉴于碰撞中的被动安全系统与主动安全 ADAS 是相互独立的,主动安全与被动安全系统有效结合也是未来的发展趋势之一。如未来系统可能在机载激光雷达、雷达或视频传感器监测到不可避免的碰撞时实现让安全气囊做好预备的功能。

(2)驾驶辅助系统的标准与法规。

交通安全一直是各汽车大国政府关注的重点。据世界卫生组织统计,每年约有 125 万人死于交通事故,各国与此相关的经济损失更大。督促车企生产更安全的汽车一直是各国政府的重要职责。汽车安全性能经历了从被动汽车安全到主动安全,再到智能安全的过程。而 ADAS 在主动安全和智能安全领域扮演了重要角色,根据欧盟的公开统计,自动紧急制动系统(AEB)的使用减少了接近 20% 的事故发生率。ADAS 在提升汽车安全性方面的显著效果得到了政府部门认可。当前,各国政府部门针对 ADAS 的应用制定了一系列的标准与规定(表 6-5)。

各国针对 ADAS 的应用制定的主要标准及法规　　表 6-5

主动安全系统		ISO 标准	欧盟 ECE	Euro—NCAP 标准	日本	中国
驾驶辅助系统	车道偏离预警(LDW)	●	●	●		●
	车道偏离辅助(LKS)	●		●	●	
	自适应巡航(ACC)	●			●	●
	自动紧急制动(AEB)	●	●	●	●	
	前撞报警系统(FCW)	●	●	●		●
	盲点检测系统(BSD)	●		●		
	倒车辅助系统(BUA)	●			●	
	自适应前照灯(AFS)		●			

4.2 驾驶辅助系统功能介绍

(1)夜视与行人检测。

汽车夜视系统指的是能够帮助驾驶员在夜晚安全驾驶的许多系统。这些系统通过使用热成像摄像机、红外线灯、平视显示和其他技术来扩展驾驶员的感知。汽车夜视系统可以提醒驾驶员潜在危险的存在,因此可以防止事故发生。

①工作原理。

汽车夜视系统分为主动和被动两个基本类型。主动夜视系统使用红外光源来照亮,被动夜视系统依靠汽车发出的热辐射发现潜在的危险。这两种系统都依赖红外线,但是都有自己的优缺点。

主动夜视系统比被动夜视系统更为复杂,因为它们使用红外光源。由于红外线的波段处在可见光谱以外,这些光源不会造成迎面而来的驾驶员炫目。这使得红外线照射距离比前照灯更远。因为红外线肉眼不可见,所以主动夜视系统使用特殊的相机传递额外的视觉数据,如脉冲红外光等。这些系统在恶劣天气条件下工作得不是很好,但是它们可以提供车辆、动物甚至是无生命物体的高对比度图像。

被动夜视系统不使用自己的光源,它们依靠特殊摄像头检测热辐射。这往往对动物和其他车辆很有效,因为它们会发出大量的热辐射。然而,被动系统很难检测到和周围温度相同的无生命物体。被动夜视的检测范围往往明显高于主动夜视的范围,这是由于主动夜视系统使用的光源系统功率有限。被动夜视系统使用的相机生成图像的质量相比主动系统往往较差,这个系统在温暖的环境下工作效果也不是很好。

有许多类型的红外夜视显示仪可以将热成像信息传递给驾驶员。最早的夜视系统在风窗玻璃上的视野中显示警告信息,其他系统使用一个安装在仪表板上的LCD屏显示。

②装有夜视系统的汽车。

汽车夜视系统诞生于1988年,但是它们主要应用在豪华车上。这个技术通常为可选且相当昂贵。通用汽车公司首次引入了夜视系统,但许多其他汽车制造商现在也拥有了自己独特的技术。

奔驰公司和丰田公司都具有主动夜视系统的技术,其他汽车制造商,如奥迪、宝马和本田等也有能力提供被动夜视系统,如图6-2、图6-3所示。

图6-2　夜视辅助系统

图6-3　夜视辅助系统屏幕显示

③夜视系统对于减少交通事故的作用。

根据欧盟委员会(European Commission)的汽车行业报告,近50%的事故发生在晚上,而且晚上交通量大约比白天低60%。但因为夜视系统还没有普及,该报告没有确凿的数据证明夜视系统对于减少交通事故的作用。一项由美国高速交通安全管理局(NATSA)的研究甚至透露,一些人在这些系统的帮助下,在晚上开车更快,这可能导致更多的事故。

然而,另一项增加夜间能见度的技术已经被证实可以减少事故的发生。由于自适应前照灯等技术被证实可以帮助减少夜间事故,更广泛地采用夜视技术可能也有类似的效果。夜视系统可以检测超过150m远的对象,相比之下,传统的前照灯通常只能照亮约550m远的物体。既然车辆的制动距离很容易超过550m,很明显,夜视系统的正确使用可以帮助驾驶员避免事故。

(2)陡坡缓降控制。

陡坡缓降控制(HDC)是一项提高沿着陡峭的斜坡行驶时安全性的功能。当驾驶员想慢慢地沿着陡峭的山坡下山时可以使用它。相比于巡航控制,该控制功能只在车辆速度低于24km/h或32km/h时被激活,这个速度取决于系统设置。

像许多其他汽车安全功能和高级驾驶辅助系统一样,陡坡缓降控制将驾驶员通常需要手动完成的操作变为自动完成。在陡坡缓降控制功能中,需要完成的任务是控制汽车下坡的速度并保证不失去牵引力。驾驶员通常通过降低速度完成这个任务,这也是陡坡缓降控制系统所用的方法。

陡坡缓降控制系统的工作方式非常类似于牵引力控制系统和电子稳定控制系统的工作方式。对于这些系统,HDC有能力在没有驾驶员参与的情况下和ABS交互。它可以通过这种方式独立控制每个车轮,从而通过按需锁紧或释放单个车轮来保证牵引力。

(3)自动前照灯控制。

汽车行业长期致力于设计一个有效的自动照明系统来缓解驾驶员需要根据不同天气和交通情况进行灯光开启选择的工作。1952年通用汽车在凯迪拉克和奥兹莫比尔车型上引入了第一个自动前照灯调光器,称为"Autronic眼",其他通用汽车从1953年开始使用这个系统。1958年这一开创性的设置让位于一个被称为"GuideMatic"的系统。GuideMatic有一个控制旋钮,可以让驾驶员来调整系统的灵敏度,以便在前方有迎面驶来的车辆时及时进行远、近光灯调整。到20世纪70年代初,除了凯迪拉克外,所有通用汽车均放弃了这一选项。

从20世纪50年代到80年代,福特和克莱斯勒的车辆也可使用通用汽车公司制造的调光器。从20世纪50年代中期开始,一个称为"AutoDim"的系统可以在林肯的几款车上使用。最终,福特和雷鸟也使用了这个系统。克莱斯勒也在20世纪60年代和20世纪70年代早期提供了一个叫光束自动控制的系统。

由于光敏电阻的进步,光束自动控制系统变得更加紧凑并且从仪表板上转移到了加热器后面,但它们仍然无法准确地将非汽车光源辨别出来。当车辆由后方接近另一辆车时,前车的后尾灯会使后车不合逻辑地调暗灯光,或者当路标将车辆原本正常使用的远光灯反射时,该系统也会不合理地降低车灯亮度。美国发明家Jacob Rabinow设计了不受街灯倒影影响的自动扫描调光系统,但没有汽车制造商购买这个专利,而有问题的光敏电阻也在市场上销售至20世纪80年代末。

1956 年，发明家 Even 开发了一个系统，在接近前面的车辆时前照灯会形成一个影子，从而使得远光灯不会让驾驶员产生炫目。但这个称为“Bone-Midland 灯”的系统从未被任何汽车制造商应用。

目前，基于 CMOS 成像相机的灯光系统可以检测和回应迎面而来的车辆灯光，而无视路灯、路标等虚假信号。2005 年，基于成像波束的灯光选择系统发布，此后便被全球汽车制造商纳入综合驾驶员辅助系统。

①智能灯光系统。

智能灯光系统是一个照明灯光束控制系统。2006 年推出的奔驰 E 系列的双氙气灯可以提供五种不同的灯光功能，每种灯光都对应不同的驾驶情况或天气状况。

自适应高光束协助系统是梅赛德斯—奔驰对一种前照灯控制策略的命名，这个系统不断地自动调整照明范围，以在最大的范围内发现其他道路使用者。该系统最早应用于 2009 款奔驰 E 系列，它提供了可以连续调节高低的光束，而不像传统的灯光系统只能在高、低两种光束中选择。

光束的范围可以在 65 ~ 300m 改变，这取决于交通状况。在行驶状态中，低光束截止位置的调整可以实现可视范围最大化，并且避免影响相向驶来车辆驾驶员的视野。当在检测范围内不会产生炫目问题时，系统将提供完整的远光灯。调整前照灯相机内部的参数，可以确定和其他车辆之间的距离。奔驰 S 级、CLS 级和 C 级轿车也采用这种技术。而奔驰 CLS 则是第一个用 LED 产生所有自适应光功能的车型。自 2010 年以来，一些奥迪车型应用氙气前照灯，提供一个类似的可以在一定范围内调整前照灯的自适应灯光系统。

在日本，丰田皇冠、日产风雅和日产西玛都采用了这种顶级的自适应前照灯技术。

自适应灯光技术有许多种类型，但它们都是旨在提高驾驶员在夜间的能见距离。大多数自适应灯系统可改善视距角，有些也可以根据天气状况、其他车辆的存在以及其他因素做出调整。各种类型的自适应灯已经被发明出来很久，但是技术复苏近年来才发生。

②自适应前照灯的工作原理。

各种类型的自适应灯系统工作方式稍有不同，因为它们执行不同的功能。例如，现代汽车的定向前照灯根据传感器的输入来确定车辆是否正在转向，前照灯随后便会根据车辆行驶路径照亮前面的路。而传统前照灯往往在转弯时灯光会偏离道路而照向路边，使前面的道路昏暗，从而导致危险。

其他自适应灯系统根据传感器的信号确定应该何时调整亮度。这些系统可以确定并根据与其他车辆的距离来调节前照灯的亮度，这样使光线不产生炫目。另一项自适应技术，是大众汽车在 2011 年推出的，该技术使用一个动态的照明系统以防止高光束造成眩目。

③配有自适应前照灯的汽车。

早在 20 世纪 30 年代，各种自适应灯策略开始被应用在车辆上。许多早期的系统有一个旋转前照灯，安装在正常的前照灯之间。这个自适应灯可随驾驶员旋转转向盘而旋转。威利斯、塔克和其他汽车制造商使用过这些早期的自适应灯系统。现代自适应前照灯系统通常被称为“先进顺光照明系统（AFS）”。通用汽车较早采用自适应技术，可以自动调节前照灯亮度。在 1952—1988 年之间，通用汽车提供了一个自动调光器，并在一些福特和克莱斯勒车型上得以应用。大众、奔驰和其他汽车制造商也都提供各种自适应高光束系统。

④自适应前照灯与减少交通事故的关系。

自适应前照灯系统会增加夜间能见度,但目前尚不清楚它们具体是如何减少事故发生的。根据一项由美国公路安全保险研究所提供的研究数据,自适应前照灯使整体保险索赔减少 10% 。同样的研究声称,只有 7% 的警方报告事故发生在自适应前照灯可能会产生影响的时间,所以自适应前照灯似乎是有用的,因此,自适应前照灯对安全性有很大影响。

(4)全方位感应器。

通过及时制动,汽车可以避免大部分的追尾事故,或者显著降低事故的严重程度。当前方的车辆出现意料之外的行为时,前瞻性的紧急制动系统迅速通过激活自动制动系统使车辆尽快停下来。它可以大大缩短停车距离。

紧急制动辅助功能有不同的配置。追尾事故大多发生在市区,紧急制动辅助功能可以降低事故发生率,从而节约维修费用,与雷达成本相比,效益比很好。紧急制动辅助功能已经像 ABS、ESC 等装置一样,安装在了新一代的小型汽车上,建立起了自动安全系统。

环绕视图提供了一个完整的 360°视角的车辆。获取更多信息的 3D 系统、备用辅助可帮助车辆在低速行驶时避免碰撞。技术基础是围绕相机技术集成的示范车辆。它包含整个车辆环境的 360°视图。车辆上设置了四个鱼眼相机——一个在前面,一个在后面,两个分别在倒车镜的底部。每个镜头的孔径角超过 180°,从而能够没有任何差距地获得 360°车辆的环境影像。这个系统会在车辆的路径上识别出阻碍,并对所需的空间图像进行分析。大陆公司使用后置摄像头的图像分析以避免碰撞后面的车辆。围绕视图系统的电子控制单元连接到汽车的电子制动系统和自动制动系统,以便在必要时对车辆进行控制。视图系统的另一个优势是不仅能够识别对象,还可以对对象进行分类,如行人或骑自行车的人,以便采用不同的对待策略。

(5)自动碰撞回避系统。

按汽车防撞系统的设计原则,即使碰撞是不可避免的,采取正确的纠正措施仍可以降低事故的严重程度。通过降低事故的严重程度,从而减少财产损失和事故伤亡。为了实现这个目标,汽车防撞系统使用各种各样的传感器来探测车辆前方不可避免的障碍。根据特定的系统设计,发出警告或直接采取纠正措施。

各国的政府机构,如美国国家高速公路交通安全管理局和欧洲委员会(Counoil of Europe)一直在定期研究新的安全技术。在某些情况下,一些令人信服的证据指出潜在的一种新技术可以用来拯救生命,但结果在其他情况下是不确凿的。防撞技术在控制研究中表现良好,而且公路的研究表明某些预碰撞技术可以减少尾部碰撞产生的巨大影响。欧盟的研究也得出了类似结论。欧洲委员会 2011 年要求所有新商用车最晚于 2013 年装备自动制动系统。

大多数汽车防撞系统都利用车辆已经具有的技术。因为防撞系统所需要的传感器可以和自适应巡航控制系统使用同一个。防撞系统可以使用雷达、激光或其他技术来探测其他车辆。从前置传感器接收数据时,防撞系统会进行计算以确定是否有障碍。根据车辆和障碍物之间的速度差,防撞系统会执行不同的防撞措施。最简单的防撞措施是发出警告,以便驾驶员有足够的时间踩下制动踏板或避开障碍物。

在某些情况下，防撞系统也可能提前启动自动制动或紧急制动辅助系统（图6-4），这可以在驾驶员踩下制动踏板的那一刻提供足够的制动功率，以便有效地降低事故的严重程度。

图6-4　紧急制动辅助系统

一些汽车防撞系统也能够采取直接的纠正措施。如果确定碰撞迫在眉睫，它可以直接进行制动。

除了自动制动，一些防撞系统还包括安全带自动收紧功能、平视显示器功能、夜视功能和自适应前照灯功能。

由于汽车防撞系统作用明显，再加上欧盟委员会的授权，每个主要汽车制造商都开发了自己的防撞系统。这些系统通常不会每个车型都配备，一些汽车制造商只在自动制动车辆或旗舰豪华车型上提供防撞系统。

（6）车道偏离系统。

车道偏离系统主要是为了防止高速公路上的交通事故。有多种不同类型的车道偏离系统，其中一些相比较而言更加积极，不仅可警告驾驶员，甚至会采取自动纠正措施。这些系统可以防止许多碰撞和冲出路外的事故。

①车道偏离系统工作原理。

车道偏离系统有两个主要类型。第一个类型通常被称为车道偏离警告（LDW）系统。这个系统能够监控道路的路面标志，当车辆开始偏离车道时，就会发出警告。驾驶员可以采取纠正措施，防止冲出路外发生事故或与另一辆车相撞。

第二个类型的车道偏离系统更加积极主动，通常被称为道路保持系统（LKS）、道路保持协助系统或其他类似的名字。这个系统不仅监控车道标记，还有能力采取纠正行动。如果驾驶员不应对首次警告，该系统通常可以自主运行来阻止发生事故。

早期的车道偏离系统使用单摄像头监控车道标记，而现在大都使用激光或雷达传感器。这两个时期的系统有不同的使用方法和纠正措施。早期的LKS系统利用电子稳定控制系统（对车轮施加轻微制动压力）保持车辆在车道上行驶。而现在的系统实际上是提供了一个“温和”的指导修正措施。

②车道偏离系统的意义和使用方法。

根据NHTSA的报告，在美国大约70%高速公路发生的单车死亡事故都是冲出路外事故。车道偏离系统有可能帮助防止许多致命事故的发生。

如果你的车有车道偏离系统，分清它的类型是十分有用的。因为这两个类别的车道偏离系统提供不同级别的保护，重要的是要知道你处理的问题属于哪一个级别。同时，了解这些系统的局限性也是重要的。如果车辆配备一个LDW系统，当你的车辆开始漂移时将发出警告。如果你熟悉警告的方式，或声音提示或视觉提示，你就可以采取纠正措施，防止意外。

如果车辆配备了车道偏离系统，驾驶员便有了一个额外的保护。然而，即使如此，驾驶员也不能掉以轻心。车道偏离系统可以提供少量的制动或转向纠正，但驾驶员保持对周围的注意仍然是重要的。虽然看起来汽车配备车道偏离系统和自适应巡航控制系统可以自动驾驶，但仍不能代替驾驶员的作用。

③车道偏离系统的局限性。

现代的车道偏离系统比早期的技术更可靠，但即使是最先进的系统也有局限性。这些系统通常依赖于视觉信息来跟踪车道内车辆的相对位置，因此当车道标记被掩盖时将使车道偏离系统失效。这意味着通常在大雨、大雪或有过多太阳光的情况下，驾驶员不能依靠 LDW 或 LKS 系统。

转向信号也可以关闭车道偏离系统。车道偏离系统在关闭转向灯时被激活，防止系统阻止驾驶员改变车道。如果不小心打开转向信号后，车道偏离系统将不被激活。

车道偏离系统使用一个前瞻性单摄像头来检测道路边界，监控驾驶员的转向角和车辆路径，通过现有的电子稳定控制(ESC)传感器和底盘运动传感器来识别汽车越过马路边界的情况。当系统感觉到车辆离开道路时，将使用现有的 ESC 系统，自动制动或自动引导车辆，同时警告驾驶员以降低车辆的速度。这种积极的干预有助于行车安全。系统高效的性能取决于道路边缘明显的标记，以及车辆和基础设施的解决方案。

(7)辅助停车。

现在市场上有很多自动停车系统，它们的功能大同小异。一些自动停车系统提供平行停车功能，而其他系统只提供一些有用的帮助。后者通常被称为“平行停车援助”或“停车协助”，前者则是一个真正的自动平行停车系统。类似的，“自动停车”一词通常是指使用机械设备控制车辆而无须人工干预实现停车的功能。

①自动停车历史。

自动平行停车仅出现了差不多十年，但这个想法很早就有。第一个平行停车系统是在 20 世纪 30 年代开发的，它相比现代的解决方案有一个非常不同的方式。

早期，平行停车依靠四个拖拉机组成的机组和电动千斤顶协助来完成。当千斤顶自助升降时，其上车辆的车轮将脱离地面，再通过拖拉机组的牵引，使车辆进入车位。

这个想法从未真正流行。但简化平行停车的想法在 20 世纪 90 年代重新浮出水面，那时自动化系统已经非常先进，利用计算机实现相对简单的任务，就像平行停车是可行的。到 20 世纪 90 年代末，第一个由计算机控制的平行停车系统已经测试成功。

丰田首次将该技术应用在 2003 款普锐斯上，现在很多车型提供各种类型的计算机辅助或控制平行停车系统(图 6-5 和图 6-6)。

②自动平行停车原理。

自动平行停车系统使用多种传感器来确定两个停放车辆之间的空间大小，然后由内置计算机计算必要的转向角和安全速度，将车导航到停车位。在完全自动化的系统中，计算机可以控制线控系统，这只需要很少的或不需要驾驶员的干预。然而，在一些特殊情况下，可能需要驾驶员进行人工控制。

早期的自动平行停车系统难以在狭小的空间里工作，即使驾驶员将车辆安全导航到停车地点后也很难实现。因为早期的自动平行停车系统难以识别非金属物体，如行人和动物。

目前，自动平行停车系统技术先进了很多，其中一些系统已经有能力识别车道标记和非金属等物体。

图 6-5　自动停车系统操作界面

图 6-6　自动停车系统示意图

③自动停车的使用。

第一个自动停车系统应用在 2003 款丰田普锐斯上，但直到 2006 年雷克萨斯引入之前，该车型并没有在美国发售。在丰田之后，福特和宝马也推出了自己的自动停车系统，例如福特的主动停车辅助系统被应用在之后上市的车里。

除了全自动停车技术，其实汽车制造商早已推出了一些停车辅助技术，旨在帮助驾驶员导航到停车位。奔驰的电子停车系统就是一个例子，它使用声呐传感器来确定车辆是否适合在附近的空间停车，虽然它不能控制转向盘和加速踏板，但可以为驾驶员提供有益的指导。

④全景视图。

驾驶员简单地用手指在触摸屏上滑动就可以改变汽车在屏幕上的轮廓，以改变系统提供的停车位置。这个选项允许驾驶员应对具体的情况，如停在车辆前面或后面以及其他的机动空间。

在未来，自动停车还可以远程启动。停车地方较远时，驾驶员可预先使用触摸屏来选择停车位并激活远程模式。之后他就可以离开车辆，用智能手机中的应用启动和观察自动停车操作。

（8）智能速度适应。

智能速度适应（ISA）是一种先进的驾驶辅助系统，旨在防止超速。这些系统使用许多不同的方法来确定车辆的物理位置，然后用这个位置匹配当地的速度限制，并可在必要的情况下采取纠正措施。这些系统既可以是主动的，也可以是被动的，因为一些系统仅仅是警告驾驶员，而另一些系统则能直接调整车辆的速度。

有关数据表明，超速和导致严重人身伤害事故发生率的增加有直接联系。根据 NHTSA 统计的事故概率分布，高于或低于限速都会增加事故概率。当然，低速事故不太可能导致比超速更严重的伤害。其他研究已经表明，即使仅仅超速 16km/h，也会让事故发生率加倍。

超速也会直接影响行驶经济性，因为它大大增加了油耗。根据密苏里大学的一项研究，当超速时,燃油效率可能会降低33%。

有很多方法可以实现ISA系统,而且各个方法都有一定的区别。但无论何种方法,为了让ISA系统工作,必须确定车辆的位置。ISA系统最常使用GPS数据、无线电信号、光学识别系统和轨迹推算这四种技术来确定车辆位置。

最常见的ISA系统使用GPS数据,这是因为基础设施比较完善。只需要一个GPS接收器,ISA系统就可以使用GPS数据,就能够确定车辆的物理位置,然后对比数据库得到当地的速度限制。

一些GPS导航功能单元包括内置的ISA,它们只能在某一些地区工作。当使用这种类型的GPS装置时,如果车辆超过速度限制,它将发出警告。因为这些导航单元通常不能够从车速传感器接收数据,它们依赖于GPS数据来确定车辆速度和位置。

虽然利用GPS数据是最简单地ISA系统的方法,但也有一些固有的局限性。民用GPS数据虽然比2000年之前更准确,但仍然不是100%可靠。即使是最好的GPS导航装置,也有可能误认车辆所在的道路,而且相邻的道路会有截然不同的限速。如果ISA系统使用GPS数据确定车辆在高速公路附近的大街上,它可能会有加快车辆速度的危险。反过来也是成立的,高速公路上行驶的车辆可能会放缓至街道的速度,这同样也可能造成灾难性的结果。

其他ISA系统需要大量投资建设基础设施,因为它们使用无线电信标和光学识别设备。当车辆用其中一种系统,通过一个有速度限制的区域时,它从一个路边基站接收到某种类型的信号,然后提醒驾驶员改变车速,或者汽车自动加速或减速。这些系统比GPS更准确,但很容易有设备故障。

(9)交通标志识别。

交通标志识别显示在仪表板上,以提醒驾驶员当前的速度限制。这是通过使用和车道偏离系统相同的摄像头来实现的。结合高性能的图像识别系统,它便可以识别限速标志。

(10)驾驶员警告系统。

驾驶员警告系统是基于声音或触觉所做出的警告功能。例如车道偏离警告(LDW)系统会对离开车道的车辆进行声音警告或触觉警告。

驾车时,驾驶员很可能在不经意间犯困,在驾驶员低头的一瞬间,就可能导致车祸危及生命。

有25%严重事故是由于疲劳引起的,尤其在晚上,事故的风险会增加两倍。疲劳提醒仅仅是车道偏离系统可以提供帮助的其中一个最糟糕的场景。

(11)后置雷达。

后方交叉交通警戒(RCTA)系统使用和盲点检测(BSD)系统相同的雷达技术,可以帮助驾驶员避免从停车位离开时的事故。这些事故经常会导致严重的人身伤害。

这个新功能基于两个短程雷达传感器,每个传感器的监测角度是120°。如果车辆的高级驾驶辅助系统检测到即将发生的碰撞,会以警告声和闪亮的LED灯提醒驾驶员注意,自动制动也可能被启用。

对于追尾事故的研究表明,大多数事故的原因是驾驶员没有及时进行制动和制动力不足。预测紧急制动系统有助于避免追尾事故和减轻事故后果。车辆起动时,预测紧急制动系统即会被激活。当然,即使预测紧急制动系统启动,驾驶员仍然有责任注意路况和小心驾驶。

自动制动技术结合传感器和制动器控制来防止高速碰撞。一些自动制动系统可以完全防止碰撞,其中大部分都是简单地降低车辆的速度,因为高速碰撞显然更有可能致命。自动制动系统可以在事故中挽救生命,减少财产损失。还有一些系统向驾驶员提供制动辅助,其他系统实际上能够在没有驾驶员干预的情况下激活制动。

5 自动驾驶技术

5.1 自动驾驶汽车标准

在美国,NHTSA 设立了 5 个自动驾驶汽车级别,其中最基本的级别是 0 级,指没有电子稳定控制系统的车辆;1 级指车辆向驾驶员提供基本的技术性帮助;2 级指驾驶员必须全程精力集中,并且车辆有最少两种主要驾驶控制功能;3 级指车辆在有限情况下实现自动驾驶,驾驶员可以随时取得车辆的控制权;4 级自动驾驶汽车定义为除了人工输入路线以外,汽车可以自动完成其他所有驾驶工作。

在该标准下,NHTSA 正在着手研究自动驾驶汽车并开始制订行业标准以确保驾驶员安全。同时,汽车厂商为了市场竞争,也开发了很多驾驶安全和驾驶辅助的功能,现在这些功能有可能自下而上地定义一些无人驾驶汽车的标准,其中有 4 条公认的标准。

(1)避免前方碰撞。

NHTSA 宣布将把避免碰撞的主动制动系统作为汽车安全评估的一项。该系统使用前置传感器,可以用雷达、摄像头或激光设备来检测是否将发生碰撞,如即将发生碰撞,则会通过自动制动来辅助驾驶员停车。

(2)后方摄像头。

2014 年,NHTSA 通过一项安全法规,要求在 2018 年 5 月 1 日之后售出的新车必须安装后方摄像头。

(3)车辆通信。

为了使同一行驶路线的自动驾驶汽车可以被统一规划路径,每辆车必须拥有周围汽车的位置、速度和方向信息。NHTSA 宣布将为车—车通信制定标准。车—车通信功能可以加强驾驶员和车辆的互动,从而避免人为事故。

(4)道路检测。

NHTSA 在 2013 年制定了检测摄像头系统功能的方法,即在标记完好的道路上行驶,看系统是否会提示驾驶员已偏离道路。有些汽车(普锐斯)在驾驶员没有及时响应警告的情况下,甚至会接管转向盘。

5.2 汽车厂商动态

(1)特斯拉。

如果采用 NHTSA 规定的定义,特斯拉将它配备自动驾驶系统的 Model S 车称作 2 级自动驾驶汽车,并且宣称驾驶员要在所有事故中承担责任。该车不能自主导航或根据人行横道、信号灯及指示牌而自动停车。

特斯拉 CEO 马斯克称他希望特斯拉可以在三年内实现全自动驾驶,但届时的车辆将比 Model S 车增加更多硬件。有趣的是,马斯克认为在福特和谷歌自动驾驶汽车上的旋转激光系统(LIDAR)对于全自动汽车来说并不是必需的。相应的,他认为光感摄像头足以实现自动驾驶。

特斯拉 Model S(图 6-7)最新的 7.0 软件系统允许它通过使用自身的摄像头、雷达、超声波传感器和数据来实现自动转向、变换车道以及改变速度以适应交通情况。当你到达目的地时,它还会完成自动停车。

同时,新设计的仪表板可以展示车辆根据周围路况做出动作所用的实时信息。它可以提供传感器检测到的路况信息,包括道路路口、盲点监测、限速提醒、碰撞警告、自适应巡航以及自动驾驶功能。

图 6-7 特斯拉 Model S

①自动驾驶技术。

自动驾驶功能使车辆在当前道路上行驶,并且利用可以感应路况的巡航控制系统来保持车辆速度。自动驾驶功能通过使用一系列的测量,包括转向角度、转向频率和速度来决定合适的操作,从而使驾驶员可以更加轻松地驾驶。特斯拉要求驾驶员在自动驾驶开启后仍需保持注意路况,并把双手放在转向盘上。

开启转弯信号灯后,特斯拉 Model S 会通过检测并在确认安全的时候自动变换到相邻车道上。侧面碰撞警告通过距离感知警告驾驶员侧面有过于靠近的物体,从而实现进一步的主动安全功能。

②自动停车。

特斯拉 Model S 可以自主实现平行停车。当车辆低速行驶在城市路况中并检测到停车位时,“P”信号会出现在仪表板上来提示驾驶员。当驾驶员激活自动停车功能后,车辆将通过控制转向和车辆速度来自主停车。

③自学习功能。

特斯拉俱乐部的一位车主称,特斯拉 Model S 具有自学习功能。虽然特斯拉没有在系统更新时对该功能进行说明,但该车主发现在利用自动驾驶通过斜坡出口时发现,在同一个出口,特斯拉比之前完成得更好。对此,马斯克回应道,所有特斯拉车辆组成了一个网络,一辆车学习到什么,所有特斯拉汽车都会掌握该发现。并且特斯拉汽车的系统更新是周期性的,车主们会发现他们的特斯拉汽车每隔一段时间将会表现得更好。

④自动驾驶市场应用情况。

特斯拉称它的自动驾驶功能并非等同于自动驾驶,但一些驾驶员却过分利用该功能,甚至把它当成自动驾驶来应用。

普林斯顿大学的 Alain Kornhauser 称,特斯拉的自动驾驶系统依靠前置雷达、前置摄像头、12 个长距离超声波传感器和高速处理器来实现在可预测支线道路上的自动驾驶。但它并不能保证在所有环境中正常工作。当特斯拉汽车从良好道路驶入道路情况不佳、设施不完善的路段后，车辆将不知道如何继续行驶，这些事情是特斯拉汽车没有规定好的。Alain 本人驾驶的是奔驰 S550，该车配有 Distronic Plus 系统，可以和特斯拉的自动驾驶系统实现相似功能。但像奔驰这样的汽车厂商通常都称该类型技术为驾驶辅助技术，而不称之为“自动驾驶”。

(2)谷歌自动驾驶汽车。

①技术条件。

谷歌自动驾驶汽车拥有 8 种不同的传感器，最引人注意的便是在其车顶放置的 LIDAR，这是一个由 32 个或 64 个测量距离的激光传感器组成的摄像头。它可以创建一张周围 200m 直径内的 3D 地图以使车辆可以看到危险。谷歌汽车还有一个标准的、放置在风窗玻璃前段的摄像头，它用来检测近距离的危险并可以读懂道路标识和交通信号灯。同时，像其他车辆上实现自动巡航的设备一样，谷歌汽车也在前后保险杠上配备了距离雷达。在外部，谷歌汽车(图 6-8)还配备了用于接收 GPS 地理位置信息的天线，以及用于感应车辆动作的超声波传感器。在内部，高度计、陀螺仪和转速计也都配备其中，这些仪器组合在一起可以计算出汽车精确的位置信息，从而可以让汽车更安全地行驶。

图 6-8　谷歌无人驾驶汽车

任何一个单一的传感器都不能实现自动驾驶功能。谷歌汽车需要 8 个以上传感器共同工作，并将得到的信息由谷歌软件分析之后才能安全地把乘客送到目的地。谷歌汽车可以精确地分辨出道路上的其他车辆，并分析它们应该有的行为模式来对它们的动作做出反应。举例来说，谷歌汽车可以成功地识别出自行车骑手，并且理解他们伸出一只胳膊表示将要转向的用意。这时谷歌汽车将会减速并且给自行车骑手留出可以安全动作的空间。

对于以上功能的准确性和可靠性，谷歌有一套自己的测试方式。自从 2010 年以来，谷歌有十几辆自动驾驶汽车在私人跑道或公共道路上进行测试。汽车通常有两人乘坐，一位是有着良好驾驶记录的合格驾驶员，他坐在主驾驶位置，准备随时从自动驾驶系统中接管汽车的控制权，另一位是谷歌的工程师，他会坐在副驾驶座位来监视软件的应用情况。

②道路测试成果。

2012 年，谷歌开始由一名驾驶员和一名谷歌工程师随车进行车辆道路试验，现已实现在圣弗朗西斯科的发卡道路以及城市路况中的自动驾驶。该系统在行驶过程中依靠已存储的限速信息，通过传感器来保持车距。在测试过程中，汽车允许驾驶员随时接管车辆的控制权。同年 8 月，谷歌宣布他们已经完成 50 万 km 的无事故自动驾驶里程。12 月，美国的内华达州、佛罗里达州、加利福尼亚州和密歇根州 4 个州已经通过法律允许自动驾驶汽车在该州行驶。

2014 年 4 月，谷歌团队宣布他们完成了 110 万 km 的自动驾驶里程，并在 5 月底发布了谷歌自主的无人驾驶原型车，该车没有转向盘、加速踏板和制动踏板，为100%自动驾驶。

2015年6月，谷歌团队宣布他们完成了160万km的自动驾驶里程，相当于正常美国人75年的驾驶里程。该路程中他们总共经历了20万个停止路标、60万个交通信号灯以及1亿8千万辆其他车辆。

③测试安全性。

自动驾驶汽车的支持者们经常指出传统、非自动驾驶汽车有多么不安全。由美国国家数据办公室(NSO)的数据显示，单在英国，2013年就有1730人死于交通事故，18万余人受伤。世界范围的数据更加可怕，约有120万人死于交通事故。就此，谷歌通过研究和调查表示，在这些事故中，约有90%是由人为的错误所引起的。

截至2015年7月，谷歌的自动驾驶汽车共被卷入14起小型交通事故中，并且在这些事故中谷歌的自动驾驶系统并没有出错，而是由于其他车辆的违规驾驶或是在人工驾驶时导致的事故，并且其中只有一次事故造成一位骑车人轻微受伤。虽然谷歌宣布已经完成超过112万km无事故的自动驾驶里程，但单和英国人一年约30亿km的总里程数来比却是不到0.1%的数据量，所以谷歌汽车还需要更多的时间和检测来证明自动驾驶汽车的安全性。

④测试局限性。

截至2014年8月，因为担心安全，谷歌最新的原型车还没有在严重的雨雪天气中测试过。因为车辆主要依靠提前编译好的程序来实现自动驾驶，它们不遵守临时的交通信号灯或者需要加倍注意的特殊路况。同时，程序对于识别无害的物体也有困难，可能会因此做出没必要的转向。LIDAR技术也不能识别坑洼路面，或者是交通指挥员做出的停车手势。谷歌希望在2020年前解决这些问题。

因为美国已经有4个州通过了让自动驾驶汽车在公共道路上行驶的法律，谷歌可以充分利用这4个州的所有道路进行测试。但测试并不是将目的地输入给谷歌汽车然后驾驶员就可以休息那么简单。所有的测试都需要事先派出传统汽车在将要测试的道路上行驶，为自动驾驶汽车绘制出路线和路况地图，从而使谷歌汽车对道路情况和特点在测试之前就可以完全了解。

(3)其他汽车厂商现状。

除了特斯拉和谷歌以外，几乎所有大型汽车制造厂商和一些高新技术公司都拥有他们自主的自动驾驶汽车项目。一些领先的企业，包括沃尔沃、梅赛德斯和谷歌已经把各自的原型车制作出来进行道路测试。

但没有事故并不意味着不会有事故，目前世界各地都还没有明确的法律法规可以应对自动驾驶汽车所引发的事故，但各大自动驾驶汽车厂商已经开始主动表态来赢得市场的认可。谷歌和梅赛德斯宣称，如果他们的自动驾驶技术上市以后出现问题，他们将承担相应的责任。同样的，沃尔沃的CEO在一次发言中强调，为了应对马上要到来的自动驾驶汽车，他希望法律制定者们可以尽快行动起来，与汽车制造商一起研究应对自动驾驶技术可能带来的法律和责任问题。同时他也表示，沃尔沃将接受由其自动驾驶模式产生事故的全部责任。

(4)美国对自动驾驶的态度。

2015年洛杉矶国际车展上，洛杉矶市宣布将成立运输技术联盟，并称该联盟可能是21世纪最重要的城市计划项目之一。该发言人指出，该联盟意义重大，并将着力关注自动驾驶汽车的发展，因为其认为自动驾驶技术将会是继亨利·福特发明流水线之后运输业历史上另一次重大的社会变革。但与自动驾驶汽车持续发展相对应的是，美国城市并没有做好接纳该技术的准备。因此，洛杉矶市决定通过建立运输技术联盟来迈出第一步，做好迎接自动驾驶汽车的准备。值得一提的是，该联盟也是世界上第一个城市级别的应对自动驾驶汽车的项目。

该联盟致力于解决洛杉矶的城市设施和自动驾驶汽车互联的问题，制定开发计划和流程来解决汽车在城市中的交通问题，以及解决可能出现的自动驾驶汽车和行人、自行车以及摩托车的交互等问题。

至少有 7 个公司已经计划在 2020 年以前上市可以在高速公路上自动驾驶的汽车。一些公司则更进一步，像沃尔沃就提出通过整合自动驾驶技术，保证在 2020 年实现产品事故零死亡的目标。

特斯拉的自动驾驶系统是未来技术的一个信号，许多公司也已经开始着手测试他们的自动驾驶技术，甚至还有一些非汽车厂商也加入了进来。传统汽车巨头丰田指出，像谷歌和苹果这样的科技公司在自动驾驶技术上的投入将对传统汽车厂商造成威胁。

很明显，自动驾驶技术的市场和竞争已经存在，如果政府不及时采取行动做好准备的话，等自动驾驶技术真的出现在市场的时候恐怕会造成混乱。如果在各级政府的法律法规不够完善的情况下，用户就把驾驶的责任推卸给车载电脑的话，那将导致不堪设想的后果，而且留给政府的时间也只有大概 5 ~ 10 年而已。尽管像谷歌、沃尔沃、梅赛德斯已经宣布接受由他们自动驾驶技术带来的责任，但这也只是他们自己的说法，最终市场还是需要来自政府的法律法规来规范所有的汽车生产商。

自动驾驶汽车的到来已经是不可避免的了，某种意义上讲，这种新的运输技术联盟将决定美国未来交通蓝图，乃至世界未来交通的规则。可以预见，在未来的数十年间，此项研究的计划和政策将影响世界道路交通的重新规划，将在世界范围内建立更加安全、高效的交通体系以让人们更好地生活。

（5）未来发展预测。

对于自动驾驶汽车未来的发展，梅赛德斯计划 2016 年推出自主的高速公路自动驾驶技术，该系统不需要驾驶员的参与，并且拥有自动超车等功能。美国交通部希望 2017 年颁布规范车—车通信的规定，该通信功能将有助于交通安全和疏导。马斯克期望特斯拉 2018 年可以实现完全自动驾驶技术，可以让驾驶人在旅途中休息。沃尔沃希望 2020 年，实现乘客在交通事故中零伤亡。通用、梅赛德斯—奔驰、奥迪、日产、宝马、雷诺、特斯拉、谷歌、丰田和福特都希望可以上市至少可以部分时间实现自动驾驶的汽车。

思考与练习

一、选择题

1. 通过摄像头等设备检测到汽车偏离车道时，根据驾驶员的操作状态，主动控制转向系统,使得车辆保持在本车道内行驶。此种功能成为________。

A. 自适应巡航(ACC)　　B. 应急制动辅助(EBA)

C. 车道保持(LKS)　　D. 前撞预警(FCW)

2. 当系统检测到对面来车时,系统会有选择性地关闭远光灯光束范围,让光束避开对面车辆,在确保驾驶人视野清晰的同时,亦不会影响对向来车的行驶。此种功能成为________。

A. 盲点监测(BSD)　　B. 夜视辅助(NV)

C. 辅助泊车系统(APS)　　D. 自动远光灯(AHB)

3. 特斯拉 Model S 汽车最新的 7.0 软件系统允许它通过使用自身的摄像头、雷达、________和数据来实现自动转向、变换车道以及改变速度以适应交通情况。

A. 超声波传感器　　B. 蓝牙

C. 无线网　　D. 红外线

4. ________年,谷歌开始由一名驾驶员和一名谷歌工程师随车进行车辆道路试验,现已实现在圣弗朗西斯科的发卡道路以及城市路况中的自动驾驶。

A. 2016　　B. 2018　　C. 2014　　D. 2012

5. 2015 年 6 月,谷歌团队宣布他们完成了________的自动驾驶里程,相当于正常美国人 75 年的驾驶里程。

A. 50 万 km　　B. 160 万 km　　C. 180 万 km　　D. 200 万 km

6. 主动夜视系统使用________来照亮,被动夜视系统依靠汽车发出的热辐射发现潜在的危险。

A. 红外光源　　B. LED　　C. 卤钨灯　　D. 雷达

7. 车道偏离系统有两个主要类型。第一个类型通常被称为________系统。第二个类型的车道偏离系统更加积极主动,通常被称为道路保持系统。

A. 车道跟踪　　B. 车道偏离警告　　C. 车道保持　　D. 车道随动

8. 交通标志识别系统是将交通标志显示在仪表板上,以提醒驾驶员当前的速度限制。这是通过使用和车道偏离系统相同的摄像头来实现的。结合高性能的图像识别系统,它便可以识别限速标志。

A. 雷达　　B. 传感器　　C. 红外线　　D. 摄像头

9. 在自动驾驶汽车标准中目前有 4 条公认的标准是:________、后方摄像头、车辆通信和道路检测。

A. 避免前方碰撞　　B. 车道保持

C. 车身稳定　　D. 自动导航

10. 陡坡缓降控制系统在没有驾驶员参与的情况下和________交互。它可以通过这种方式独立控制每个车轮,从而通过按需锁紧或释放单个车轮来保证牵引力。

A. EBD　　B. ASR　　C. ABS　　D. ACC

二、判断题(对的画"√",错的画"×")

1. ADAS 一般由感知模块、决策与控制模块和执行模块、模糊模块四个模块构成。

(　　)

2. 先进驾驶辅助系统（ADAS）是一种主动安全技术，以感知模块为基础，以车辆安全预警与车辆控制为目标，在交通事故预防、人身安全提升方面具有不可替代的作用。（　）

3. 智能网联汽车包括智能化与物联化两个技术层面，其分级也可对应的按照智能化与网联化两个层面进行。（　）

4. V2X 是自动驾驶必要技术和智慧交通的重要一环，V2X 包括 V2V（Vehicle to Vehicle 车车通讯）、V2I（Vehicle to Instruction 车与设施）、V2P（Vehicle to Pedestrian 车与人）、V2R（Vehicle to Road 车与路）等统称。（　）

5. SAE 将自动驾驶技术共分为 0 ~5 级。（　）

6. SAE 中的 L5 就是终极目标，并非完全的无人驾驶，不过人的参与几乎很少。无人驾驶就是自动驾驶的最高级，它是自动驾驶的最终形态。（　）

7. 如果采用 NHTSA 规定的定义，特斯拉将它配备自动驾驶系统的 Model S 车称作 4 级自动驾驶汽车，并且宣称驾驶员要在所有事故中承担责任。（　）

8. 谷歌自动驾驶汽车拥有 8 种不同的传感器，最引人注意的便是在其车顶放置的 LIDAR，这是一个由 32 个或 64 个测量距离的激光传感器组成的摄像头。（　）

三、填空题

1. Level 4 是完全自动化（无人驾驶），无须________或乘客的干预。

2. V2X 车联网指的是汽车车辆之间，或者汽车与路边行人、骑车者以及汽车与基础设施之间的________。

3. 高度自动驾驶（HA）是由无人驾驶系统完成所有驾驶操作，特定环境下系统会向驾驶员提出响应请求，驾驶员可以对系统请求________响应。

4. 先进驾驶辅助系统是利用安装在车上的各类传感器，在汽车行驶过程中实时感应周围环境，进行________的辨识与追踪，并结合导航地图数据，进行系统的分析与辅助控制，从而预先让驾驶员察觉到潜在的危险，增强汽车驾驶的舒适性和安全性。

5. ADAS 一般中的感知模块硬件包括________、________、摄像头等传感器。

6. ADAS 降低了驾驶员对车辆的操作要求，减弱了________，一定程度上释放了人力，极大提升了驾车出行的________。

四、简答题

1. 简述无人驾驶的概念与级别？

2. 智能网联汽车是如何进行分级的？

3. 结合现有的具体车型谈辅助驾驶技术？

思考与练习参考答案

单　元　一

一、选择题

1. A　2. A　3. B　4. B　5. B　6. B　7. B　8. C

二、判断题

1. √　2. √　3. ×　4. ×　5. √　6. √　7. √　8. ×　9. √　10. √
11. √　12. √　13. √

三、填空题

1. 动力装置、轨道、架线
2. 高尔夫、高尔夫 GTI 、捷达、迈腾、速腾
3. 卡尔·本茨、1、29
4. T 型车、生产流水线
5. 上汽集团、一汽集团、东风汽车
6. 大众、第一
7. 上汽奇瑞、排量、12m
8. 乘用车、商用车
9. 左侧、右侧

单　元　二

一、选择题

1. C　2. B　3. A　4. A　5. A　6. B

二、判断题

1. ×　2. √　3. √　4. ×　5. √　6. √

三、填空题

1. 电池电动汽车、混合电动汽车
2. 车载电源、电机
3. 可消耗的燃料或可再充电能/能量储存装置中
4. 串联式、并联式、串并联式
5. 按动喇叭

6. 电动机
7. 燃料电池汽车
8. 10μm、2.5μm

单 元 三

一、选择题

1. B　2. B　3. A　4. C　5. C　6. B　7. D　8. D　9. A　10. B

二、判断题

1. ×　2. ×　3. √　4. √　5. √　6. √　7. √　8. √　9. √　10. ×

三、填空题

1. 风神
2. 美国汽车协会
3. 巴黎国际汽车展、北美车展、日内瓦车展、日本东京车展
4. 底特律、都灵
5. 上海国际车展、北京国际车展
6. 亚洲方程式、卡丁车方程式
7. 通用、福特、克莱斯勒
8. 蓝天、白云、旋转不停的螺旋桨
9. 六个六
10. 沃尔沃

单 元 四

一、选择题

1. D　2. A　3. A

二、判断题

1. ×　2. √　3. √　4. √　5. √

三、填空题

不产生旋涡、飞机的机翼

单 元 五

一、选择题

1. A　2. A　3. B　4. D　5. C　6. D

二、判断题

1. ×　2. √　3. √　4. √　5. √　6. ×　7. ×　8. √

三、填空题

1. 物移、人流

2. 关联性、带动作用

3. 交通问题

4. 道路交通、能源

5. 电子传感技术、电子控制技术、计算机处理技术

单 元 六

一、选择题

1. C　2. D　3. A　4. D　5. B　6. A　7. B　8. D　9. A　10. C

二、判断题

1. ×　2. √　3. ×　4. √　5. √　6. ×　7. ×　8. √

三、填空题

1. 驾驶人

2. 通信系统

3. 不进行

4. 静态、动态物体

5. 毫米波雷达、激光雷达

6. 驾驶强度、舒适性

参考文献

[1] 俞宁,曹建国.汽车文化[M].重庆:重庆大学出版社,2004.
[2] 黄庆生.进入汽车时代[M].北京:机械工业出版社,1998.
[3] 金国栋,唐新蓬.汽车概论[M].北京:机械工业出版社,2002.
[4] 郎全栋.汽车文化[M].北京:人民交通出版社,2002.
[5] 林平,赵玉梅.汽车发烧友[M].成都:四川科学技术出版社,1999.
[6] 陈家瑞.汽车构造[M].5版.北京:人民交通出版社,2002.
[7] 卓斌,刘启华.车用汽油机燃油喷射与电子控制[M].北京:机械工业出版社,1999.
[8] 陈文华.汽车发动机构造与维修[M].北京:人民交通出版社,2001.
[9] 舒华,姚国平.汽车电子控制技术[M].北京:人民交通出版社,2002.
[10] 李兴虎.汽车环境保护技术[M].北京:北京航空航天大学出版社,2004.
[11] 张世荣.汽车概论[M].北京:高等教育出版社,2004.
[12] 李勉民.汽车全书[M].香港:读者文摘远东有限公司,1983.
[13] 乔纳森·诺贝尔,马克·修斯.一级方程式赛车[M].北京:机械工业出版社,2004.
[14] 谢其政.汽车学Ⅰ[M].台湾:龙腾文化事业公司,2002.
[15] 刘耀东.汽车学Ⅱ[M].台湾:龙腾文化事业公司,2002.
[16] 全国汽车维修专项技能认证技术支持中心编写组.悬架和转向系统[M].北京:教育科学出版社,2004.
[17] 陈友新.汽车营销艺术通论[M].北京:北京理工大学出版社,2003.
[18]《迷你手册》编辑部.超级车迷手册[M].天津:天津人民出版社,2004.
[19] 刘玉梅.汽车节能与原理[M].北京:机械工业出版社,2003.
[20] 陈清泰,刘世锦,冯飞,等.迎接中国汽车社会——前景·问题·政策[M].北京:中国发展出版社,2004.
[21] 李桌森.现代汽车造型[M].北京:人民交通出版社,2005.
[22] 松本廉平.汽车环保新技术[M].西安:西安交通大学出版社,2005.
[23] 张信东,汪姜维,丁颖颖.中国汽车业时局图[J].新财富,2002(12).
[24] 鹏飞.新新人类——丰田混合动力车 Prius[J].汽车导购,2004(11).
[25] 林杨."智"动展望 Electronic Brake Control Systems For Safety and Comfort[J].汽车族,2003(4).
[26] Hal.车轮定位[J].名车志,2004(12).
[27] 吴敏慧.为色所俘[J].车时代周刊,2005(8).
[28] 陈川.迷雾中的闪光[J].汽车导报,2005(1).
[29] 中国汽车营销报告[J].营销与市场增刊,2006.
[30] 宋奇康.你搞清楚汽车分类了吗[J].家用汽车,2009(5).

[31] 国务院发展研究中心产业经济研究部,中国汽车工程学会,大众汽车集团(中国). 中国汽车产业发展报告(2009)[M]. 北京:社会科学文献出版社,2009.
[32] 中国自主汽车[EB/OL]. http://product. auto. 163. com/countryName/.
[33] 新能源汽车 [EB/OL]. http://www. cnautonews. com. /xnyqc/.
[34] 屠卫星. 二手车置换与品牌二手车的探究[J]. 技术与市场,2013(03).
[35] 屠卫星. 服务型市场条件下的二手车营销策略综论[J]. 江苏商论,2013(10).
[36] 张波. O2O 移动互联时代的摄影革命[M]. 北京:机械工业出版社,2013.
[37] 国务院发展研究中心产业经济研究部,中国汽车工程学会,大众汽车集团(中国). 中国汽车产业发展报告—汽车蓝皮书(2012)[M]. 北京:社会科学文献出版社,2012.
[38] 国务院发展研究中心产业经济研究部,中国汽车工程学会,大众汽车集团(中国). 中国汽车产业发展报告—汽车蓝皮书(2013)[M]. 北京:社会科学文献出版社,2013.
[39]中国汽车工业协会,中国汽车研究中心,丰田汽车(中国)投资有限公司. 中国汽车产业发展报告——汽车蓝皮书(2015)[M]. 北京:社会科学文献出版社,2015.
[40]中国汽车研究中心,日产(中国)投资有限公司,东风汽车有限公司. 中国新能源汽车产业发展报告——新能源蓝皮书(2015)[M]. 北京:社会科学文献出版社,2015.
[41]中国汽车工业协会,中国汽车技术研究中心,丰田汽车公司. 中国汽车产业发展报告——汽车蓝皮书(2016)[M]. 北京:社会科学文献出版社,2016.
[42]中国汽车工业协会,中国汽车技术研究中心,丰田汽车公司. 中国汽车产业发展报告——汽车蓝皮书(2017)[M]. 北京:社会科学文献出版社,2017.
[43] 中国汽车技术研究中心. 中国新能源汽车动力电池产业发展报告——动力电池蓝皮书(2017)[M]. 北京:社会科学文献出版社,2017.
[44] 付于武,毛敏等. 重新定义汽车:改变未来汽车的创新技术[M]. 北京:机械工业出版社,2017.
[45] 卓义斌,缪照浜,高月红,等. V2X 技术发展历程及应用研究[J]. 电信工程技术与标准化,2016(2).

人民交通出版社汽车类高职教材部分书目

书　号	书　名	作　者	定价（元）	出版时间	课 件
一、全国交通运输职业教育教学指导委员会规划教材　新能源汽车运用与维修专业					
978-7-114-14405-9	新能源汽车储能装置与管理系统	钱锦武	23.00	2018.02	有
978-7-114-14402-8	新能源汽车高压安全及防护	官海兵	19.00	2018.02	有
978-7-114-14499-8	新能源汽车电子电力辅助系统	李丕毅	15.00	2018.03	有
978-7-114-14490-5	新能源汽车驱动电机与控制技术	张利、缑庆伟	28.00	2018.03	有
978-7-114-14465-3	新能源汽车维护与检测诊断	夏令伟	28.00	2018.03	有
978-7-114-14442-4	纯电动汽车结构与检修	侯涛	30.00	2018.03	有
978-7-114-14487-5	混合动力汽车结构与检修	朱学军	26.00	2018.03	有
二、高职汽车检测与维修技术专业立体化教材					
978-7-114-14826-2	汽车文化	贾东明、梅丽鸽	39.00	2018.08	有
978-7-114-14744-9	汽车维修服务实务	杨朝、李洪亮	22.00	2018.07	有
978-7-114-14808-8	汽车检测技术	李军、黄志永	29.00	2018.07	有
978-7-114-14777-7	旧机动车鉴定与评估	吴丹、吴飞	33.00	2018.07	有
978-7-114-14792-0	汽车底盘故障诊断与修复	侯红宾、缑庆伟	43.00	2018.07	有
978-7-114-13154-7	汽车保险与理赔	吴冬梅	32.00	2018.05	有
978-7-114-13155-4	汽车维护技术	蔺宏良、黄晓鹏	33.00	2018.05	有
978-7-114-14731-9	汽车电气故障诊断与修复	张光磊、周羽皓	45.00	2018.07	有
978-7-114-14765-4	汽车发动机故障诊断与修复	赵宏、刘新宇	45.00	2018.07	有
三、交通运输职业教育教学指导委员会推荐教材、高等职业教育规划教材					
1. 汽车运用与维修技术专业					
978-7-114-11263-8	■汽车电工与电子基础（第三版）	任成尧	46.00	2017.06	有
978-7-114-11218-8	■汽车机械基础（第三版）	凤勇	46.00	2018.05	有
978-7-114-11495-3	汽车发动机构造与维修（第三版）	汤定国、左适够	39.00	2018.05	有
978-7-114-11245-4	■汽车底盘构造与维修（第三版）	周林福	59.00	2018.05	有
978-7-114-11422-9	■汽车电气设备构造与维修(第三版)	周建平	59.00	2018.05	有
978-7-114-11216-4	■汽车典型电控系统构造与维修（第三版）	解福泉	45.00	2016.1	有
978-7-114-11580-6	汽车运用基础（第三版）	杨宏进	28.00	2018.03	有
978-7-114-11239-3	■汽车实用英语（第二版）	马林才	38.00	2018.08	有
978-7-114-05790-3	汽车及配件营销	陈文华	33.00	2015.08	
978-7-114-05690-7	汽车车损与定损	程玉光	30.00	2013.06	
978-7-114-13916-1	汽车专业资料检索（第二版）	张琴友	32.00	2017.08	
978-7-114-11215-7	■汽车文化（第三版）	屠卫星	48.00	2016.09	有
978-7-114-11349-9	■汽车维修业务管理（第三版）	鲍贤俊	27.00	2016.12	有
978-7-114-11238-6	■汽车故障诊断技术（第三版）	崔选盟	30.00	2017.11	有
978-7-114-14078-5	汽车维修技术（第二版）	刘振楼	25.00	2017.08	有
978-7-114-14098-3	汽车检测诊断技术（第二版）	官海兵	27.00	2017.09	有
978-7-114-14077-8	汽车运行材料（第二版）	崔选盟	25.00	2017.09	有
978-7-114-05662-1	汽车检测设备与维修	杨益明	26.00	2018.05	
978-7-114-13496-8	汽车单片机及局域网技术（第二版）	方文	20.00	2018.05	
978-7-114-05655-9	汽车车身电气及附属电气设备维修	郭远辉	26.00	2013.08	
978-7-114-10520-3	汽车概论	巩航军	29.00	2016.12	有
978-7-114-10722-1	发动机原理与汽车理论（第三版）	张西振	29.00	2017.08	有
978-7-114-10333-9	汽车维修企业管理（第三版）	沈树盛	36.00	2016.05	有
978-7-114-13831-7	汽车空调构造与维修（第二版）	杨柳青	30.00	2017.08	有
978-7-114-12421-1	汽车柴油机电控技术（第二版）	沈仲贤	26.00	2018.05	有
978-7-114-11428-1	汽车使用与技术管理（第二版）	雷琼红	33.00	2016.01	有
978-7-114-14091-4	汽车使用性能与检测技术（第二版）	巩航军	30.00	2017.09	有
978-7-114-11729-9	汽车保险与理赔（第四版）	梁军	32.00	2018.02	有

书　号	书　名	作　者	定价（元）	出版时间	课　件
978-7-114-14306-9	汽车装潢与美容技术（第二版）	全华科友	33.00	2018.05	有
2. 汽车营销与服务专业					
978-7-114-11217-1	■旧机动车鉴定与评估（第二版）	屠卫星	33.00	2018.05	有
978-7-114-14102-7	汽车保险与公估（第二版）	荆叶平	36.00	2017.09	有
978-7-114-08196-5	汽车备件管理	彭朝晖、倪红	22.00	2018.07	
978-7-114-11220-1	■汽车结构与拆装（第二版）	潘伟荣	59.00	2016.04	有
978-7-114-07952-8	汽车使用与维修	秦兴顺	40.00	2017.08	
978-7-114-08084-5	汽车维修服务	戚叔林、刘焰	23.00	2015.08	
978-7-114-11247-8	■汽车营销（第二版）	叶志斌	35.00	2018.03	有
978-7-114-11741-1	汽车使用与维护	王福忠	38.00	2018.05	有
978-7-114-14028-0	汽车保险与理赔（第二版）	陈文均、刘资媛	22.00	2017.08	有
978-7-114-14869-9	汽车维修服务接待（第 2 版）	王彦峰、杨柳青	28.00	2018.08	
978-7-114-14015-0	客户沟通技巧与投诉处理（第二版）	韦峰、罗双	24.00	2017.09	有
978-7-114-13667-2	服务礼仪（第二版）	刘建伟	24.00	2017.05	有
978-7-114-14438-7	汽车电子商务（第三版）	张露	29.00	2018.02	有
978-7-114-07593-3	汽车租赁	张一兵	26.00	2016.06	
3. 汽车车身维修技术专业					
978-7-114-11377-2	■汽车材料（第二版）	周燕	40.00	2016.04	有
978-7-114-12544-7	汽车钣金工艺	郭建明	22.00	2015.11	有
978-7-114-12311-5	汽车涂装技术（第二版）	陈纪民、李扬	33.00	2016.11	有
978-7-114-09094-3	汽车车身测量与校正	郭建明、李占峰	22.00	2018.05	
978-7-114-11595-0	汽车车身焊接技术（第二版）	李远军、李建明	28.00	2018.03	有
978-7-114-13885-0	汽车车身修复技术（第二版）	韩星、陈勇	29.00	2017.08	有
978-7-114-09603-7	汽车车身构造与修复	李远军、陈建宏	38.00	2016.12	有
978-7-114-12143-2	车身结构及附属设备（第二版）	袁杰	27.00	2017.06	有
978-7-114-13363-3	汽车涂料调色技术	王亚平	25.00	2016.11	有
4. 汽车制造与装配技术专业					
978-7-114-12154-8	汽车装配与调试技术	刘敬忠	38.00	2018.06	
978-7-114-12734-2	车身焊接技术	宋金虎	39.00	2016.03	有
978-7-114-12794-6	汽车制造工艺	马志民	28.00	2016.04	有
978-7-114-12913-1	汽车 AutoCAD	于宁、李敬辉	22.00	2016.06	有
四、新能源汽车技术专业职业教育创新规划教材					
978-7-114-13806-5	新能源汽车概论	吴晓斌、刘海峰	28.00	2018.08	有
978-7-114-13778-5	新能源汽车高压安全与防护	赵金国、李治国	30.00	2018.03	有
978-7-114-13813-3	新能源汽车动力电池与驱动电机	曾鑫、刘涛	39.00	2018.05	有
978-7-114-13822-5	新能源汽车电气技术	唐勇、王亮	35.00	2017.06	有
978-7-114-13814-0	新能源汽车维护与故障诊断	包科杰、徐利强	33.00	2018.05	有
五、职业院校潍柴博世校企合作项目教材					
978-7-114-14700-5	柴油机构造与维修	李清民、栾玉俊	39.00	2018.07	
978-7-114-14682-4	商用车底盘构造与维修	王林超、刘海峰	43.00	2018.07	
978-7-114-14709-8	商用车电气系统构造与维修	王林超、王玉刚	45.00	2018.07	
978-7-114-14852-1	柴油机电控管理系统	王文山、李秀峰	22.00	2018.08	
978-7-114-14761-6	商用车营销与服务	李景芝、王桂凤	40.00	2018.08	
六、高等职业教育汽车车身维修技术专业教材					
978-7-114-14720-3	汽车板件加工与结合工艺	王选、赵昌涛	20.00	2018.07	有
978-7-114-14711-1	轿车车身构造与维修	李金文、高窦平	21.00	2018.07	有
978-7-114-14726-5	汽车修补涂装技术	王成贵、贺利涛	22.00	2018.07	有
978-7-114-14727-2	汽车修补涂装调色与抛光技术	肖林、廖辉湘	32.00	2018.07	有

■为“十二五”职业教育国家规划教材。咨询电话：010-85285962、85285977；咨询QQ：616507284、99735898。